AF212184

Pero aun así

MARÍA MORENO

Pero aun así

Elogios y despedidas

RANDOM HOUSE

Penguin
Random House
Grupo Editorial

Primera edición: marzo de 2025

© 2023, María Moreno
© 2023, Penguin Random House Grupo Editorial, S.A., Buenos Aires
© 2025, Penguin Random House Grupo Editorial, S.A.U.
Travessera de Gràcia, 47-49. 08021 Barcelona

Printed in Spain – Impreso en España

ISBN: 978-84-397-4425-2
Depósito legal: B-655-2025

Impreso en Liberdúplex (Sant Llorenç d'Hortons, Barcelona)

RH 4 4 2 5 2

ÍNDICE

PORQUE ESCRIBÍ

EN CUERPO PRESENTE

CADÁVERES EXQUISITOS

Introducción

Estos microensayos pueden leerse como la continuación de *Subrayados*, que publiqué en 2013 y recopi-
laba artículos escritos periódicamente para la revista
Debate, editado por Mar Dulce. Pero son más recien-
tes y su hechura, reescritura o corrección, totalmente
diferente. En medio hubo un ACV que dejó fuera de
juego a mi mano derecha, la necesidad de moverme
en una silla eléctrica (ese es su alarmante nombre correcto) y una voz que suena como un shofar que imita a una tortuga en el fondo del mar. No pretendo
inspirar conmiseración. Siempre estuve, en el pasado,
acostada o sentada, o bien dirigiéndome a un taxi. El
capacitismo y los kinesiólogos insistían en que volviera a caminar con un absurdo bastón en forma de
trípode. Como la condición de bípedo es una suerte
de pasaporte de humanidad, lo primero que hicieron
en la clínica donde me internaron fue meterme en un
bipedestador que me estiró dolorosamente. Sospecho
que el prestigio de la marcha proviene del origen militar de las naciones y su demostración de fuerza. Ya
se sabe: "Más vale morir de pie que vivir de rodillas".
Nos arrodillamos —si no somos ateos— en señal de

sumisión ante Dios o Alá. En los campos de concentración mantienen a los prisioneros acostados como enfermos o niños pequeños, es decir, vulnerables. Y no se alienta a la revolución desde una silla, ni siquiera se da una clase magistral.

Fue muy difícil convencer a los líderes de la autosuperación de que no quería caminar a la edad de morir o de durar. Escribir fue otra cosa, dado que no era zurda. Mi mano izquierda puede tomar una cuchara para alcanzar mi boca sin volcar su contenido —siempre que no sea sopa—, sostener un vaso, peinarme. Escribo con un solo dedo (el índice), forzándolo a estirarse junto con el pulgar para escribir los distintos signos de puntuación. La arroba me resulta inalcanzable. Pero hay una distancia mental entre lo que pienso haber escrito y lo que muestra la pantalla: letras comidas (casi siempre las vocales), palabras intercaladas. "Pintar" un párrafo y "pegarlo" puede llevarme un tiempo precioso. Las cursivas, que tanto me gustan, suelen morder a otras palabras para las que no las había elegido. Todo eso me llevó a pensar la escritura como un trabajo fundamentalmente manual. O de circo, ya que una frase lograda —nueva, corregida o aumentada— me parece escrita en un grano de arroz. De un texto al otro, como siempre, suelo cambiar de idea o de tono, pero he olvidado las circunstancias y, a veces, llego a odiar a esa autora eufórica y falsamente desenvuelta.

Por si no queda claro, la primera sección es sobre obras de mujeres, la segunda está dedicada a Chile —una de mis patrias del corazón— y la tercera es un popurrí de lecturas en voz alta que hice a través de ponencias, presentaciones y homenajes, cuando tenía una voz sin sobresaltos. La última es *de llorar* y no requiere ninguna aclaración.

PRENDAS, CARTAS, TALISMANES

Un final que comienza

Flotando en el río Ouse, encontrada por unos niños a la semana de su desaparición, Virginia Woolf pareció acudir al llamado de las voces de la locura que tanto temió a lo largo de su vida y que suelen adquirir el rumor de un río encrespado pero monótono. Y su suicidio fue una suerte de puesta en escena cuya clave mostraba en ella, aun en el borde de la muerte y luego de haber afirmado que ya no podía escribir, ni siquiera leer, una última familiaridad con las palabras. Como si la escritura pudiera conservarse aun sin escribir, a través del gesto final: caer entre las olas luego de haber escrito un libro con ese nombre y en el que los personajes son voces que recorren la totalidad de sus vidas al ritmo de un agua que parece seguir las leyes de la marea. Marea mental, angustiada y lírica, que pone ante los ojos del lector la ilusión de una presencia. La última escritura se logra *por otros medios*, también esta muerte, porque Virginia Woolf ha entrado en el drama con los atavíos del lobo en el cuento de "Los siete cabritos": grandes piedras en los bolsillos del abrigo, un bastón que dejará clavado en el barro que bordea el río. El lobo muere a través de una escena idéntica.

Woolf quiere decir "lobo", a Virginia le decían "La Cabra". ¿Qué ha querido decir ese gesto final? ¿Esa voluntad de que su muerte fuera encarnación *del colapso* entre sus nombres? Se puede soñar allí un sentido que nunca podrá desentrañarse del todo ahora que ella ha callado. Rastrear en sus palabras escritas... acompañar su agonía...

Hay gestos de lenguaje y hay gestos que se sustraen a él, pero cuya riqueza *hace leer.*

Joyce & Woolf

Escribir, para ella, era una adicción y una prórroga. A la adicción la prodigó en varias notables novelas, como *La señora Dalloway* (1925), *Al faro* (1927), *Orlando* (1928), *Las olas* (1931) y *Los años* (1937), donde hizo creer que una diadema de palabras deslizándose en una música perfecta, desde la querella hasta la exclamación gozosa, de la observación intelectual a la descripción de una punzada de desdicha, constituían un monólogo interior. James Strachey, su amigo, ha editado las obras de Freud. Y si Virginia tal vez no lo había leído, o leído con relativo interés, *estaba en el aire de su época,* permitiéndole tentar la retórica del inconsciente. El feminismo del siglo XX no ha podido escapar a la tradición de libros de ensayo como *Un cuarto propio* (1928), *Tres guineas* (1938) o *La torre inclinada* (1940). Y eso que su autora era escéptica y políticamente incorrecta.

"Palabras, palabras inglesas, en las casas, en las calles, en los campos; a lo largo de tantos siglos... Las palabras pertenecen a las otras palabras. Pero solo un gran poeta sabe que la palabra *incardine* pertenece al océano de lo inefable. Para usar nuevas palabras habrá que crear un nuevo lenguaje. Se llegará a ello, pero no es cosa nuestra. Lo nuestro es unir viejas palabras en un orden nuevo para que subsistan y creen la belleza, para que digan la verdad", declaró alguna vez en un programa de radio. Era su manera de preservar de Joyce a la lengua inglesa, aunque él ya estaba allí. Las relaciones de la flaca de barbilla afilada —hija de un patriarca libresco y cascarrabias, el erudito Leslie Stephen— con el autor de *Ulises* fueron difíciles, o nada. En 1917, la editora de Joyce, Miss Weaver, depositó en un escritorio de la Hogarth Press (perteneciente a los Woolf) un paquete envuelto en papel madera que contenía los originales de *Ulises*. Katherine Mansfield lo encontró y lo leyó en solfa ante Virginia, aunque demudándose de a ratos y reconociendo que "tenía algo". Virginia comentó que el autor era "iletrado, grosero, falto de educación, obrero autodidacta". Un error o una paradoja. Barthes definía el texto como "un fragmento de lenguaje infinito que no cuenta nada, pero donde algo inaudito y tenebroso pasa".

Virginia Woolf renovó la lengua inglesa arrastrándola hasta los límites de su integridad; Joyce la hizo estallar desde el centro de un gesto que descubría al mismo tiempo "algo inaudito y tenebroso". Ella no franqueó con palabras crudas el silencio victoriano sobre la sexualidad; Joyce hizo decir de todo al deseo sexual. ¿Es Molly Bloom (*Ulises*) lo reprimido de Rhoda (*Las olas*)? Pero ella, Virginia, fue *radicalmente futura* cuando describió la pasión en términos no genitales, como un continuo soberano de donde el posterior feminismo de la diferencia extrajo algunas pruebas para fundar su teoría de la sexualidad femenina.

Lo cierto es que debe ser el amor de estas dos obras (la de Joyce, la de Woolf) por la lengua inglesa lo que ha engendrado que algunos textos de Virginia constituyan una larga y a menudo velada alusión a Joyce y su "escandaloso" producto. Virginia Woolf augura el ansiado maridaje entre verdad y belleza, la disolución de las fronteras entre los géneros, y una crítica literaria con rango de ciencia. No ve a Joyce en ese futuro, y ella misma renuncia a él, ya que su misión continúa siendo la de unir viejas palabras en un orden nuevo para soltarlas en las casas, en las calles, en los campos.

A Virginia le gusta Vita

Con liviandad y canibalismo militante se apresuró a definir a Virginia Woolf como "lesbiana". Es como si leyéramos con ojos actuales y canceladores la frase de Virginia dedicada a su amiga Vita Sackville-West: "No importa, disfruté bastante *tu abuso*". Las cartas que le envió —publicadas en julio de 2023 por la editorial chilena Banda Propia, colección Perdita (*Escríbeme, Orlando. Cartas a Vita Sackville-West, 1922-1928*)—, con detalladas y eruditas notas a pie de página, pueden matizar esta afirmación y los sentidos estéticos, políticos y clasistas de ese amor que Virginia no vacilaba en definir como "afecto infantil". Vita, alta, noble, pero con gotas de la sangre de una cupletista española (su abuela materna) en su sangre azul, era diestra en los amores que *ya osaban decir su nombre* y se compartían en múltiples vínculos no ajenos a la familia —se decía que eran *triángulos que vivían en cuadriláteros*—. Victorianos nueva generación, buscaban experimentar otros modos de ser amantes y artistas, nuevo gusto y moralidad, cuyo maestro inspirador fue el filósofo G. E. Moore, autor de *Principia Ethica*, quien difundía como ideal que los placeres de la relación humana y los que proveen los objetos hermosos son bienes deseables en sí mismos. La West, chúcara y amante de perros y caballos aptos para la caza —y tenía algo de ellos en su brusquedad y torpeza—, vivía en el castillo Knole, en Kent, cuyas habitaciones nunca se pudieron contar y en el que ocupaba la torre principal. Para describirla en su diario, luego de su primer encuentro, Virginia lo hace con los términos en que la fascinación se vela con el prejuicio y los adjetivos degradantes se defienden de lo que, a la luz del futuro, sería una viva impresión: "Estoy demasiado embotada para entender nada. Eso se debe, en parte a que anoche, en una cena en casa de Clive, conocí a la exquisitamente dotada aristócrata Vita Sackville-West. Nada extraordinario para mi exigente gusto: es florida, bigotuda, colorida como un periquito, con toda la facilidad flexible de la aristocracia, pero sin el ingenio del artista. Su estilo aristocrático es algo así como el de una actriz: sin falsa timidez o modestia. Me hace sentir virgen, tímida y colegiala. Ella es un granadero: duro, guapo, varonil, con tendencia a la papada. Escribe quince páginas diarias —acaba de terminar un libro—, publica en Heinemann y conoce a todo el mundo. ¿Pero llegaré a conocerla algún día?".

Vita era ya famosa como poeta y novelista, autora de una obra donde figuraba el relato de numerosos viajes a territorios exóticos aunque dominados por el imperio, que se afianzaba con la existencia de esos súbditos con turbante, narguiles o cimitarras, indios y jeroglíficos, que tanto fascinaron al escritor (y "sodomita") T. E. Lawrence. Estaba casada con el diplomático y escritor Harold Nicolson, homosexual fuera del *closet*, a pesar de las sanciones de la Criminal Law Amendment Act de 1885, y amante de Raymond Mortimer, autor del panfleto *En defensa de la homosexualidad* y de una historia clásica del derby con que intentó disimularlo.

Virginia, acusada del antisemitismo común entre las clases populares —el anterior a la Segunda Guerra Mundial—, se había casado con Leonard Woolf, economista de origen judío, de quien dijo, luego de recapacitar: "Cómo odié casarme con un judío —menuda esnob que era, pues ellos tienen una inmensa vitalidad—". De este matrimonio hizo el encomio burgués en su diario: "Hacer el amor, después de veinticinco años en que no podemos tolerar el estar separados, ver que es un enorme placer ser deseado: una esposa. Y nuestro matrimonio tan completo". En sus cartas a Vita (1922-1928), en cambio, empieza con casi las formalidades de los plebeyos para con la aristocracia, tantea sus movimientos como editora y pronto se explaya en el reclamo del arte de amar o elogia unas piernas majestuosas: "Tengo una visión sin duda falsa y perfectamente romántica de ti en mi cabeza —sacando lúpulos en una gran tina en Kent—, completamente desnuda, morena como una sátira y muy hermosa.

No me digas que es una ilusión"; "Ahí estás hermosa, de pie con tus esmeraldas, conociendo persas, todo eso haciéndote lucir tan brillante que me sentiría intimidada por quince minutos y medio precisamente al mirarte"; "Al anochecer te vuelves luminosa y remota e irresponsable". Ella, en cambio, se describe minusválida en femineidad, una criatura indefensa y torpe, con el cabello aplastado luego de lavarlo, la pollera sucia y los zapatos agujereados —todo enamorado es humilde, incluso un mendigo—, que pide consejos sobre cómo comprar un corpiño y camina arrojando a su paso diversos objetos como un tapado, una regla, un diario viejo, un broche y una botella, aunque es probable que coquetee posando de bohemia. Bohemia hacendosa, puesto que describe su casa totalmente invadida por la Hogarth Press, editorial que fundara junto a su marido en 1917, dejando en todos los rincones ruinas de muebles, mugre y polvo, con apenas lugar para un pícnic. Las cartas no solo hablan de amor sino de venta de libros —Vita es autora de la casa, exitosa desde *Seductores en Ecuador*, su primera entrega—, opciones polémicas como la de escribir (o no) en *Vogue* cuando se formaba parte del "grupo Bloomsbury", como se llamaba al núcleo de artistas y escritores británicos que se reunían en *chez* Woolf. Las críticas de Virginia como editora de Vita son severas y exhaustivas ("Por supuesto, no es un pensamiento esencial; *creo que se puede sostener y perfilar mejor*", "Me gusta también su oscuridad, *podemos juguetear con ella*"), aunque con el tono de la modestia afectada y del impresionismo dominante, sobre todo del tacto. La homosexualidad es puesta del lado de Vita, de sus "inclinaciones", y es motivo de chistes. Como cuando H. G. Wells comentó durante una comida "¿No es emocionante? Mi prometida era homosexual". "¿No es emocionante?", repitió Virginia, y luego se quejó a Vita: "Crees que soy tan trivial que me puedes confiar cualquier chismoseo, bueno, es verdad".

Las cartas demuestran la intensidad de los momentos felices, no solo de la caída de las reservas en el amor físico que la indiscreción o la euforia de Vita sitúa en una fecha precisa —la noche del 18-19 de diciembre de 1925—, sino también las conversaciones en la soledad del estudio de Virginia, los comentarios sobre arte y literatura, que iban del cotilleo —"Leer *La ninfa constante* de Margaret Kennedy es tan pesado como una gorda en un pantano", "Rebeca West no diferencia un rábano de un paraguas y un poema de una papa"— a la discusión sobre el significado de palabras como *"avobe"* o *"incardine"*, y la mención de pequeños regalos como flores, duraznos o cachorros.

Los *impasses* son las frecuentes enfermedades, fiebres y jaquecas que la paralizaban en el lecho y convertían a los cercanos en silenciosos esclavos que andaban de puntillas alrededor de ventanas con los postigos entornados, gran teatro genérico anterior a los antibióticos y la invención de la histeria, nada que no cure la carne; en el caso de Virginia, una chuleta de cerdo que le había recetado su médica luego de un desmayo. En 1925 había escrito para *The Criterion*, por encargo de T. S. Eliot, un ensayo sobre la enfermedad. En tono jocoso, se queja de que la lengua francesa y la inglesa sean eficaces y ricas para un Flaubert o un Shakespeare pero no cuenten con palabras para un dolor de muelas. "Cabría esperar que se hubieran dedicado novelas a la gripe; poemas épicos a la fiebre tifoidea; odas a la neumonía; elegías al dolor de muelas. Pero no. [...] La gente diría que una novela dedicada a la gripe carecería de argumento; se quejaría de que no había amor en ella, erróneamente, sin embargo, pues la enfermedad asume a veces el disfraz del amor, y realiza los mismos trucos extraños". Para ella la enfermedad no solo excluye del "ejército de los erguidos", sino que elimina los mandatos de cómo leer a los autores sagrados, predispone a la poesía y a la confesión. La cita de Thomas de Quincey, y sus *Confesiones de un inglés comedor de opio*, hacen suponer que daba crédito a las alucinaciones dirigidas y reelaboradas y a la libertad delirante de la fiebre. Virginia parece *colocarse* con diferentes sustancias terapéuticas, la anestesia, la morfina y el veronal; alterar la percepción del cuerpo, cuyos secretos no se pueden ocultar ante las punzadas del dolor. En coincidencia con Freud, sospecha en la libido una carga tan exclusiva depositada en la zona afectada por la enfermedad que puede deponer todo sentimiento totalitario. "Sin embargo, no solo necesitamos un lenguaje nuevo más primitivo, más sensual, más obsceno, sino una nueva jerarquía de las pasiones: hay que deponer el amor a favor de cuarenta grados de fiebre; los celos, ceder el paso a los dolores de ciática; el insomnio interpreta el papel del malvado y el héroe se convierte en un líquido blanco de sabor dulce —ese poderoso príncipe de ojos de polilla y pies emplumados, uno de cuyos nombres es Cloral—".

Más primitivo, más sensual, más obsceno: ¿en qué partes de su cuerpo está pensando cuando escribe estas palabras? En todo caso, no está criticando a la enfermedad sino al lenguaje, su pobreza.

Virginia solía llamar a Vita con nombres de animales como "búho", "zorra", "polilla emperador", "perra ovejera" y, más frecuentemente, "burra W". Las ostras, en cambio, parecen aludir a los amores de Vita, a quien Virginia consideraba perdida *por la primera chica que se encuentra en una taberna*. "Pensando en ostras —gruesas ostras letárgicas y glucosas, lascivas ostras obscenas, frías ostras de temporada—, ni siquiera lo pienses. Tu ostra ha estado llorando al teléfono... esa es toda la fe que tengo en las ostras" (*Cartas*). ¿A qué llama *ostras*? No se puede decir nada serio sobre esto, pero ¿cómo eludir las eternas metáforas marinas para el sexo femenino, dado que han atravesado los tiempos y las lenguas? La concha oculta la ostra y Virginia se permite una obscenidad en la lengua amorosa.

Se ha insistido en mirar a Virginia Woolf con lentes psicoanalíticas: la muerte precoz de su madre y de su hermana Stella, una seducción temprana por parte de un hermanastro que comienza cuando muere su madre y habría generado cierto disgusto por el sexo ("Una vez, cuando yo era muy pequeña, Gerald Duckworth me puso encima de esta repisa, y mientras yo estaba sentada en ella, comenzó a explorar mi cuerpo. Recuerdo la sensación de su mano bajo mis ropas descendiendo más y más, constante y firmemente. Recuerdo mi esperanza de que dejara de hacerlo, recuerdo que me quedé rígida y me estremecí cuando sus manos se acercaron a mis partes íntimas. Recuerdo que esto me ofendió, me desagradó, ¿qué palabra hay para expresar un sentimiento tan confuso y complejo? Seguramente fue un sentimiento fuerte, puesto que todavía lo recuerdo. Esto parece indicar que cierto sentimiento respecto a ciertas partes del cuerpo —que no deben ser tocadas, que está mal permitir que las toquen— ha de ser instintivo"). ¿Es que Vita ha roto el tabú *de las partes intocables* de ese cuerpo tempranamente ultrajado? ¿Habrá curado esas ofensas masculinas con dedos sabios?

Luego existió el duelo congelado por su brillante hermano Toby, víctima de la guerra, un Edipo victoriano de mala resolución. Todo convergiría en el suicidio.

Cuando en 1928 prohibieron la circulación del libro *The Well of Loneliness*, de Radclyffe Hall, de acuerdo con la Obscene Publications Act de 1857, algunos miembros de Bloomsbury organizaron una protesta, una carta en defensa de la libertad de expresión que Virginia firmó a regañadientes y pertenecía casi totalmente a la pluma de Morgan Forster. Según ella, nadie había leído el libro de una autora a quien, para nombrarla, se había prescindido del "Miss" dadas sus "inclinaciones". Cuando se realizó el juicio a su editor, Jonathan Cape, existió el agravante de que había difundido copias que consiguió imprimir en París. Virginia vacilaba en su apoyo —cuando le tocó dar testimonio en el juicio, no se presentó— debido a la calidad del libro, aunque su autora exigía ser considerada como un genio. Entonces le escribió a su amiga Ottoline Morrell: "Cambridge está terminado, pero *El pozo de la soledad* está en pleno movimiento. Debo aparecer a favor del libro, y ya he desperdiciado horas leyéndolo y hablando de él, aunque espero liberarme el jueves. La opacidad del libro es tan grande que cualquier indecencia puede acechar ahí —simplemente no puedo mantener mis ojos en una página—". Sin embargo, estas objeciones en nombre de la prudencia se abandonaban en las relaciones personales: Harold Nicolson llevó consigo a Raymond Mortimer en su misión diplomática en Persia, aunque su panfleto a favor de la homosexualidad tampoco venció la prudencia de la Hogarth Press debido a que la Criminal Law Amendment Act no solo penaba la homosexualidad sino también su defensa en nombre de las buenas costumbres. Virginia no se consideraba a sí misma lesbiana, quizás porque la psicología de la época solo consideraba "desviados" a los que invertían totalmente el rol sexual, y se desinteresaba por sus partenaires a los que calificaba de "normales". Pero la insistencia sobre las "inclinaciones" de Vita, cuando pretendió excluirla de poner su firma durante la campaña a favor de Radclyffe Hall ("Tú no, debido a tus inclinaciones"), mostraba que consideraba a la homosexualidad como algo que no le atañía. Vita, en cambio, anticipaba en un texto de 1920 la importancia política de los deseos no alineados: "La psicología de personas como yo será entonces interesante, y habrá que reconocer que hay mucha más gente de mi tipo que lo aceptado hoy en día en un sistema hipócrita. No pretendo afirmar que ese tipo de personas y sus relaciones hayan de ser ensalzadas en un futuro. Pero creo que, por una parte, su mayor cantidad aparente, y por otra, una actitud más inocente y sencilla han de resultar del progreso del mundo. Llevarán a su reconocimiento aunque solo sea como un mal inevitable. El primer paso en esa dirección debe tomarse mediante la aceptación de que hay relaciones normales aunque ilícitas".

Leer las cartas de Virginia, donde son frecuentes los desencuentros por culpa de Vita, aunque aludidos de manera jocosa, hace pensar en una Vita indiferente, pero las respuestas son vehementes al comienzo del romance y poco a poco se van volviendo formales y conscientes de la superioridad intelectual de Virginia, que antes de la Segunda Guerra Mundial ya era una *celebrity* chica de tapa, *capaz de unir viejas palabras en un orden nuevo para que digan la verdad.*

Un ejemplo: "He quedado reducida a una cosa que solo quiere Virginia. He creado una hermosa carta para ti en las horas llenas de pesadillas de las noches en las que no pude dormir, pero se ha ido. Puedo resumírtelo en una frase: te extraño, de la forma más simple y desesperada posible. Tú, con todas tus brillantes cartas, jamás escribirías una frase como esa, capaz ni la sentirías. Pero estoy segura de que la esconderías en una frase tan exquisita y bien formada que perdería su sentido de la realidad. Pero como soy yo, te lo digo fuertemente: te extraño más de lo que creía posible, y eso que me había preparado para extrañarte. Esta carta es solo un chillido de dolor. Es increíble lo esencial que te has vuelto para mí. Pero supongo que estás acostumbrada a que las personas te digan estas cosas. Estúpida criatura consentida, no debería amarte ni entregarme a ti así, pero oh querida, no puedo ser ni inteligente ni distante contigo. Te amo demasiado para eso. Te amo verdaderamente. No tienes idea de lo distante que puedo ser con las personas que no amo, de hecho lo he convertido en una especie de talento oculto, pero tú, solo tú. Has roto mis defensas y la verdad, no planeo resistirme a ti. Tuya, Vita".

Sería arriesgado afirmarlo, pero sí darle la categoría de *indicios*, al hecho de que la obra de Virginia Woolf fuera valorada como transformadora, vanguardista y original en el mismo momento en que el suicidio pasa al dominio de la psicología, y ella lo ha realizado con éxito. Ya han sido publicadas por la Hogarth Press las obras de Freud traducidas por James Strachey y adoptadas por el grueso del mundo con fe de afiliados o con erudito escepticismo, vulgarizadas en test por las revistas feministas junto a collages oníricos y elusivos pronósticos. La crítica siempre insistió en leerla mediante diagnósticos vulgares y conclusiones miméticas que parten del cantado final. Es como si pescaran su cadáver con una pértiga por los faldones del abrigo lleno de malezas y tiraran, de allí hacia atrás, sin pausa, repitiendo la misma fórmula corporativa: madre muerta-muertos hermano y hermana-hermanastros abusivos-dolores de cabeza-padre muerto-depresión, por más que el cadáver gritara entre vómitos de lodo "¡El ethos se derrite!". Solo la crítica Hermione Lee se permite dudar de las afirmaciones hechas a partir del lenguaje nebuloso y metafórico de los papeles íntimos de Woolf, confundidos con sus ficciones, sin la mediación de un diván y de un cuerpo a cuerpo, y que culminan con la temeraria seguridad en el diagnóstico de *bipolaridad*. La angustia de sus personajes es leída como su propia angustia, y su "fluir de conciencia" que elimina la narración realista y casi vuelve inútiles los diálogos se transpone con las voces de su locura. Su mundo íntimo de clase media y su estilo experimental, en una posguerra que exigía realismo social, estetización del trauma e inglés americano para la literatura —ella odiaba a Conrad, a Hemingway, a James—, la cubrieron de un modesto segundo plano que solo se interrumpió con su conversada muerte.

El ganso y el aeroplano

A principio de 1928 Virginia había registrado en su diario la decisión de escribir "una biografía que comienza en el año mil quinientos y continúa hasta el día de hoy, y que se llama *Orlando*: Vita, solo con el cambio de un sexo a otro. Creo que como una broma podría dejarme llevar por esto durante una semana...". Luego continúa, como si hubiera estado en trance, *Orlando, una biografía* y se pone a escribir ráfagas de texto sin parar, recorriendo tres siglos y dos sexos para el personaje: quiere que sea una gran broma y una broma a los biógrafos con sus fechas puntuales, pesquisas polvorientas y autoridad erudita, pero a pesar de que bordea la literatura fantástica, exige documentación. Orlando *es* Vita, pero más es una revolución de los géneros y de la novela. Orlando, una belleza noble, masculina y rica, que llega a cumplir cuatrocientos años, enamora a una reina y a varios caballeros, viaja a Constantinopla, se transforma en mujer y, al volver a su reino, traicionado por una princesa rusa, se diluye en el futuro. Para contar esto, que considera provocativamente "una biografía", pide permiso a Vita-Orlando y exige documentación. Vita contesta, resignada pero positivamente: "Sí, adelante, mezcla tu panqueque, dóralo bien por ambos lados, vierte brandy en él y sírvelo caliente. Tienes mi completo permiso. Solo pienso que habiéndome descuartizado, desmembrado, desenrollado y retorcido, o lo que sea que pretendas hacer, debes dedicárselo a tu víctima".

En ese tiempo Vita estaba teniendo un romance con Mary Campbell y le había dado una casa cerca del castillo de Knole para que viviera junto a su marido, lo que convirtió a *Orlando*, para la lectura contemporánea, en una venganza. Es probable que esa sea la verdad pedestre y un pretexto para hacer confesar a Vita *todo*, sabiendo que esas confesiones entre amantes suelen contener numerosas mentiras, reactivación de experiencias olvidadas y pocas veces el inquisidor acepta su goce de interrogar. Y ese "todo", *sobre todo*, era la relación que Vita tuvo durante casi diez años con la escritora Violet Trefusis. Fue la primera y una transgresión temprana que empezó durante el colegio —Violet la besó por primera vez a los catorce años (Vita tenía dieciséis) y le regaló un anillo de "esponsales" ducal del siglo XV—, continuó con largos períodos de peleas, teatralidad, cartas y maridos, ya que Violet era más libre, más indiferente al qué dirán, que Vita, siempre atenta a los modales de su doble vida. La pasión de esas dos incluía el travestismo, viajes en los que Vita, con el rostro tiznado y una banda caqui alrededor de la cabeza, asumía la identidad de un tal "Julian" y Violet la de una joven rusa, "Lushka", con la que se paseaba por los cafés y teatros de París o iba a Montecarlo a jugarse lo que tenía la apariencia de bienes gananciales. A veces el travestismo significaba poder llevar las vestiduras del sexo privilegiado y de las clases altas, otras implicaba un código entre homosexuales y otras, un resto de decadentismo que daba al amor lésbico un plus de voluptuosidad solo explotable por el voyeur. En todos los casos existía la chispa de una potencialidad política. Y Vita ya había leído las obras de Havelock Ellis sobre sexualidad (el autor vivía en matrimonio abierto con una lesbiana) y de Edward Carpenter, uno de los pioneros del socialismo utópico y los derechos de los homosexuales.

Para Virginia, por sobre su deliberada certeza de que la escritura circunscribía y rodeaba el conflicto y lo deponía como obsesión ("Qué cierto es que en cuanto escribís sobre una cosa, la cosa se termina"), se imponía un proyecto de vanguardia, hacer una revolución en la biografía como género, ir más allá de la novela y, no nos engañemos, vender como no lo había hecho antes.

Orlando *aterriza* en la femineidad, un manto de silencio cubre sus genitales, la súbita irrupción de una vagina, ¿o solo se trata de un vestido?, ¿debería haber manchado ese vestido de rojo en prueba, o no, que correspondía a esa grosera intimidad?: "Podemos aprovechar esta pausa para hacer algunas declaraciones. Orlando se había transformado en una mujer —inútil negarlo—. Pero, en todo lo demás, Orlando era el mismo. El cambio de sexo modificaba su porvenir, no su identidad. Su cara, como lo pueden demostrar sus retratos, era la misma. Su memoria podía remontar sin obstáculos el curso de su vida pasada. Alguna leve vaguedad puede haber habido, como si algunas gotas oscuras enturbiaran el claro estanque de la memoria; algunos hechos estaban un poco desdibujados: eso era todo".

Sin embargo, las preguntas de Virginia han sido insistentes como si se tratara de no ficción: "¿Es cierto que rechinas los dientes por la noche? ¿Es cierto que adoras causar dolor? ¿Cuándo y cuál fue tu momento de mayor desilusión?". Las evidencias deben ser documentales y Virginia intenta diferentes performances en las que no trata de disimular el aspecto de Vita vistiéndola de caballero, la cubre de perlas y mantos de espay. Las fotos no ilustran nada. Después de todo, *yo* es siempre *yo*. El cambio de vestuario de Orlando no lo lleva a una conducta "femenina", porque eso es una intriga social. Y aunque se acueste con grandes hombres (Swift, Addison, Pope), es la misma mente ruidosa la que seguimos en esa prosa que Virginia se imaginó como un lugar donde "el genio descansa en el talento". "Quiero una de un joven Sackville (varón) para Jaime I, otra de una joven Sackville (mujer) para Jorge III. Por favor préstate para mis esquemas. Será un libro pequeño, no más de treinta mil palabras, y bastante febril con el ritmo que llevo (durante todo el día solo pienso en ti con diferentes disfraces, y en Violet y el hielo, y en Isabel y en Jorge III), lo debiese terminar antes de Navidad". "Olvidé decirte —¿lo olvidé?— que necesitamos dos copias en papel lustre de la fotografía de Lord Lascelles. ¿Podrías ordenar que realicen otra copia y enviármela de inmediato cuando la retires mañana?". Lord Lascelles era un antiguo pretendiente de Vita que en *Orlando* "hace" de la archiduquesa Enriqueta Griselda, enamorada de Orlando.

Tanta nobleza manipulada permite a Virginia Woolf sublimar su *ansiedad nobiliaria*. Virginia le envió a Vita una fotografía de la diadema de Julia Cameron, su célebre tía fotógrafa, esperando confirmar que se trataba del escudo familiar de Antoine de l'Etang. Sin embargo, Vita le contestó que el diseño era de origen británico y no correspondía a la aristocracia francesa. Y Virginia tuvo que conformarse con la información certificada por su padre de que descendía de una camarera francesa.

El final de *Orlando* se fecha el 11 de octubre de 1928. Londres ha dado un salto feroz desde el siglo pasado. Hay ómnibus, parejas que se tocan en la calle, bombillas de luz eléctrica, han desaparecido los sombreros de copa y subido las faldas. En las casas se toma café y se comen *muffins,* hay pianos de cola y estantes en las chimeneas, por lo tanto, chucherías de porcelanas, fanales y retratos. Orlando, que bien podría llamarse ahora Orlando el furioso y que acaba de tener un hijo, maneja su automóvil a gran velocidad. En vano ha matado moros con su espada, cazado fieras acompañado por sus perros, ahora está casada con un hombre que tiene el extravagante nombre de Marmaduke Bonthrop Shelmerdine, Esquire, que también se confiesa una mujer, como Orlando, un hombre. Debe apurarse antes de que cierren la tienda para comprar sales de baño y sábanas para una cama camera. Tiene innumerables deudas y litigios: no puede ocupar su castillo porque es una mujer (guiño a Vita que, por lo mismo, no pudo heredar Knole). Toma el ascensor de la tienda como antes tomaba una fortaleza.

Orlando es una magnífica profecía trans de final futurista, aunque muchos encuentren en la presencia de un ganso el peligro de fundirse en una bandada con pasos dubitativos y vuelo intermitente, pero está también el vuelo rasante del aeroplano llamando al futuro.

El affaire de los tipos móviles

Barba de Abejas es una editorial artesanal que publica libros en tiradas de veinticinco a cincuenta, papel ahuesado, xerografías hechas con la Malévich IV y diversas familias de tipos móviles de plomo, impresos con una minerva a palanca. El catálogo contiene a Emerson, Thoreau y otros ermitaños, reivindica la carencia de ISBN y su apicultor —traductor, editor, impresor y encuadernador— es Eric Schierloh, que publicó *Dedos de coliflor. Diario de una editora artesanal (1915-1941)*, de Virginia Woolf, libro que ella nunca escribió, al menos voluntariamente, salvo en fragmentos de cartas y en su diario. Eric seleccionó esos fragmentos y los reunió en un libro de cubierta color rojo, atendiendo a los pasajes que se refieren a la Hogarth Press desde sus comienzos hasta su "caída" en una dinámica cada vez más industrial. Está ilustrado con xerografías que incluyen la ya muy conocida del logo editorial (el barbudo invadido por un panal) y, aquí y allá, las hacendosas abejas obreras —descuento que son obreras—, el catálogo, un señalador y un trozo de hilo con que fue cosido el ejemplar. La expresión "dedos de coliflor" proviene de una frase de Virginia cuando escribió en su diario cómo le habían quedado los dedos luego de pegar sobres para los envíos de la Hogarth con las últimas publicaciones. El efecto de *Dedos de coliflor* —así como otros escritos de Virginia, juntos y seleccionados, tirando de la cuerda del suicidio, muestran una imagen depresiva y desesperada— es, en este caso, el de una mujer laboriosa, hábil editora, obrera aplicada, patrona severa y hasta astuta contable. Esta atmósfera creada por Eric, cuya política coincide con la de la Hogarth de sus comienzos (eliminar toda mediación con los lectores), tiene un destino por lo menos paradójico: la Hogarth hoy pertenece a Penguin Random House, que publica este libro. No se trata de progreso sino de una transición hacia lo que sería un atentado al sistema de producción industrial. Eric ya difunde su manifiesto: *Cómo prepararse para el colapso del sistema industrial de publicación.*

La misma Virginia parece estar preocupada por el tema y lo hace a través del personaje de Orlando, cuando este se encuentra con un *influencer* de época: "—¿Y los derechos de autor? —preguntó—. Explicó luego que los señores Tal y Tal (mencionó una casa editora conocidísima) estarían encantados, si ya les escribiera una línea, de incluir el libro en su catálogo. Podría fijar sus derechos de autor en un diez por ciento sobre todos los ejemplares vendidos hasta dos mil; en los posteriores quince por ciento".

En 1915 Leonard y Virginia Woolf planeaban una editorial. Las razones para Leonard eran psiquiátricas: una tarea manual, incluso pesada, distraía las mentes diagnosticadas de esquizofrenia. Leonard iba a convertir a *su loca* en socia principal y, lo más importante, haría que ella dejara de angustiarse por el juicio de editores que solo se arriesgaban con textos de venta segura y que también fueran aceptables para otros editores. "Nuestro destino es dar a luz los monstruos de la vecindad", decía Virginia con la vanidad y superioridad afectada del grupo Bloomsbury. Un día de ese 1915, a la salida del dentista, los Woolf fueron a visitar locales de artículos de impresión en la calle Farringdon. Virginia bromea en su diario que dudaba entre comprarse un bulldog o poner una editorial. Otro día llegaron hasta la casa Hogarth que estaba en el 34 de la Paradise Road (Richmond) y se fijaron si los niños del colegio de al lado eran tan ruidosos como para cancelar el alquiler, pero Virginia se enfermó dos veces ese año y el proyecto quedó en la nada. En 1917 compraron una prensa por veinte libras en una dependencia de la Excelsior Printing and Supply Company, un manual de dieciséis páginas y una tipografía Caslon Old Face. La instalaron en una mesa regalada por Violet Dickinson, que podía inclinarse de modo que los tipos móviles guardados en cajas resultaran más accesibles. Lo primero que publicaron fue *Two Stories*, un volumen delgado, cosido con dos puntadas y un nudo en el interior, en el que estaban "Three Jews", cuento de Leonard Woolf, y "The Mark on the Wall", de Virginia Woolf, con cuatro grabados de Dora Carrington. La tirada fue de ciento cincuenta ejemplares, edición paso por paso y empecinado aprendizaje. Virginia había aprendido a encuadernar en su infancia, como era habitual entre las familias inglesas de clase media, para producir un periódico doméstico. Leonard tenía experiencia como editor y pronto asimiló las instrucciones del manual, pero sufría de temblor en las manos, así que Virginia tuvo que arreglarse con los tipos móviles, que se ordenaban en cajones: primero confundió la "n" con la "h" y luego comprobó que las copias aparecían manchadas, o los grabados, sin colores netos. En un libro de Edward Morgan Forster, *The Story of the Siren* —bajo la pesquisa de Eric Schierloh— puso un misterioso "St" en la página 3 y, en la 122, tachó un 3 y puso en su lugar un 9. Pero esos errores equivalían a tener el autógrafo del autor, como estaban sus impresiones digitales en las tapas. Al principio, la Hogarth vendía por suscripción y editaba los libros de los amigos; pero los amigos eran T. S. Eliot, Katherine Mansfield, Bertrand Russell, Herbert Reed, Robert Graves y Dora Carrington. Su catálogo incluía traducciones de Tolstói, Chéjov, Svevo, Gorki y Rilke. Pero esa riqueza los fue alejando, poco a poco, del método artesanal. Según las citas del diario de Virginia que figuran en *Dedos de coliflor*, tenían muchos conflictos con aprendices y eventuales socios. O eran déspotas sofisticados, o nadie aguantaba el brillo de esos patrones deslumbrantes, sentados o parados junto a esas módicas máquinas tan próximas a las domésticas. O bien imprimir era como una droga más fuerte que el opio y hacía perder la paciencia con los inmunes a ella, que pretenden convertirla en una profesión. Pero para Virginia no era simple laborterapia; leía y juzgaba interminables manuscritos y reforzaba en cada entrada de su diario la no entrada del *Ulises* de Joyce en la Hogarth, que nunca argumentaba por la probable censura —como ya había sucedido en París— sino con renovadas convicciones. En una noche de 1923 escucha en su salón *La tierra baldía*, de Eliot (¿fue antes o después de que Ezra Pound le cortara unos versos?), dicha por su autor con voz salmodiada y atenta a los ritmos regulares. Hay una escena potente en *Dedos de coliflor* en que Virginia relata haber compuesto la totalidad de *La tierra baldía* con sus propias manos. Puedo imaginarla, despeinada o con horquillas sujetándole el cabello, los dedos de coliflor sacando los tipos de sus cajas, alineándolos cuidadosamente, leyendo sin leer, habilidad mágica que comparte con los correctores: A-p-r-i-l—i-s—t-h-e—c-r-u-e-l-l-e-s-t—m-o-n-t-h-... Luego le escribirá a Barbara Bagenal: "¿Ves cómo me tiemblan las manos? No culpes a tus ojos. Es mi escritura".

En 1928 publicó *Un cuarto propio*, dos conferencias que dio en el Newnham College y el Girton College de Cambridge, ambas universidades femeninas, donde acuñó sin querer un eslogan: "Una mujer necesita para ser independiente un cuarto propio y quinientas libras al año". Allí inventa entre las Marys de una antigua canción (Mary Beton y Mary Seton) una tal Mary Carmichael en cuyo texto cita de pronto discreta y estratégicamente: "A Chloe le gustaba Olivia...". La frase ha sido apropiada, también *estratégicamente*, por la crítica feminista, pero Virginia no estaba hablando de lesbianismo o, si lo hacía, era pasándolo de contrabando —en la audiencia se encontraba Vita—, mientras señalaba que en la literatura las mujeres solo existían desde el punto de vista de los hombres. Pero, para pronunciar esa frase, las palabras que usa y los escrúpulos que finge, la apresurada información de que una de ellas tiene dos hijos y ninguna lleva pantalones y corbata pajarita como la escritora Radclyffe Hall, se adelantan. Chloe y Olivia trabajan en un laboratorio machacando hígado para la obtención de un medicamento destinado a combatir la anemia perniciosa: "Siento interrumpirme de modo tan abrupto. ¿No hay ningún hombre presente? ¿Me prometéis que detrás de aquella cortina roja no se esconde la silueta de Sir Chartres Biron? ¿Me aseguráis que somos todas mujeres? Entonces, puedo deciros que las palabras que a continuación leí eran exactamente estas 'A Chloe le gustaba Olivia'. No os sobresaltéis. No os ruboricéis. Admitamos en la intimidad de nuestra propia sociedad que estas cosas ocurren a veces. A veces a las mujeres les gustan las mujeres. 'A Chloe le gustaba Olivia', leí. Y entonces me di cuenta de qué inmenso cambio representaba aquello. Era quizá la primera vez que en un libro a Chloe le gustaba Olivia. A Cleopatra no le gustaba Octavia. ¡Y qué diferente hubiera sido *Antonio y Cleopatra* si le hubiese gustado!".

"A veces", "en la intimidad de nuestra propia sociedad", "estas cosas ocurren". Es decir, "no a nosotras" y "a veces". Luego de arrojar esa frase se explica y se aleja del tema mientras también se aleja de la Obscene Publications Act.

"Tal como fue escrita la obra [*Antonio y Cleopatra*], pensé, dejando, lo admito, que mi pensamiento se apartase de *La aventura de la vida* [de Mary Carmichael], todo queda simplificado, absurdamente convencionalizado, si me atrevo a decir tal cosa. El único sentimiento que Octavia le inspira a Cleopatra son celos. ¿Es más alta que yo? ¿Cómo se peina? La obra quizá no requería más. Pero qué interesante hubiera sido si la relación entre las dos mujeres hubiera sido más complicada. Todas las relaciones entre mujeres, pensé recorriendo rápidamente la espléndida galería de figuras femeninas, son demasiado sencillas. Se han dejado tantas cosas de lado, tantas cosas sin intentar. Y traté de recordar entre todas mis lecturas algún caso en que dos mujeres hubieran sido presentadas como amigas". De todas maneras, había rozado un tema que sería imborrable y formaría parte de algo así como *el libro rojo del feminismo*, traducido como *Un cuarto propio*.

Y ahí se aleja cada vez más de temas espinosos en aras de argumentos irrefutables: "Supongamos, por ejemplo, que en la literatura se presentara a los hombres solo como los amantes de mujeres y nunca como los amigos de hombres, como soldados, pensadores, soñadores; ¡qué pocos papeles podrían desempeñar en las tragedias de Shakespeare! ¡Cómo sufriría la literatura! Quizá nos quedase la mayor parte de Otelo y buena parte de Antonio; pero no tendríamos a César, ni a Bruto, ni a Hamlet, ni a Lear, ni a Jaques. La literatura se empobrecería considerablemente, de igual modo que la ha empobrecido hasta un punto indescriptible el que tantas puertas les hayan sido cerradas a las mujeres". Pero así como liberó a Mary Carmichael, no dijo cuáles trabajos estaban disponibles para las mujeres y sospechó que ni Chloe ni Olivia los tenían, no habló de su estudio junto a una cancha de tenis, de su casa que ocupaba dos pisos del edificio cuyos habitantes tenían derecho a esa cancha, y del sótano, donde, aunque cada vez menos artesana, estaba la Hogarth Press en donde se seguía manchando con cola, cosiendo y grampando con sus dedos de coliflor. Y Eric Schierloh, en lugar de apoyar el cuarto propio para las mujeres, lo propone para todos los escritores:

"La idea de cuarto propio tiene una relación evidente con la experiencia editorial hogareña de Virginia. [...] El cuarto propio y el ingreso económico que toda mujer necesita para poder ser independiente —y escribir— encuentra, en su caso, una prolongación natural en la casa total y totalizadora que reúne el espacio generador (la escritura y lo editorial) y viabilizador (el taller de impresión y encuadernación) y que para ella significó —y de hecho le permitió durante mucho tiempo— publicar lo que quisiera, cuándo quisiera y cómo quisiera".

La gentil rosa freudiana

La crítica feminista hoy explica el suicidio menos por razones personales que por el horror de un mundo dominado por un sádico antisemita, Hitler, que había avanzado sobre Londres y se preparaba para la operación Marino, un plan de exterminio que incluía a los Woolf, quienes planeaban suicidarse encerrándose en el garaje y abriendo el caño de escape de su auto. Este plan suicidio no puede leerse en la serie de los anteriores y fallidos de Virginia, puesto que se trataba por una vez de acompañar a su marido o tal vez no podía vivir sin su tutela. Por las dudas conservaban guardada una buena ración de morfina. En todo caso, Virginia se adelantó a Leonard, en cumplir el pacto y en la escritura final:

"Querido: Creo que voy a enloquecer de nuevo. Siento que no podemos atravesar otro de esos tiempos horribles. Y esta vez no me recuperaré. Comienzo a escuchar voces y no puedo concentrarme. Así que voy a hacer lo que creo que es lo mejor.

"Tú me has dado la mayor de las felicidades posibles. Has sido, en todos los sentidos, todo lo que alguien puede ser. No creo que dos personas puedan haber sido más felices hasta que llegó esta enfermedad. Y ya no puedo seguir peleando. Sé que estoy arruinando tu vida, que sin mí podrás trabajar. Y lo harás, lo sé. Ya ves que no puedo ni siquiera escribir esto con propiedad. No puedo leer.

"Lo que quiero decir es que te debo toda la felicidad de mi vida a ti. Has sido totalmente paciente conmigo... e increíblemente bueno. Quiero decirlo, aunque todo el mundo lo sabe. Si alguien pudiera salvarme solo podrías haber sido tú. Todo se ha marchado de mí, salvo la certeza de tu bondad. Y no puedo seguir arruinando tu vida durante más tiempo.

"No creo que dos personas puedan ser más felices de lo que nosotros hemos sido".

El doctor Freud y sus discípulos se reunían los miércoles, como Bloomsbury. En 1939 Freud había desistido, en un ambiguo episodio, de analizar a Virginia. ¿Fue un tanteo de los Woolf, un pedido denegado? Freud regaló a Virginia una rosa. ¿Negligencia romántica o temor a un genio con faldas?

El 28 de enero Virginia Woolf y su marido Leonard visitaron en Londres al profesor Freud. Los nazis habían entrado en Austria. Londres era un refugio: había allí un cuarto claro en donde el profesor había reunido sus queridas tallas egipcias. Un jardín bien cuidado asomaba por la ventana, libre de toda interpretación. Puede imaginarse la mundanidad cordial de Leonard. Su pequeña falta de tacto al contar al profesor que un juez le había dicho a un hombre, a quien se juzgaba por ladrón de libros, que lo condenaría a leer un libro de Freud. El profesor entristeció, pero sin perder su afabilidad abstracta, propia de los acorralados entre la muerte y la obra.

Virginia Woolf era socialmente una esquizofrénica; el profesor Freud, un psicoanalista. La entrevista no tuvo una dirección —Leonard Woolf la relató en su breve texto *La muerte de Virginia*—, pero las fantasías debieron inquietar los corazones. El encuentro no fue gran cosa. Solo el arte de la conversación ligera hizo retroceder el silencio. De pronto, Freud tomó una rosa de una jarra y la puso en la mano de Virginia Woolf. Este gesto era perfectamente convencional. Pero ¿se puede soñar allí un sentido? ¿El profesor Freud entregó una rosa a Virginia Woolf porque en la Europa victoriana se solía regalar una rosa "a la más pura y bella"? ¿Este caballero victoriano hizo un modesto homenaje a una mujer tímida, precozmente limitada en su vida sexual, como él? ¿Este investigador honesto, pero desgarrado, que ha puesto en duda que las mujeres sublimaran, le estaba dando un trofeo a la excepción? ¿O es el Freud de las certezas casi de iluminado quien entregó su rosa para sellar un pacto, el que permitía *continuar* a un genio hacia la muerte, cuando él ya iba en dirección a la suya?

El 24 de marzo de 1941 Virginia escribió en su diario una extraña frase: "Y ahora con un cierto placer descubro que son las siete y que debo hacer la cena. Bacalao y salchichas. No cabe duda de que se

consigue cierto ascendiente sobre el bacalao y las salchichas al describirlas". Y unos párrafos más arriba:
"Mantenerse ocupado es esencial". Cuatro días más
tarde, el 28 de marzo, algo inaudito y tenebroso había
sucedido.

2023

Pequeños retratos

En la película *Veronika Voss*, de Fassbinder, una mujer, huyendo de la tormenta, se trepa a un tranvía que pasa en medio de un bosque. Sin aliento, con el cabello empapado y el rímel corrido, consigue acercarse a un hombrecito (por lo menos desabrido) que viaja colgado de una manija —no recuerdo si el tranvía está lleno o semivacío— y le reclama con voz enronquecida: "Paraguas y protección". Cada vez que soy escriba de textos de mujeres, ese pedido, que sabe a fórmula mágica, resuena como una letanía porque mi método de análisis —llamémosle así— no es el fruto de largas elucubraciones emanadas debido a la lectura de gruesos volúmenes polvorientos, con el paraguas y la protección de una teoría madre, sino un manojo de invenciones críticas, observaciones fragmentarias y algunos deslices de la Internacional Inconsciente.

Estoy de acuerdo con Jacques Lacan en que *La Mujer no existe*. ¡Dios nos libre de estar involucradas en universales como "El Hombre", "La Verdad" o "La Humanidad"! De todas maneras, la frase de Lacan era puro resentimiento, ya que, si *La Mujer no existe, las mujeres* andan por el mundo, son muchas y todas *his-*

téricas, es decir, capaces de poner en jaque el deseo masculino.

La pregunta por el vínculo de las mujeres con la escritura aparece en nuestro país como fuera de escena, al igual que una bombita encendida en una habitación vacía. Y no se trata simplemente de un retraso en la importación —que nunca es inocente—. Los libros que intentaban resituar a las mujeres en la historia, los que denunciaban la posición de la femineidad en la filosofía y en el psicoanálisis, los que daban cuenta de prácticas de reflexión colectivas sobre la condición del *segundo sexo,* los que se ocupaban de estética feminista sin avergonzarse ante el bigote de Adorno, surgieron en el caldo de cultivo de los movimientos políticos de mujeres, a la luz de una diversidad de la que malamente puede dar cuenta la palabra *feminismo* en singular. Las vicisitudes epistemológicas fueron tales que una crítica como la que realiza Julia Kristeva o un cine como el de Margarethe von Trotta no se reconocen ya como parte del feminismo, pero es válido pensar que no hubieran sido posibles sin él.

Las fechas de edición de muchos de esos trabajos, pertenecientes a lo que se dio en llamar el *segundo feminismo* en la Argentina, provocan escalofríos: 1977, 1978, 1979. (La dictadura militar duró desde 1976 hasta 1983). Obras de Luce Irigaray, de Elaine Showalter, de Adrienne Rich, de Shoshana Felman, de Rossana Rossanda. ¿Dónde estábamos nosotras entonces? ¿Y cuántas no alcanzaron, sometidas por dicotomías más urgentes o más atroces, a apoyar sus miradas en la palabra recién descubierta: "género"? La clandestinidad no favorece la heterogeneidad de los discursos, la polarización de la lucha no da lugar a la reinscripción de zonas consideradas accesorias como la diferencia de los sexos, los protocolos de placer, los derechos gays, la ética reproductiva, la estética. No, no hubo feminismo político en la Argentina de las últimas décadas, aunque sí una paradoja para feministas como las Madres de Plaza de Mayo, cuya figura no ha sido pensada en un *más allá de la política,* en todo su vigor simbólico. Hubo, en cambio, una impregnación de psicología de la felicidad, acercamientos de las militantes de partido a la *cuestión de género,* prácticas asistenciales meritorias pero demasiado pragmáticas como para dejar un capital de conocimiento, excelentes investigaciones aisladas de un pensamiento colectivo.

Otros prejuicios que atentaron sobre la pertinencia no hilarante de una pregunta respecto a la relación de las mujeres y la escritura: un cierto dominio populista de dudosa vitalidad, pero con énfasis siempre atenuados por una furtiva lágrima tanguera, que encubre con su antiintelectualismo meras secuelas autoritarias, cuando no una apología de la ignorancia que termina encarnando otro tipo de censura; el "ignorar", en quienes suelen ser ávidos importadores culturales, no excluye su matiz ideológico, quizás no solo eso que, de manera simplista, se denomina "machismo", sino uno de los tantos efectos del asco teórico desarrollado por las nuevas exigencias de mercado que, como nunca, imaginan un lector cada vez menos especializado, más errático y más alejado del libro por los medios audiovisuales. Por eso esta *serie de retratos* es una *rara avis,* ya que implica reconocer que existe una relación de las mujeres con la escritura que podría incluir determinadas imaginerías políticas, preocupaciones éticas y rituales inspiradores, sin que eso lleve al atolladero de un catálogo de diferencias. Estoy convencida de que las mujeres entran a la escritura a través de determinadas transacciones, máscaras y operaciones teóricas *de género.* Y la más común es la arrogancia de una supuesta bisexualidad.

Orlando invocado

El sonsonete de la bisexualidad viene dando jugosos dividendos desde que Sigmund Freud, durante el curso de su conferencia "La femineidad", calmara los ánimos de las psicoanalistas de la primera fila sugiriendo que toda mujer tiene una porción del otro sexo, la anatomía lo confirma y las identificaciones lo intensifican, de manera que *ellas* puedan superar su escasa capacidad de sublimación, un superyó debilucho y una rebelde envidia de pene. O sea: "Yo, Freud, os dejaré poner los piececitos en la sagrada mezquita del Falo donde, después de todo, nadie está a la altura (nueva cortesía) si os apoyáis en vuestra parte masculina; es decir, si os avenís a transmitir la doxa en donde sois agujero, falta, cero, carencia, a excepción de que seáis *madres*".

Actualmente, se habla de la bisexualidad del artista o del texto, cuando no de un goce (algo que suele colocarse del lado de las mujeres) cuya fuerza semiótica en la escritura es capaz de poner en vilo al orden simbólico —Kristeva— de la femineidad como la sede privilegiada para desmontar el pensamiento falócrata occidental —Derrida— de un "devenir mujer" como una economía del deseo tendiente a cuestionar cierto tipo de finalidad de la producción en las relaciones sociales dominadas por la subjetividad masculina —Guattari—. Existe una identificación festiva de algunos narradores, poetas y teóricos con una posición femenina ante la escritura: "La literatura consiste en volverse mujer de un modo u otro", "Suplantamos a nuestras madres para creernos mujeres", declaró ante un suplemento literario el narrador César Aira. Los términos del poeta Néstor Perlongher, más allá de mamar del neobarroco lezamesco, parecen extraídos del costurero materno, y una de las voces dominantes de sus primeros libros era la parodia de una maestra normal. Y toda la jerga teórica de traducción con sus flujos, carnavaladas, goces, estertores y "devenir mujer" simulan trazar en el aire la curva de la histérica de Charcot. ¿Para qué sirve separar la femineidad de los cuerpos biológicos que la sustentan, ya sea a través de la bisexualidad originaria de matiz biológico o merced a identificaciones, o de una femineidad modelo para hombres y mujeres?

Proclamar la bisexualidad como una transacción a la querella sexual propondría un pase donde, en el mismo momento en que ellos cuestionaran su lugar en la máquina de producción "deviniendo mujeres", ellas saldrían a las arenas públicas a pelear la parte que les adeuda la Historia. Justicia obliga.

La teoría, ecuánime por maternizante, permitiría el acceso de apóstoles hembra, a quienes no se les daría más que un lugar —bien conocido— de recitadoras del Texto o de contribuidoras a sus pruebas, dadoras de testimonio (Sarah Kofman lo demuestra en su libro *El enigma de la mujer. ¿Con Freud o contra Freud?*), que el profesor Freud solía extraer con violencia de otorrinolaringólogo de la boca de sus *histéricas*.

Esta reivindicación de la bisexualidad, este intento de fusionar la diferencia sexual en un discurso cuyo enfrentamiento se aloja en cada cuerpo, ¿no es una manera renovada de acallar —como sugiere Luce Irigaray— aquello que las mujeres podrían decir de revolucionario en el campo de lo social, del arte, la escritura, la política, en el momento en que precisamente empiezan a hacerlo? El "devenir mujer" no exige la misma operación en un sexo y en el otro, por hallarse el varón mejor ubicado en lo que Kristeva llama "contrato simbólico". Más didáctico: no es lo mismo la proletarización del doctor Guevara que el *destino* de un obrero de la línea de montaje de Fiat.

Pero la invocación de la androginia o de la bisexualidad del arte en autoras como Nadine Gordimer o Nathalie Sarraute, la ausencia de una toma de posición ante las cuestiones de género por parte de Doris Lessing (autora de un libro clave para las feministas de los años sesenta, *El cuaderno dorado*), pueden tener múltiples fuentes, desde las políticas culturales nacionales —que podrían desestimar en bloque, por ejemplo, a las corrientes críticas de una gran potencia— hasta la negativa a hacer usufructo de *las tretas del débil* —destinadas a un lector de minorías— y del rango de excepción que hace pensar en Marguerite Yourcenar como en un hombre; o una repulsa al psicoanálisis, ciencia que habría promocionado la bisexualidad como *potencialidad y* transacción y la femineidad como *destino* de ciertos soportes biológicos llamados mujeres; o la saturación de discursos y de movimientos que han convertido a los *feminismos* en un tácito y a la reivindicación de la *identidad*, en un momento histórico muy preciso en el cual no valdría la pena detenerse.

Hacer el hombre invisible

Fuera de la novela de H. G. Wells, analizando la expresión "hombre invisible" como cristalización popular, cabe preguntarse: si es invisible, ¿cómo saber qué es un hombre? La invisibilidad es una estrategia de sustracción a la identidad sexual semejante a la que utilizan muchas escritoras. Por ejemplo, algunas artistas y teóricas mujeres parecen soñar de diversos modos con un espacio aún no enajenado por los patronímicos de la cultura, o bien esa diada amniótica que precede a la cirugía simbólica. María Zambrano sueña con un mundo de palabras que constituyen el pasado del lenguaje ("ya que el exterior es el lugar de la gleba, de lo humano amorfo, materia dispuesta para ser conformada, configurada y a la que se le pide que siga así, gleba bajo la única voluntad de quien prefiere las palabras materializadas de un poder"); Julia Kristeva sitúa al sujeto poético en un tiempo anterior a la construcción simbólica, y Luce Irigaray reivindica una plenitud en la simbiosis original entre madre e hija que antecede a la tasa del padre. Esta *estrategia por sustracción* puede reconocerse en los "tropismos" de Nathalie Sarraute como una energía polifónica que proclama la autonomía de las palabras de toda trama, personaje y perfil psicológico. Esta metáfora, de provenir tanto de la biología —la extensión de pseudópodos en una ameba, por ejemplo— como de las ciencias sociales —tendencias de las masas, por ejemplo—, eludiría las marcas de género.

El cuaderno y el bebé

Pero lo más significativo es que las autoras insisten en una concepción no material del tiempo que favorece una relación entre escritura y maternidad, muy diferente de la enunciada por las escritoras de principio de siglo XX. Mentes pragmáticas alegarán que la modernidad dio a las mujeres mayores posibilidades de delegación y simultaneidad de tareas debido a los movimientos sociales, entre otros, el feminismo; mejores utensilios domésticos y de los sistemas de guarderías; terapias que permiten una negociación con la culpa. Sin embargo, el nuevo casamiento bien avenido entre *el cuaderno y el bebé* se debe a pensar el *tiempo de escribir* como un *tiempo del deseo* y a la escritura, como una soberanía no arrogable.

Los testimonios personales parecen dar cuenta de un saludable equilibrio ecológico donde esa soberanía aparece apenas camuflada por las explicaciones prácticas. Doris Lessing permitió un acople de ritmos entre trabajo y crianza sugiriendo que los hijos no son una interrupción en la creación, sino una pauta (¿y hasta una marca de estilo?): "Cuando estaba criando un niño, me obligué a aprender a escribir en lapsos breves, muy concentrados. Si tenía un fin de semana, o una semana, hacía increíbles cantidades de trabajo". Toni Morrison dice que escribió sus primeros textos por la mañana, bien temprano, antes de que cualquiera gritara "mamá". A Nathalie Sarraute la excusa de los hijos le parece decididamente absurda: empezó a escribir cuando su tercera hija había nacido y los otros dos eran pequeños. Afirma con severidad que siempre tuvo tiempo para sí. Nadine Gordimer tuvo que ser más dura: "Por supuesto ahora en mi familia todos son adultos y es más fácil. Pero me las arreglé para conservarla [la autonomía] cuando mis hijos eran chicos, supongo, siendo bastante cruel. Creo que los escritores, que los artistas, son bastante crueles, y que deben serlo. Es desagradable para otros, pero no sé de qué otra manera podríamos lograrlo. Porque el mundo nunca nos dará un lugar. Mi propia familia llegó a entender y a respetar esta actitud. Verdaderamente, cuando mis hijos eran bastante pequeños sabían que debían dejarme tranquila en mi horario de trabajo; si volvían de la escuela y estaba la puerta cerrada, no golpeaban ni ponían la radio a todo volumen. Mucha gente me criticó por eso. Pero mis propios hijos no me lo reprochan. Siempre me quedaba tiempo para estar con ellos".

Su marido también se ha acostumbrado: sabe que a la hora del desayuno Nadine "está incubando" lo que va a escribir más tarde y no se le puede preguntar por el pedido del almacén, anunciar la llegada de una factura, ni siquiera pedirle que pase la manteca.

Las tareas domésticas suelen ser, en algunos casos, como rituales liberadores de una esclavitud sin límites temporales que impone el deseo de escribir. Nadine Gordimer dice que se toma su tiempo antes de sentarse ante la máquina, para hacerse un café y salir al jardín, entonces sabe que será más importante para ella mirar la dirección que sigue una caravana de hormigas o quitar la maleza de un rosal que sumergirse en la obra. Llevar la ropa al lavadero o ir a comprar un plaguicida le parece un buen descanso y no un atentado a su inspiración, lo mismo que a Iris Murdoch cuando va a comprar comida. Quizás puedan pensarse estos actos como rituales de conjuro contra lo que Nathalie Sarraute llama el "salto al vacío" de la escritura, o uno de fusión colectiva con las mujeres que viven sujetas a otras cadenas que las de la escritura. Algo que expresa un poema de Adélia Prado: "[...] Exijo la suerte común de las mujeres con sus baldes, / de las que jamás verán su nombre impreso y no obstante / sustentan los pilares del mundo, porque incluso viudas dignas / no rehúsan casamiento, antes bien creen que el sexo es agradable, / condición para la normal alegría de anudar una cinta en el cabello / y barrer la casa de mañana. / Tal esperanza imploro a Dios".

Simone de Beauvoir

Desde hace algunos años las críticas sobre la obra de Simone de Beauvoir —a excepción de los textos de las feministas francesas de los años setenta— se apoyan fundamentalmente en las vertientes dramáticas de su vínculo con Sartre y en la necesidad de dar como perimida su obra. Sin embargo, la de Simone de Beauvoir y Sartre no era una "pareja abierta", según los códigos de las comunidades californianas de los años sesenta, ni de consumidores de avisos *swinger*. Para el existencialismo, cada conciencia que logra su libertad es una perpetua superación de sí misma hacia otras libertades. Esta acta de los misioneros Sartre y Simone de Beauvoir llevaba a no desestimar el amor y la amistad plurales, lo que no podía realizarse sin conflictos ya que no se trataba de una política de la felicidad, sino de una exploración de la libertad. ¿Por haber escrito *El segundo sexo* Simone de Beauvoir debía mantener con las mujeres relaciones carentes de aristas celosas, envidiosas o despectivas? Más claro: ¿deberíamos abandonar la lectura de Marx por el trato que él le daba a su mucama?; ¿o la de Freud, por haberse impuesto la castidad para escribir una obra que otorga una gran importancia a la sexualidad?

Se suele desechar a Simone de Beauvoir en nombre de los hallazgos del feminismo de la diferencia. Pero cuando ella escribió *El segundo sexo* en 1949 no era feminista y faltaban casi dos décadas para que irrumpiera en Francia el MLF (Movimiento de Liberación de las Mujeres), que contenía en su principio tanto el feminismo de la igualdad como el de la diferencia. Simone de Beauvoir se hizo políticamente feminista en los años setenta y no se la puede juzgar hoy por su enfrentamiento a una posición (la del feminismo de la diferencia) que no existía cuando ella escribió *El segundo sexo*. Por otra parte, lo que más tarde vio en el feminismo de la diferencia era, desde la filosofía existencialista, su propio disentimiento con el psicoanálisis, pero también una metafísica y un soporte del conformismo político. ¿Hay que guardar *El segundo sexo* junto a *Corazón,* de Edmundo de Amicis, por ejemplo, en nombre de un supuesto evolucionismo teórico? ¿Habrá que dejar de leer a Kant porque existe Lévinas?

El segundo sexo fue un texto de iniciación como *Mujercitas,* de Louisa M. Alcott. Y seguramente no es aventurado afirmar que el mochilismo de los años sesenta estaba menos inspirado en las aventuras selváticas del Che que en los viajes que Simone solía hacer sola por el mundo. En una ocasión pronunció una frase irresponsable: "Ninguna mujer puede ser violada por un solo hombre si ella no quiere". Luego detalló didácticamente cómo se quitó de encima mediante unas cuantas monedas a un árabe que se le sentó sobre las piernas mientras ella dormía tranquila y desafiante en el desierto. Pero nuestra importación no era tan turística: fundamentalistas, los sartre-simonianos *se lo contaban todo* en nombre de una libertad que desconocía cuánto le debía a la confesión laica y la concepción de un deseo sin barreras que ignoraba tanto la existencia del inconsciente como de la delicadeza. Sin embargo, ninguno de esos matrimonios de exploradores duró menos que los monogámicos o tradicionalistas de cuerno.

Entre lágrimas, se divertían. Hoy esa "nueva sinceridad" que lucha contra la propiedad privada de los cuerpos quizás vive sus vicisitudes en los vínculos entre *gays y lesbianas,* mostrando que cuestionar el imperativo hetero no exige solo cambiar al otro sexo por el mismo sino, como quería Foucault, "otro modo de vida".

Que en la actualidad la obra de Simone de Beauvoir se reduzca a los avatares de su intimidad con Sartre (a un supuesto fracaso) y a la superación de *ese* feminismo parece ser un eco de la invitación a la monogamia, a la vuelta al hogar de la *estresada* mujer independiente y a las pasiones de segunda que, con la chapa del sida y de la violencia juvenil en la solapa, organiza el modelo conservador que sería menos superable que *El segundo sexo*.

Isak Dinesen

Cuando París era una fiesta hubo dos baronesas. La primera se llamaba Elsa von Freytag-Loringhoven y era de origen incierto, pero lo seguro es que contribuyó a que, en el Village, en donde había estado, se conociera el arte *dadá:* solía usar la cabeza afeitada y con una línea longitudinal de pintura púrpura, sombreros que consistían en una caja de cartón, una boina de la que colgaban cucharas y plumas y, en alguna ocasión, una torta de cumpleaños con velas encendidas, un poncho indio y un colgante hecho con coladores de té abollados.

La segunda era danesa, se llamaba Karen Blixen y decidió muy temprano que su París quedaba en África, en una granja al pie de las colinas de Ngong, adonde llegó en 1913 con su marido, el barón Bror von Blixen-Finecke, para instalar un cafetal, sabiendo a medias que lo mejor hubiera sido poseer un bosque —la cercana Nairobi consumía mucha leña—.

Las dos baronesas tenían en común solo una enfermedad: la sífilis. Pero mientras Elsa von Freytag-Loringhoven la consideraba un signo de genio, Karen Blixen —a quien no podemos evitar imaginar con el rostro de Meryl Streep— la padeció hasta el fin de su vida. Disimulándola con velos y penumbras, logró, sin embargo, no inquietar a su enamorado Denys Finch Hatton, una especie de general Mansilla británico graduado en Eton, cazador y piloto, latinista y melómano, que la amó hasta su trágica muerte a bordo de un aeroplano.

La baronesa aprendió muchas cosas en África. Por ejemplo, que los masáis, como la verdadera aristocracia y el verdadero proletariado, comprenden la tragedia, al revés de la burguesía, para quien su sola mención le resulta desagradable; que las tornasoladas iguanas cazadas con la intención de convertir su piel en carteras se vuelven grises como el polvo; que un gallo puede matar a un camaleón arrancándole la lengua; sobre todo, un fabuloso sentido del relato.

Entre los somalíes, entre los masáis, la baronesa fue una gran doctora, una cazadora merecedora del título de "Reina Leona", pero a quien se sospechaba incapaz de escribir un libro. La duda era dirigida por su joven criado Kamante:

"—Msabu, ¿crees que tú misma puedes escribir un libro?

"Le respondí que no lo sabía.

"Para figurarse una conversación con Kamante hay que imaginarse una pausa larga y grávida antes de cada frase, como si tuviera una profunda responsabilidad. Todos los nativos son maestros en el arte de las pausas y de este modo dan perspectiva a una discusión. Kamante hizo una pausa así, y luego dijo:

"—Yo no lo creo.

"Yo no tenía a nadie con quien hablar de mi libro: así que dejé a un lado mi papel y le pregunté por qué no. Descubrí que había estado pensando en aquella conversación previamente y que se había preparado para ella; tenía detrás suyo la mismísima *Odisea* y la depositó sobre la mesa.

"—Mira, Msabu, este es un buen libro. Está unido de un extremo a otro. Hasta si lo levantas y lo sacudes con fuerza no se hace pedazos. El hombre que lo ha escrito es muy listo. Pero lo que escribes —prosiguió con una mezcla de desprecio y de amable compasión— está un poco ahí y otro poco allá. Cuando la gente se olvida de cerrar la puerta, el viento lo mueve, se cae al suelo y entonces te enfadas. No será un buen libro.

"Le expliqué que en Europa lo juntarían todo".

De lo que Kamante verdaderamente dudaba es de que un blanco pudiera crear una narrativa como la propia, oral, con la complicidad del viento.

Cuando el cafetal africano sucumbió, entre otras cosas, a una visita de las langostas abisinias, la baronesa se fue a Estados Unidos. Habían pasado dieciocho años.

En 1959 asistió a una comida junto a Arthur Miller, Carson McCullers y Marilyn Monroe. Truman Capote espió para poder hacer la crónica. Dice que la baronesa solo se alimentaba de ostras, uvas, espárragos y galletas.

Cuando murió, en 1962, no tuvo lo que quería: una tumba con vista al Kilimanjaro, donde se recostaran los leones para vigilar el paso de los búfalos. Cada uno de sus días en Estados Unidos se preguntaba: "¿Estará lloviendo en Ngong?".

Nadine Gordimer

El apartheid no es su tema: es su estructura. Escribe para elevar literalmente los muros de cemento con bordes de vidrio roto, conectar los citófonos y los portones eléctricos, pintar los carteles de "Está sobre Aviso" que preceden al disparo de los guardias y elevar las vallas de las zonas de chozas rodeadas de niños y botellas de cerveza. Y para narrar cómo son derribados por los entrenadores de guerrilleros de Tanzania o Libia, los miembros de comités callejeros, federaciones juveniles y bases en el exilio de los ejércitos rebeldes o los simples ladrones desocupados que dan cuenta hasta del fino whisky de malta del dueño de casa. Luego, marca esas zonas neutras de quigombos apuntalados por tutores de madera, con sus etiquetas botánicas, donde blancos de buena conciencia como ella debaten sobre la tregua racial con negros que no han visto las esculturas de Dube, creadas con desechos, ni visitado como turistas el Gran Hoyo de Kimberley, donde han reventado a sus antepasados. Ella no es Sartre, no apoya a hombres que se elevan por sobre los suyos para hablar en su nombre —Memmi, Fanon—, escribe sobre "personas cambiadas y moldeadas por la política", *sobre* y no *en su nombre*. Sin la ilusión populista de alcanzar lectores entre los rebeldes con documentos falsos de ingenieros de la construcción, los activistas escolares y los líderes del Movimiento Encarcelados en la Isla. Es a las buenas conciencias, a las que habla. Por eso incurre en la mala fe: "Todos los que escriben son seres andróginos", confundiendo adrede la capacidad de una autora de escribir en primera persona como Cornelio Agripa, un perro de aguas o una sombrerera, con la relación de una mujer con su escritura. Y por primera vez utiliza su privilegio como algo que la exime de cualquier tentación por una figura colectiva: "En realidad no he padecido en absoluto por ser mujer. Es inconcebible, por ejemplo, que alguna vez hubiera podido interesarme un hombre que considerara a las mujeres como no-seres. Eso nunca ocurrió. Hubiera habido una especie de guerra entre nosotros. Siempre doy por hecho, y siempre ha sido así, que los hombres de mi vida han sido personas que me trataban como igual. Nunca hubo una lucha por eso. He vivido una vida como mujer. En otras palabras, me he casado dos veces, he criado hijos, he hecho todas las cosas que hacen las mujeres. No lo he evitado ni he escapado de eso, suponiendo que hubiera deseado hacerlo, y nunca lo deseé ni lo deseo. Pero, como digo, no generalizo, porque estoy rodeada de mujeres dotadas e inteligentes que *sí* tienen esas luchas y que sin duda me *enfurecen* por permitir ser usadas por los hombres". Responderle significaría recurrir a los textos más obsoletos de las sufragistas del siglo XIX, que no solo se limitaron a destruir vitrinas de tabernas. Como enseñarle a un niño la "b" labial.

Siguiendo su razonamiento, se le podría preguntar: ¿por qué es anticolonialista si no es negra? Y claro que no es negra. No está obligada a escribir novelas partidarias donde los negros sean nobles y los blancos canallas y en las que solo se escuche el tronar de las cadenas y el tam-tam del tambor, como una mujer blanca con conciencia de género está obligada a *no escribir* novelas donde la protagonista sea una asesina serial de otras mujeres, tome aguardiente pura, monte sobre pinos prusianos, use gorra de chofer y orine a través de un pene de plástico como una heroína de Günter Grass.

O tal vez —es loable— sea el peso de una lealtad dominante, indomesticable, lo que la detiene, y la "androginia", la metáfora de un sueño de no separación racial, en lugar de una cuestión —el género— que pueda exigirle alguna asociación con las mujeres blancas que usan perfumes caros como el sueldo de un jardinero, envían a sus hijos a los colegios segregados y hacen donaciones a los pobres a través de las corporaciones donde trabajan sus maridos. Supo de demasiado *rojo sangre* como para que no viera todo en *blanco y negro* y escribiera a causa de aquella mujer, su madre, que no la dejó ser bailarina por considerarla enferma y porque, como muchas de las mujeres del siglo XIX, estaba enamorada del médico.

Estampa posible: bajo el techo de chapa metálica que repica en la estación de las lluvias, entre paredes donde deliberadamente ha descuidado las medidas de seguridad, toda la ropa enviada a la lavandería, Nadine lee *El beso de la mujer araña*, de Manuel Puig.

Doris Lessing

Jane Somers, así firma un par de sus novelas, para dar una gran broma a los críticos, Doris Lessing, que es sufí, quiere ser como el Mulá Nasrudin, que hace filosofía chapuceando. Escribe esas novelas despojándose de sus saberes —viajes, conocimientos culturales, política y sofisticación— en nombre de esa Jane Somers, una joven periodista. Sus editores ingleses rechazan el primer libro; cuando logra publicarlo, las críticas son pequeñas, mezquinas, algunas —solidarias— de mujeres.

Durante el curso de una entrevista, Roger Caillois le menciona una fecha a Borges, este lo interrumpe diciendo: "Ah, ese es el año en que usted me inventó a mí". Fuera de broma, Borges estaba señalándose no como un valor trascendente e indiscutible, más allá de toda contingencia, sino como una construcción —a él no le hubiera disgustado decir "ficción"— ligada a la historia, a las vicisitudes de la traducción, los códigos de interpretación de una época, la atracción por continentes perdidos, el imaginario común de la crítica. Y, a través de una ética admirable, fue en el fracaso de su "Pierre Menard" al escribir el *Quijote* fuera de época y lugar como Borges desmitifica su propio nombre, devolviéndole la huella de la historia.

Lessing y Borges tienen algo en común: carcajearse con una crítica que ni siquiera puede lidiar decentemente con un tema en el que deberían ser expertos: la atribución. Es la misma crítica que ha creado ese eslogan por el que no se puede diferenciar el texto de un hombre del de una mujer y, en realidad, debería confesar que no puede decir nada de un texto si no viene firmado por un autor conocido, aunque ella haya decretado el deceso del autor genérico reteniendo, por las dudas, su biografía, los detalles de con quién se acostaba y de las enfermedades en la sangre que le hubieran provisto sus padres (para usarlos disimuladamente, a pesar del voto de abstinencia decretado por la inquisición estructuralista).

Bien, ¿dónde está Lessing? Observando con perplejidad, respeto y un dejo de ironía la ópera que ha compuesto con Philip Glass. No está impresionada. Es sabia por experiencia, como esa mujer de su novela *En busca de un inglés,* que decide ahorrar para comprar un esmalte de uñas yendo al trabajo a pie, en lugar de usar el tranvía, y que cuando logra tener el dinero suficiente, descubre que las chapitas de sus zapatos están tan gastadas que debe cambiarlas —sádicamente, chapitas y esmalte tienen el mismo precio—.

Mary McCarthy

Una vez un pintor le preguntó casi retóricamente a Colette (porque sabía cuál era la respuesta): "¿Es usted la que por las noches hace mimodrama en el Moulin Rouge desnuda y con un collar que dice 'Pertenezco a Mitzy'? ¿Es verdad que se reúne a solas con damas que recitan a Safo y abjuran del principio masculino? ¿Y que en esas ocasiones usa jaquet y corbata palomita?". Colette contestó que sí, no sin un dejo de furor. Entonces el pintor la palmeó cariñosamente en el hombro diciéndole: "¡Buena burguesita! ¡Buena burguesita!".

Una muchacha como Mary McCarthy, que reivindicó su pertenencia al Comité en Defensa de León Trotsky, adonde ni siquiera habían consultado para que se incorporara y que, por ser aislacionista, se reprochó duramente haber llorado durante un documental sobre la victoria británica sobre el Afrika Korps de Rommel, también se merecería un palmeo así. Pero, gracias a Dios, McCarthy no es *políticamente correcta*. A cambio, es éticamente sofisticada, de una inteligencia demasiado rapaz como para dejar razones para contemplar e indulgencias para distribuir. Su defensa del libro *Eichmann en Jerusalén*, de Hannah Arendt, en el que se critica la complicidad de los dirigentes judíos con el régimen nazi —que levantó duros reproches—, es un brillante alegato de la libertad para establecer la verdad y una suerte de mentor diminuto de análisis crítico para aplicar a cualquier genocidio. "La comprensión es a menudo un preludio para el perdón, pero ambas cosas no son una misma, y muchas veces perdonamos lo que no alcanzamos a comprender (no viendo otra salida) y comprendemos lo que no podemos perdonar". La frase está en su artículo sobre el libro pero podría ser su síntesis. El resto de McCarthy es una honrada excatólica, nimbada aún por el halo de amor que le dejó la Guerra Civil Española, siempre dispuesta a cumplir alguna misión piadosa —como donar sangre durante la Segunda Guerra— con la fatal ironía con que muchas mujeres están persuadidas de que la abstracta finalidad estratégica debe ser acompañada por una acción sencilla con algo de cuerpo a cuerpo.

McCarthy, sin embargo, es muy convencional para aceptar en la expresión "mujer escritora" algo que no sea "menor". Luego de su sarcástica declaración de que en *Sensatez y sentimientos* ella quedaría del lado de "sensatez", habría que sugerirle, y sin darle lugar a opciones, otro título de Jane Austen: *Orgullo y prejuicio*.

¿McCarthy novelista?: si el talento de Fitzgerald se parecía al polvillo en las alas de una mariposa, el de McCarthy novelista se parece a las arrugas en la cara de un elefante. Algo producto del tiempo, la acumulación y la paciencia de los elementos. Ella misma desprecia la versión que asocia el estilo a algo fantasioso y no a lo irreductible de una voz. La voz de McCarthy novelista es reductible, asordinada por una conciencia que quiere desembarazarse de toda asociación libre para entrar directamente en el juicio.

Es difícil superar la imagen de Mary McCarthy como la persona con la que uno podría contar si va a ser ejecutado o si ha hecho un boicot al sistema informático de una empresa multinacional y ha resultado preso.

Toni Morrison

No podría escribir, como Robert Frost, sobre la suela de su zapato mientras viaja, ni mientras el mecánico le arregla el coche, como Gertrude Stein. Pero necesita blocs de papel amarillo y un Dixon Ticonderoga, número dos. Mejor que el papel no sea blanco, pide color rabia porque sus antepasados esclavos soñaron con los colores fuertes como venganza por una piel de valor solo para el mercado —imposible de travestir al menos antes de Michael Jackson— y el lápiz de la madera que talaron con el *bocado* separándole los dientes.

Con esas herramientas escribe en claves raciales a veces explícitas; otras, en forma de cazabobos blancos para hacerlos pensar sobre qué creen ellos que le pasaría a un negro. Al *bocado,* esa especie de freno que impedía a los negros abrir la boca, lo describe sin describirlo, a través de lo que provocaba: ganas de chupar, de hablar, sed. Logra un efecto tan aterrador como los irrepresentables monstruos de Howard Phillips Lovecraft.

La historia de la literatura está llena de personajes tomados de la *vida real:* Neal Cassady, June Miller, Nora Barnacle, Perry Smith. Estas musas no solo no cobraron derechos de autor, sino que los que escribieron sobre ellas han dicho, desafiantemente, que los soportes materiales de su imaginación no valían nada sin su punto de vista. Otras veces se han jactado de reproducir literalmente, sin analizar su función de *súcubos.* Y, las menos, han tenido escrúpulos que les permitieron escribir aún más y, por lo tanto, extraer más plusvalía de las musas. "Ni el doctor en antropología, ni yo asumimos la vida ajena. Ricardo Pozas jamás dejó a los indígenas, sobre todo a los chamulas, los tojolabales, los tzeltales, los tzotziles. Fueron su vida, no solo una investigación académica. Para Oscar Lewis, los Sánchez se convirtieron en espléndidos protagonistas de la llamada antropología de la pobreza. Para mí, Jesusa fue un personaje, el mejor de todos. Jesusa tenía razón. Yo a ella le saqué raja, como Lewis se la sacó a los Sánchez. La vida de los Sánchez no cambió para nada; no les fue ni mejor ni peor. Lewis y yo ganamos dinero con nuestros libros sobre los mexicanos que viven en vecindades. Lewis siguió llevando su aséptica vida de antropólogo norteamericano envuelto en desinfectantes y agua purificada, y ni mi vida actual ni la pasada tienen que ver con la de Jesusa. Seguí siendo, ante todo, una mujer frente a una máquina de escribir". La que escribe es Elena Poniatowska y sobre quien escribe es Jesusa Palancares, la mujer —tenía otro nombre— que registró en su libro *Hasta no verte Jesús mío.*

La ética de Morrison es diferente: cuando supo que había existido una mujer que había huido de Cincinnati, huyendo a su vez de la esclavitud y por haber asesinado a su hija, solo leyó dos o tres entrevistas en los diarios. Luego, de su propia cosecha —imaginación—, escribió *Beloved.* Como si para Morrison tomar algo vivo y usarlo para los propios propósitos fuera continuar con la esclavitud por otros medios. La sangre de Beloved, cuando Sethe le corta el cuello, es sangre imaginaria pero fuertemente significativa: eso que mana no solo es la fuente real de la esclavitud, sangre negra, sino su prueba sucesoria.

A menudo, en contra de la escolástica edípica y su obsesión por el suspenso, coloca en la contratapa de una novela el argumento entero: generosidad para el hombre pobre que lee, de este modo, gratuitamente un cuento breve, y sugerencia de que lo importante es el *cómo* y no el *qué,* al igual que Keith Jarrett cuando toca el poco novedoso —como tema— "Old Man River".

La narración que Morrison hace sobre la vida de los negros no es en clave de victimización, sino de resistencia. Los spirituals y los blues no son la queja impotente de los esclavos de los algodonales, sino "el anhelo de escapar en código, literalmente en lo subterráneo"; las letras de jazz no son de soledad y de pérdida, sino acerca del riesgo de amar y el amor "como espacio donde se podía negociar la libertad". Del mismo modo que el crimen de Beloved a manos de Sethe no es el acto de locura del bárbaro, es poder femenino, límite trágico al destino impuesto por los amos blancos, sustracción a la herencia esclava.

Toni Morrison escribe con libertad polifónica joyceana, a veces *zapando,* es decir, asociando espontáneamente a través de ensayo y error en un orden estricto, aunque lo haga *bajo bandera.* La bandera de la literatura afroamericana en la cual ella desea inscribirse y a la que podría aplicarse las leyes que Deleuze y Guattari encuentran en los textos de Kafka, como literatura menor donde una minoría escribe en una lengua mayor y lo individual se inserta en lo político, bajo un ordenamiento colectivo de enunciación. No es una negra que escribe *sobre* los negros sino *con* los negros, aspirando a integrar el archivo de la raza. Por eso ahora que el *bocado* se sublima en "un lenguaje que funcione silenciosamente sobre la página para un lector que no escucha nada", se embosca en la noche para ver el alba, como sus antepasados esclavos se anticipaban a la hora del trabajo y el desaliento, asistiendo como un ritual benéfico —algo que no podía serle enajenado a ningún hombre— a la salida de la luz.

Iris Murdoch

Tiene una gramática de esperanto en el cuarto de baño y uno teme que Iris Murdoch tenga algo de Charles Kinbote, ese profesor oriundo de Zembla, creado por

Nabokov en *Pálido fuego*. O sea, alguien capaz de incluir en un comentario crítico que recombinando las sílabas de "Wordsmith" —el nombre de una localidad— y de "Goldsworth" —el de un locador— se obtienen los de "Goldsmith" y "Wordsworth", dos maestros del pareado heroico. Pero no es necesario visitar a Iris Murdoch sino leerla. Entonces se evocará nuevamente el genio liviano de Nabokov pero a través de otro de sus personajes: Pnin. Exilado ruso, profesor aburridor y amante despechado, Pnin organiza una velada de relaciones públicas con sus colegas, imaginando dar un vuelco crucial a su gestión en la universidad donde enseña. Esa noche se entera de que va a ser despedido. Antes de que su autito se aleje furtivamente por las carreteras de césped peinado del campus, lavará la vajilla. En la pileta, sumergido entre platos y vasos sucios, hay un objeto que le ha regalado la única persona que realmente lo quiere: un joven ahijado. En la prosa de Nabokov, en el gorgoteo de la pileta, donde el agua cubre el enigma de su contenido, en la mente simpatizante del lector por un patético profesor ruso, se escucha un ¡crack! aterrador. Pero la prosa continúa y al instante de congoja de Pnin y del lector cede la certeza: lo que se ha roto es otro objeto, no *el* objeto, la base de una copa o un plato ordinarios. Es difícil probar que Murdoch se parece a Nabokov, pero sus libros tienen esa atmósfera creada por Pnin y la intriga en su vajilla. Y Murdoch suele romper también, no *el* objeto sino cualquier otra cosa. Y ese salvataje suele convivir con un mal mayor. Victorias a lo Pirro como la de esos dos personajes femeninos que en *Un hombre, si acaso*, una solterona y una semiprostituta abandonada, se van a vivir juntas a una casa de campo, quedándose a cargo de un perro, y son como esa gente casada "que se aman mutuamente, no se soportan y saben que ya no podrían nunca tener otro destino". ¿Cómo se llama el perro? Pirro.

Murdoch es tan buena como Graham Greene, solo que mientras él era espía británico, ella fue asistente principal del Tesoro y luego funcionaria administrativa de la Administración de Ayuda y Rehabilitación de las Naciones Unidas en Inglaterra, Bélgica y Austria, lo que resulta menos suculento para el mito.

Dorothy Parker

Una vez un hombre le confesó que cuando le había dicho que admiraba su obra, había mentido. Ella le contestó que también había mentido (cuando le había sonreído). Otra vez le dijeron que otro hombre, muy inexpresivo, había muerto. Ella respondió: "¿Cómo lo supieron?". Y cuando un tercer hombre le hizo muy mal el amor entre unos arbustos, ella lo consoló: "No te preocupes, jamás tengo en cuenta los ensayos". El arte de la réplica tiene la paradoja de congelar al otro y, al mismo tiempo, ponernos compulsivamente a su merced: tener la última palabra es una adicción y una condena. Se dice de Dorothy Parker que era ingeniosa. Sin embargo, cuando se contempla una serie de televisión desde *El show de Dick Van Dyke* hasta *Casado con hijos* se sospecha que o bien Parker influyó en todo el sistema de réplicas de la comedia norteamericana, o bien perteneció a una cultura oral de la que ella fue una más entre los menos. Pero es probable que, como suele suceder, su fama de desopilancia social no fuera más que una manera de encubrir el genio de una obra poco canónica. Dottie (el diminutivo suele esconder intenciones paternalistas, mientras que el *La* junto al apellido es el pasaporte a la universalidad) fue, es probable, el chivo expiatorio de su generación, un ser llamado a representar, cuando todos los perdidos se han hecho *sistematos,* el pasado común, pendenciero, licencioso y chispeante.

Escritora por dinero —escribía bajo ese pretexto—, fue víctima y cómplice de la eterna rueda de presos de los delincuentes culturales: el capataz de diseño gráfico que exige a la hora de cierre unos subtítulos para un cuento de Borges, el editor que rechaza una sutil historia de amor, furioso porque su adversario ha conseguido la foto del ministro del Interior acostado con una travesti, el productor que encarga que los caballos vengan furiosos o saca de los créditos a Salvador Dalí. Pero también del *maître* que no admite "solo la entrada", el portero que escucha las quejas de los vecinos por escándalo, el consorcio que no admite mascotas, el mozo que se sobresalta ante el pedido de whisky doble de una dama sola.

Dorothy Parker pedía dinero. Como la mayoría de los mendigos, era fastuosa e insensata y solía devolverlo en un gesto casi artístico: le regaló a Lillian Hellman un cuadro de Picasso y otro de Utrillo. Cuando su amiga lo consideró necesario, se los reembolsó en forma de cheques. Dorothy Parker no recordó haber recibido ninguno. En su mesita de luz, luego de su muerte, le encontraron cheques firmados hasta de siete años atrás. No era efecto de la dipsomanía, sino una suerte de lección zen: "La caridad es criminal, y usted lo sabe. Pero creo que si el gobierno financia a sus artistas, estos no tienen por qué sentir gratitud —el atributo más mezquino y despreciable del mundo— ni tienen que aceptar que les envíen canastos ni tienen por qué lustrar manzanas", dijo.

Dorothy Parker se divirtió. Pero desgraciadamente nada de lo divertido queda. El recuerdo encubridor suele ser edificante, pero lo que reprime es lo insoportable. El *divertido* es por esencia un ser que olvida, luego cree que no ha vivido. Su obra le es extraña, sus contemporáneos no le creen porque, cuando relata, saben que, creyendo o fingiendo recordar, inventa.

Ese fue el círculo vicioso de Dorothy Parker.

C'est tout (ese era el nombre de su perro de aguas).

Jean Rhys

Una vez, durante una entrevista de radio, le preguntaron a Jean Rhys si había llegado a odiar a los hombres. Ella se escandalizó. El entrevistador le evocó la saga de sujetos canallas y dañinos que atravesaban su obra, supuestamente autobiográfica. Jean explicó que no odiaba a los hombres porque las partes tristes de su vida habían sido suprimidas al escribirlas: luego de esa suerte de conjuro ella obtenía algo así como un segundo nacimiento. Pero la confusión del entrevistador era justificable. Las novelas de Rhys son brillantes y, sin embargo, podrían sintetizarse en la siguiente frase: "Una mujer está sola en un bar o en un hotel de un país que no es el suyo, esperando a un hombre que la abandonó o que es capaz de abandonarla y cuyo dinero necesita".

A pesar de que su segundo nombre (Gwendolen) significa "blanca" en galés, siempre deseó ser negra. Fue criada descalza, en un lugar de Dominica, comiendo jarabe de melaza y escuchando historias de aparecidos que le contaba su cocinera negra, quien practicaba el *obeah*, forma discreta del vudú. Cuando viajó a Londres para estudiar, comprobó que nada la curaría de su infancia salvaje. Las ciudades —y conoció muchas, amén de París, Londres y Viena— serían para ella sinónimo de frío, vulnerabilidad, desprotección. En 1908 ya había dejado la escuela por la academia de arte dramático; luego, la academia por un puesto de corista en una comedia musical; cuando la obra bajaba de cartel en el período de vacaciones, tenía que conseguir changas en otros teatros de mala muerte —en uno, lo mejor del número era cuando una chica en paños menores se agachaba en el escenario y ponía un huevo—. Vivía en un barrio llamado Fulham, pero el cartel del tranvía que llegaba hasta ahí decía "El fin del mundo".

Siempre sintió frío, pero no el frío que acecha en Europa a quien viene de un país cálido, sino el frío de las medias rotas, del marido en prisión por haber sido acusado de entrar ilegalmente en Francia y de violar en Viena las regulaciones de la moneda, de un niño muerto a poco de nacer, de los cuartos con un colchón en el piso, de que los hombres no necesiten de las mujeres mientras que las mujeres necesitan de los hombres. En el libro de Shari Benstock *Mujeres de la "rive gauche"*, se ve la obra de Rhys como el eco de un cierto masoquismo heterosexual o, lo que es peor, como denuncia acerca de la dependencia amorosa de las mujeres. Se atendió menos a su insistencia en que la desdicha se ahuyenta escribiéndola.

En realidad, Jean Rhys era una escritora refinada y valiente que narraba con una lengua bien dominada y un estilo lleno de metáforas agudas y observaciones sutiles acerca de los sentimientos humanos; una transición lúcida a la mujer moderna.

Digresión: nadie transmitió como Rhys el *hambre* por un vestido y un par de medias nuevas.

Nathalie Sarraute

Su apodo era Tachok. ¿Ruso? ¿O una licencia paterna?; Nathalie, Natacha, Natachok, Tachok.

Cuando Tachok (Nathalie Sarraute) era muy pequeña fue con su padre al hotel Interlaken. La institutriz alemana hacía, en las horas de descanso, labores de costura. En el salón del hotel, se sentaba a trabajar con el costurero sobre el regazo y sobre el costurero, unas tijeras de acero (¿Solingen?). De pronto, Nathalie las enarboló en dirección a un canapé de seda azul: "Ich werde es zerreissen" ("Voy a hacerlo trizas"). Su padre la persuadió, sin mucha fe en el cumplimiento de la amenaza: "Nein, das tust". Ya sentía que eran las palabras las que cuentan, las que pueden levantar indomesticables corrientes internas. Entonces clavó las tijeras y abrió el canapé de arriba abajo. Del tajo escapó una cosa blanda, grisácea (¿Valéry? ¿Racine?

¿Los Gouncourt?). Así irrumpirá Nathalie Sarraute en la literatura francesa. Su invento: los *tropismos* que intentan "desprender las sensaciones, los movimientos ínfimos de la convivencia, de su expresión verbal, haciéndolos acceder a un lenguaje más sutil y más libre que los revele en lugar de traicionarlos, de fijarlos a perpetuidad en una imagen inmutable". A veces se parecen a los mínimos cambios registrados en el picoteo de las aves; a veces, a la imagen material de la libido freudiana. Por eso la androginia que Sarraute propone a su estilo evoca menos a *Serafita*, de Balzac, que a la reproducción por gemas de un pólipo de agua dulce o a la partenogénesis de un pulgón.

A los ochenta y tres años, Nathalie Sarraute cambia, se aviene un poco —como esa otra gran vieja, Marguerite Duras, cuando escribió *El amante*— a escribir una obra *normal*. *Infancia* es un *best seller*. Pero no abandona esa distancia entomológica. Lo que describe es atroz (en los recuerdos de infancia todos somos el niño proustiano, que sufre decenas de páginas porque su madre no llegó en la noche a darle un beso). Nathalie, de origen ruso, fue enviada por su madre, cuando ella tenía ocho años, a vivir a casa de su padre y su nueva esposa en París. Viajó con ella desde Ivánovo, Rusia, y la entregó a un amigo en Berlín para que continuara el viaje. A través de las lágrimas Nathalie vio alejarse el Neva helado, los palacios de columnas blancas, las isbas de madera y los bosques de abedules. Y nuevamente fue consolada por la lengua, la repetición al compás del movimiento del tren de la palabra "sol" en ruso (*solntze*) y en francés (*soleil*). La madre de Nathalie operaba con rápidas y fértiles sentencias:

"Mujer y marido de un mismo partido" (apartándola en un juego con su segundo esposo); "A un niño que quiere a su madre nadie le parece más guapo que ella" (Nathalie le había dicho que un maniquí la superaba en hermosura); "No tienes en el mundo más que una mamá, una sola" (Nathalie, en un ritual de autoconsuelo, le había confesado a su oso Miska: "Sabes, vamos a volver pronto a París, a casa de papá, antes que de costumbre... y allí, figúrate, habrá otra mamá"); "Ese nombre, mamá, no puede unirse a ningún otro" (Nathalie le había pedido permiso para llamar "mamá" a su madrastra). De ese modo, se le indica que lo que ha perdido no puede reemplazarse y que ella siempre está haciendo lo que ningún niño hace. El resultado es un sentimiento de separación radical que se traduce en soberanía: la idea de ser la "única única".

A los ocho años, como Sor Juana, que también fue abandonada por su madre a esa edad, se hará esposa del saber, se acunará en palabras con un estilo que parece una deformación de la frase que debió escribir veinte veces en su cuaderno de escolar con mala ortografía: "Je n'aperçois qu'un p au verbe apercevoir". *Apercevoir* ("percibir"), ese ha sido su verbo, sin duda.

Con las que defienden el "cuarto propio", Nathalie Sarraute no quiere tener nada que ver. Hasta el punto de que ahora trabaja (cuando está en el campo) en un establo.

1995

La gata y el gran hombre

A la memoria de Cartulina

En la cárcel de Poznan-Wronki, Polonia, Rosa Luxemburgo escribe que se siente feliz porque, luego de mucho insistir, le han comprado una pequeña regadera y, aunque deba caminar hasta el estanque para llenarla al menos una docena de veces, deja regados en su totalidad los jacintos azules que le han permitido cultivar. Escribe también que ha logrado liberar de entre las rejas la que considera la primera avispa del verano, "joven y delgada", cuando zumbaba aturdida contra los vidrios sin encontrar las hojas abiertas de la ventana de su celda. Y para escribir, amén de la única pluma y el papel restringido, Rosa Luxemburgo se las arregla con una silla y una madera empotrada en la pared. Al tiempo limitado del cautiverio suele oponerle la libertad del tiempo *que hace*: bajo la lluvia torrencial y sin paraguas (aclara, como si obtenerlo fuera posible al igual que obtuvo la regadera), con su viejo sombrero y envuelta en la capa de la abuela Kautsky (la madre de Karl, dirigente de la Segunda Internacional), escribe que vaga por el jardín seguida por un pequeño pájaro carbonero que, seguramente, se refugia bajo su silueta oscura de las gotas del agua y del viento (con esa imagen Margarethe von Trotta elige comenzar su película *Rosa Luxemburgo*). Puede que no quiera preocupar a su amante y camarada Hans Diefenbach haciéndole un cuento de flores y de pájaros por correspondencia, pero ese cuento que conserva, aún libre y en medio de los más arduos debates ideológicos y avatares políticos —cuando llegan a llamarla "perra rabiosa" o le adjudiquen chorros de veneno sin argumentos—, hace pensar que la revolución no es incompatible con una voluntad de felicidad que solo se encuentra en armonía con la naturaleza y sus criaturas. Para ella, "sentirse bien" es casi una obligación militante. En cada prisión, ya sea por insultar al emperador, su militancia clandestina, la antimilitarista, o por ser considerada un peligro para la seguridad pública, prohibido el horizonte, la libertad le suele entrar por los oídos. En Poznan-Wronki, a través del sonido monótono del sacudir de una alfombra que alguna guardiacárceles soltera o tal vez viuda desea mantener limpia en un cuarto. En Zwickau, es el cuac-cuac de los patos que le recuerdan el origen de algún mundo. En Alexanderplatz, donde la noche comienza a las cinco y treinta, es el trepidar de los trenes de cercanías que le impiden dormir hasta que los acalla con su propia voz cantando *Las bodas de Fígaro*, más tarde el grito de alguien que ordena recogerse en la casa a una niña que canta y baila escapándose —puede imaginarla— hasta que sus protestas cesan el día siguiente. Y lo más conmovedor, en Barnimstrasse, las luces se apagan a las nueve de la noche; a esa hora, o unos minutos después, un bebé rompe a llorar con esa clásica progresión de vagido *in crescendo* que, bajo el propio estímulo, suele conducir al aullido vivo. A las diez en punto se oye la voz impaciente de la madre, unos golpecitos no muy fuertes, al mismo tiempo de castigo y de consuelo, y se hace el silencio. "Créeme, Hänschen —le escribe Rosa a Hans Diefenbach—, ese anticuado método para resolver los problemas de la existencia también hizo maravillas en mi alma a través de las palmaditas en el trasero del bebé. Mis nervios se relajaron inmediatamente junto con los del niño y me dormí cada vez simultáneamente con él".

Estas imágenes poderosas, de radiante vitalidad en medio de toda tiniebla, pertenecen al libro *Dime cuándo vienes. Cartas de amor, 1893-1917*, de Rosa Luxemburgo, que publicó la editorial Banda Propia con prólogo de Diamela Eltit y traducción y selección de Angelo Narváez León. Los corresponsales son Leo Jogiches, Kostja Zetkin, Paul Levi y Hans Diefenbach, amantes, camaradas, "cuadros", aunque la lengua amorosa los condene a los diminutivos "Niuniu", "Bub", "Bobus", "Kukuchna", "Ciucia", "Dziodzio". Solo las cartas escritas en prisión deben reprimir esas jocosidades retóricas privadas. Allí, en ausencia de la gata Mimi, especie de compañía y proyección de sí misma ("Ayer por la tarde hizo esto; la estaba buscando por las habitaciones, pero no la encontraba en ninguna parte. Comencé a preocuparme y luego la descubrí en mi cama. Acostada de tal modo que la cubierta quedaba bien colocada justo debajo de su mentón, con la cabeza sobre la almohada de la misma manera en que yo me acuesto"), presencia tan asidua en las cartas como la de un Karl Kautsky o una Clara Zetkin, es preciso desdoblarse en lo que la imaginación provee a la lucha que no cesa.

Con esa compañía peluda, suele compartir efusiones como "Te beso. Y Mimi también lo hace" o depositar en ella la nostalgia: "Mimi te buscó en el pasillo y en la habitación, luego me miró inquisitivamente con un prrr". Y cuando cuenta "Mimi es una sinvergüenza. Saltó hacia mí desde el suelo e intentó morderme", parece estar refiriéndose a su propia oscuridad, fácilmente mutable en una violencia que sería necesario deponer. Luego de separarse del joven Kostja Zetkin, le escribe, al parecer, sin humor pero también sin rencor, que se lo comunicará a Mimi: "Le diré a la pequeña Mimi que ahora estamos solas y la besaré".

Cuando describe a la gata revolcándose en la alfombra, olisqueando las flores frescas del florero, o bebiendo en dos patas el agua de la canilla, parece retratar su propia voluptuosidad ante lo que la vida ofrece sin la forma de la mercancía. Será por eso que, al *leer* en Mimi, suele hacerlo despojándola de su naturaleza y entonces escribe como al pasar: "Mimi estuvo aullando por dos días y noches seguidas, lo que me puso muy nerviosa. También se puso débil y delgada, pero ahora ya está mejor, hoy incluso jugó un poco conmigo. Pobre querida Mimi". Hubiera sido sencillo reconocer en ese malestar pasajero, pero insistente, el cíclico celo.

El 2 de abril de 1911, Vladimir Ilich Uliánov visita a Rosa Luxemburgo en su habitación de Berlín: "Hace calor aquí, incluso está algo templado, ya por completo primaveral. ¡Pobre Mimi, siempre haciendo prrr! Impresionó tremendamente a Lenin, que dijo que solo en Siberia había visto una criatura tan magnífica, dijo que ella era una gata majestuosa. Ella también coqueteó con él, rodó sobre su espalda y se comportó seductoramente, pero cuando intentó acercarse a ella, lo golpeó con una pata y gruñó como un tigre".

Claro que la gata no había tomado ningún partido. Ignoraba que ese hombre se había embelesado tempranamente con *La cabaña del tío Tom*, novelón paternalista sobre la esclavitud a través del sometimiento bonachón como valor, mientras que *su humana* formaba parte de un grupo que lleva el nombre de quien levantó en arma a los esclavos romanos. Aunque la escena podría llamarse como una de las obras de la víctima: *Un paso adelante, dos pasos atrás.* Es que una gata no es nunca una afiliada. Tampoco sabe de "centralismo", salvo de sí misma. Su internacional está dada y consta de una suma de individuos sin alianzas más que el turno en el callejón o el incremento de la temperatura por contacto, y cuya lengua es única, aunque etólogos positivistas han pretendido encontrar en los maullidos de cada país resonancias de las lenguas humanas que se hablan en ellos. Si Mimi levantó la cola, mostró el ano recién limpio y se refregó ronroneando en esa camisa abotonada hasta el cuello, es porque buscaba marcarla con sus feromonas y no demostrar cariño a su portador.

En una de las últimas cartas dirigidas a Hans Diefenbach, Rosa Luxemburgo parece aludir a una metáfora en la que, como siempre, no puede faltar Mimi: "Mi residencia en Sudende, como sabes, es como una linterna expuesta al sol en todas las direcciones, que por las horas de la mañana adquiere forma de una manera muy encantadora. Después del desayuno, solía tomar el prisma de cristal que dejaba sobre el escritorio como pisapapeles y, con sus innumerables ángulos y facetas, lo ponía a la luz del sol para que los rayos se dispersaran de inmediato sobre el piso y las paredes en cientos de pequeñas salpicaduras de luz arco iris. Mimi mantenía fascinada la vista en este juego, especialmente cuando movía el prisma y lograba que los brillantes colores se lanzaran bailando de aquí para allá. Al principio corría y saltaba alto para atraparlos, pero pronto deducía que no había *nada* ahí, que eran solo una ilusión óptica, y luego seguía mirando el baile con sus pequeños ojos alegres sin agitarse". Era una ilusión que se conduce mediante la voluntad, bajo un principio científico, un movimiento que es el de bailar y que tiene el color del arco iris... como una revolución.

2020

Emma Zunz

En la Biblioteca Nacional, los crímenes son retóricos como los de Remo Erdosain a La Bizca o los de los hermanos Nilsen a Juliana Burgos, la intrusa. Claro que existe la contrapartida: Emma Zunz, que sobrevive a su venganza. Quizás sea hora de reescribirlo, como Gabriela Cabezón Cámara reescribió el *Martín Fierro*. En esta versión, Emma también recibe la carta con la noticia del suicidio de su padre Emanuel Zunz, quien tuvo que cambiar su nombre por el de Manuel Maier y huir a Brasil, por un delito que no cometió y que los diarios titularon "el desfalco del cajero". Lo sabe Emma y lo sabe el lector, el verdadero culpable ha sido Aarón Loewenthal, hoy socio de la fábrica de tejidos Tarbuch y Loewenthal, pero Emma no lo mata, su deseo de venganza se ha convertido en activismo y, aunque es tímida, lidera la huelga que se planea en la fábrica. En el cajón de la cómoda no tiene la foto del actor Milton Sills, sino del socialista Alfredo Palacios. No concurre, como en el cuento original, a un club de mujeres que tiene gimnasio y pileta sino a una confitería donde, con sus amigas Elsa Urstein y Perla Kronfuss, hablan de política. Las tres habían votado en 1919 a la doctora Julieta Lanteri como diputada y solían, en lugar de hablar de novios, comentar lo que la doctora prometía en su plataforma, una licencia por maternidad, otorgar un subsidio por hijo, abolir la pena de muerte y establecer la igualdad entre hijos legítimos e hijos ilegítimos. Como en el original, Emma leyó en *La Prensa* que el buque *Nordstjärnan* llegaría el sábado al dique 3 y fue al Paseo de Julio, pero no para simular una violación que sería la coartada de su venganza, sino para practicar el amor libre (lo había estudiado un poco en un periódico de la biblioteca popular a la que concurría y le atrajo por su nombre: *La Voz de la Mujer*).

Al revés que en el cuento de Borges, eligió al marinero joven, sueco o finlandés, que le inspiraba ternura, y no al más bajo que ella: grosero. No recibió plata. Sintió placer y una promesa de carta. El marinero hablaba inglés, ella lo había estudiado un poco en el colegio. Al día siguiente, encabezó la huelga que fue larga y eficaz. Aarón Loewenthal cedió a todas las reivindicaciones. Ya había varios pedidos atrasados, los grandes clientes del Once se impacientaban y Loewenthal podía ser enjuiciado. Sí, Emma conoció su oficina en los altos de la fábrica adonde concurrió como delegada. No vio el revólver ni lo necesitó. El suicidio de un padre es siempre un ultraje. Odiaba al hombre que lo había impulsado, pero más amaba la causa de la justicia. Todavía era pudorosa para hablar, más que en 1924 cuando votara al doctor Alfredo Palacios y escuchara hablar a la doctora Alicia Moreau de Justo, aprendiendo que la oratoria no excluye la dulzura. Cuando dio sus razones ante

Aarón Loewenthal, su voz sonó firme, tal vez enfática porque era la voz de todas. Verdadero era el tono de Emma Zunz, verdadero el pudor, verdadero el odio. Verdadero era también el ultraje que había padecido —la muerte deshonrada de su padre—; solo eran falsas la hora y uno o dos nombres propios, publicados por *La Nación*, el periódico que tenía Aarón Loewenthal en su escritorio.

2020

La intrusa

Yo supe la historia por una muchacha que tiene su parada frente a la estación de ómnibus, en una esquina de Balvanera, no viene al caso decir cuál. Se la había contado su tátara tátara tía abuela, la compañera de vida de Juliana Burgos, así dijo. Con la contada por Santiago Dabove a Borges y la que Borges a su vez oyó en Turdera, tiene "pequeñas variaciones y divergencias". La escribo previendo que cederé a la tentación literaria de acentuar o agregar algún pormenor, como Borges declaró que haría en la primera página de "La intrusa". Según la muchacha de Balvanera, sucedió en una isla del Paraná llamada La Percanta. Anoto ese nombre sospechando que lo tomarán por un invento mío, como si la vida no fuera capaz de los argumentos más inverosímiles —Ricardo Corazón de León murió ahogado— y las paradojas más risibles —según el sabio Séneca, a Ulises, el marino más literario, le daba náuseas navegar—.

Los Nilsen eran colorados como los del relato original, pero estos eran gauchos de agua dulce. Unidos contra la policía y cualquier enemigo de sus intereses, sobre todo antes o después de la copa del estribo, vivían apartados en un rancho de una sola pieza, de techo con remiendos donde amarilleaba la paja nueva y con el piso de tierra, en cuyo centro se prendía el fuego para calentar el agua del mate y hacer el asado que solían comer con la mano y apurar con patero o ginebra, aunque a la bebida preferían tomarla en la pulpería de La Chingola. Trabajaban de desenterrar peludos luego de apoyar una oreja sobre la tierra para buscar las cuevas, cazaban con porongo patos y gallaretas, garzas a palos de remo y a balazos —avaros, nunca dejaban de recoger los plomos para fundirlos y volverlos a usar—, pero más que nada eran cuatreros y contrabandistas. Cuando Cristián, el mayor, trajo al rancho a Juliana Burgos, no se le asignó ningún lugar, compartió su catre y ella, a veces empujada por la borrachera de su compañero, solía terminar en el piso de tierra con su atado como almohada y los ratones corriendo a sus pies. En un rancho más chico, del tamaño de una casilla de perro grande, cuya puerta a modo de batientes tenía un cuero de potro sujeto por una punta y fuera de quicio, los hermanos guardaban plumas, aceite de pescado y pieles de carpincho, de tigre y de nutria. Cuando los Nilsen se iban de negocios o a jugar a las cartas en lo de La Chingola, Juliana Burgos se metía en el ranchito y revisaba la mercadería. Entre los troncos encajados que formaban el piso encontró algunos que estaban flojos, abajo había un pozo que podía servir de escondrijo; las pajas, el barro y la suciedad de los perros lo ocultaban. Además, los Nilsen eran pendencieros pero incautos y más con las mujeres, no habían conocido muchas fuera de los turnos en lo de La Chingola, hasta la llegada de Juliana

Burgos, que pronto comenzó a revolver el ranchito, separándose para ella las ocho o diez plumas buenas de las garzas blancas y terminó con un par de kilos, más un capitalito de grasa y pieles de nutrias.

La Chingola regenteaba un rancho de mal entretenimiento donde solo había una mesa para jugar a las cartas y una pila de cajones de fruta donde alinear las botellas. En un sucucho tapado por una cortina de cretona atendían las muchachas. Era cuatrera y contrabandista pero en malas migas con los Nilsen, a los que, de todos modos, recibía para endeudarlos con supuestas amabilidades de anfitriona zalamera. Le decían La Chingola porque era renga y se murmuraba que había estado presa —el chingolo es el único pájaro que camina a los saltitos, como si arrastrara un grillete—. La Chingola se las arregló para comprar las cargas que Juliana Burgos ocultaba en su escondite impermeabilizado con hojas secas y cueros descartados —no servían los de carpinchos cosidos a balazos— y prometió retener la plata del pago para jugarla con sus propios clientes (no la perdería porque hacía trampa, era más segura que un banco); mandó buscar las prendas robadas a unos peones conocidos por todos los perros a los que solían acallar con achuras y, en la noche, se movían tan silenciosos como si caminaran en el aire.

Con la presencia de Juliana Burgos, los Nilsen empezaron a pelear por cualquier cosa que no era cualquier cosa, porque una era que los dos estaban enamorados de la misma mujer; y otra, que esa mujer era la misma que los hacía pelear cuando se daban cuenta de que faltaba mercadería. Ni bien la compartieron hubo un tiempo de paz; el de ella, de catre en catre durante la noche, el de ellos cazando y yendo a lo de La Chingola a jugar y a emborracharse, antes de volver al rancho para revolcarse con la muchacha por turnos de mala gana pero respetados. Cuando la vendieron a La Chingola echándole la culpa de sus diferencias, antes ellos tan iguales de trato como de colorados, Juliana Burgos decidió armarse de paciencia. Pequeña y de talle fino, toda sonrisas, pronto se hizo la preferida de la clientela. Quién sabe si los Nilsen no llegaron a la conclusión de que los hacía menos celosos seguir compartiéndola entre ellos que entre muchos. Es cierto que Cristián había descubierto el caballo de Eduardo atado al palenque cuando pasó por lo de La Chingola a la vuelta de Ibicuy. Y otra vez él fue al rancho a hacer cola por lo mismo: Juliana Burgos. Entonces le propuso a su hermano ahorrar en viajes devolviéndola al rancho de donde ya no se retiraría la discordia. Claro que hubo que adornar bien a La Chingola por perder a su mejor pupila.

Cuando la sacó del patio para subirla a la carreta, Juliana Burgos ya sabía que Cristián no iba a animarse a lo que planeaba. No es verdad que los hermanos sean unidos porque esa es la ley primera, Judas y Caín nunca faltan y una mujer siempre sabe leer la vacilación en las manos que tiemblan al sostener las riendas, en la voz que intenta templarse en un grito pero resuena baja y como ahogada. Entonces le habló como a un chico hasta que vio que iba a perdonarla pero no sabía cómo. Entonces le señaló la bolsa con los picazos. Los dos hermanos habían estado cazando con porongo en el bañado, picardía de los gauchos marineros que consiste en ponerse en la cabeza medio porongo con dos agujeros a la altura de los ojos y nadar desnudos hasta las presas acostumbradas a esas formas entre los carrizales y, de golpe, hundirlas de un fuerte tirón en las patas. En la bolsa había doce picazos, con el cuello retorcido, se habían hinchado con el barro del bañado y, sumados, pesaban como un humano. Juliana Burgos ayudó a liar unas pajas hasta hacer el bulto que Cristián escondió entre juncos y camalotes. Es verdad que horas más tarde, viniendo con Eduardo por el camino, le dijo que la había matado ("Hoy la maté, que se quede aquí con sus pilchas. Ya no hará más perjuicios"). Pero no enterraron el bulto, lo tiraron en un canal, de esos donde la tierra va comiendo el agua y se aprietan los juncos. Entonces los hermanos se abrazaron llorando, pero un secreto y una mentira ya los había separado.

Para esconder unos días a Juliana Burgos, La Chingola se cobró una comisión injusta, pero ella no discutió, reclamó la plata que le debían y se metió el rollo en su parte más íntima. Luego se fue para Iberá Pitá, se había puesto de acuerdo para asociarse en lo que fuera con aquella infeliz que un día Eduardo trajo a la casa para empardar la pareja de su hermano y de la que se cansaron los dos, entonces la alzaron en la canoa, abandonándola en el primer albardón.

Pensé que Cristián Nilsen había sido el primer hombre en romper a su modo el pacto patriarcal y que la literatura lo había ocultado, pero la expresión "patriarcal" me pareció fea de escribir.

Un auto se detuvo sobre el cordón de la vereda y la muchacha de la esquina me hizo adiós con la mano. Antes, se apuró a decir:

—Cuando los padres murieron, mi tátara tátara heredó la pulpería. Ellas entonces vivieron bien. La Juliana había aprendido de La Chingola a recitar "Las golondrinas", de Bécquer, y "El tren expreso", de Campoamor. Habían progresado. Ahora eran dueñas de una casa fina.

2021

Libros chiquitos[*]

Citas de lectura, de Sylvia Molloy, tiene el tamaño portable del libro infantil, solo que las imágenes son verbales y que en su contenido incluye o denuncia las escenas prohibidas que en la infancia robamos de los libros para adultos. No sé cómo definir esas pequeñas piezas perfectas, de una condensación admirable, donde la imaginación autobiográfica de Molloy se sintetiza sin resumirse y logra, con un mínimo de figuras, un máximo de resonancia. Tienen de la miniatura no solo la forma exigua, sino el arte de conservar lo amenazado de desaparecer, por ejemplo, esas frases cristalizadas y vetustas de la lengua oral que Molloy suele esconder en cada uno de sus textos —"a la que te criaste", "no es santo de mi devoción"— como si fueran lo que, en traducción político-carcelaria, se llama *caramelos*; serían caramelos literarios a ocultar de los guardias de la literatura con mayúscula, que finge admitir en sus archivos lo considerado menor, pero

---

[*] Este título es en recuerdo a Tamara Kamenszain y su *Libros chiquitos*, publicado en 2020 por Ampersand.

luego de haberlo domesticado y ordenado de acuerdo a caprichosos valores.

Tienen también algo de epifanía por la simultaneidad entre la inspiración, la lectura iluminada y la revelación. Graciela Batticuore las llama "estampas", y me gusta pensar cada una de las micropartes de *Citas de lectura* como estampitas laicas entre las que se podría elegir una para llevar guardada como talismán. ¿Un talismán para qué o contra qué? Contra el quedarse sin libros para leer, uno de sus leitmotivs.

Citas de lectura se puede poner en serie con *Varia imaginación*, *Desarticulaciones* y *Vivir entre lenguas*, que, aunque deliciosamente autónomos, parecen ordenarse y potenciarse a través del *donde* se pormenoriza lo que podría llamarse *la vida de la lectura* y que recorre toda la serie, sus avatares, sus comienzos, sus lagunas. ¿Siempre se comienza a leer *fingiendo leer*? ¿Por qué los libros infantiles suelen ser tan crueles como *Memorias de un asno*, de la Condesa de Ségur? ¿Será que en *la vida de la lectura* crecer es pasar del sadismo —o del masoquismo— al voyeurismo? ¿Por qué luego de recordar vivamente una frase o una escena de un libro, vamos a la biblioteca y no encontramos ni el libro ni la frase en el libro, como si con nuestro deseo los hubiéramos secuestrado? ¿Antes de *amar leer, amamos a un lector, una lectora*? En la página 17 de *Citas de lectura*, Molloy escribe que *amó leer* por amor a quien *le dio de leer* —una profesora de francés— y que al principio leyó como su amor leía: "Imitaba impúdicamente sus gustos literarios. Así a Corneille prefería Racine, a Balzac prefería Flaubert, y a Gide prefería Proust (o decía que lo prefería para darle el gusto a Madame)". Y casi como una ilustración de esa afirmación de que los enamorados hablan siempre lenguas diferentes, ese amor significó un pase del español y el inglés al francés.

Tal vez la mención muy temprana en *Citas de lectura* de *Toi et moi*, de Paul Géraldy, dedicado por un padre a una madre, y por eso fuente de diversas fantasías —la escena primaria para esta lectora es *una escena de lectura*—, o porque el triángulo aún entre lenguas, en el país del psicoanálisis, siempre remite al triángulo erótico, el libro —que no carece aquí y allá, como sus predecesores, de alusiones al amor que *no osaba* decir su nombre— me recuerda quizás caprichosamente a otros libros talismán, como *El libro blanco,* de Jean Cocteau, y *El almanaque de las damas*, de Djuna Barnes, que, en el siglo XX, y en París, se vendieron primero anónimamente, como una contraseña y un secreto que se revelaba sin firma, menos por pudor que para permitir la identificación y la apropiación.

Y nada me impide imaginar una nueva edición en forma de abanico que se pudiera ir desplegando de a poco, con el riesgo delicioso para el lector o la lectora de estar emitiendo, con ese gesto, quién sabe qué mensaje mediante ese lenguaje perdido y disimulado en el acto de echarse aire en los salones de baile bajo la mirada vigilante de una chaperona.

Verbos

Molloy lee, es decir, escribe qué lee y cómo lee, deslizándose entre cuatro verbos: "saber", "citar", "recordar" y "traducir". Se puede citar con el cuerpo como la narradora de *Varia imaginación*, que se descubre repitiendo involuntariamente un gesto de su madre: doblar el mantelito que tiene delante en dirección al plato dos o tres veces, o cuando esa misma madre personaje, viuda, al despedirse de la casa familiar, apoya la mano en el vano de una puerta y desliza los dedos por un picaporte, repitiendo (citando) el gesto de Greta Garbo en *La reina Cristina*.

Se puede saber leer pero no saber de ciertos libros y aprender traduciendo, ida y vuelta, entre el francés y el español, como cuando un director de tesis conmina a escribir sobre la recepción de la literatura hispanoamericana en Francia.

Se puede, sin poder recordar, ni leer, saber traducir, como lo hace ML en *Desarticulaciones*, entonces le traduce al médico el informe de su cuidadora —del español al inglés— acerca de un mareo propio del que tiene una total laguna.

Para pasar una frontera, hay que saber traducir no de la lengua que se habla a la que se habla en el país al que se llega, sino *traducirse*: al llegar al aeropuerto, en Estados Unidos, un aduanero sospecha intenciones subversivas a la vista de un ejemplar de *Tristes trópicos* con la imagen de un indio en la tapa y la mención de la Unión Soviética en el copyright, pero ante un pisapapeles con mariposas permite pasar la frontera *traducida* al realismo mágico.

Del mismo modo, Victoria Ocampo, para seducir a Virginia Woolf, utilizó el envío de unas mariposas, en su caso clavadas en el interior de una caja, para *traducirse* a una gauchesca donde los duelos de pulpería se harían bajo coloridos y múltiples vuelos. Se puede traducir el silencio de quien ya no puede recordar, como lo hace la narradora de *Desarticulaciones*: "Pienso a veces cuando la visito que ella tenía un nombre para mí, también secreto, que dejó para siempre de usar cuando yo puse fin a la relación. Pienso a veces que en algún lugar de esa memoria agujereada debe estar ese nombre, y así como decimos Pablo cuando queremos decir Pedro, algún día se le escape. Nunca ha ocurrido, ni posiblemente ocurra, la censura provocada por el despecho acaso sea la última en irse, junto con las buenas maneras".

Es decir que improvisa un diagnóstico neurológico sorprendente al preferir pensar que el nombre íntimo se ha preservado del olvido, que la enfermedad impone trágicamente día a día y que, en cambio, se oculta en la censura del despecho, decretando que esta censura junto con los buenos modales será el último bastión de resistencia a la enfermedad. Y al preservar ese despecho, preserva en ML su propio recuerdo y la garantía de que ML recuerde que fue "ella" quien puso fin a la relación y no al revés. ¿Para qué sirve la literatura si no para coquetear, vengar, *contarse* de otra manera?

Hay una escena de *Citas de lectura* en donde "recordar", "traducir", "citar" y "saber" se funden. En su penúltima pieza, titulada "Citas de la memoria", Molloy, luego de declarar que las citas pueden no ser verbales, escribe por qué en su novela *En breve cárcel*, en su anécdota, ha traducido el desencuentro entre Madame Arnoux y Frédéric, de *La educación sentimental* (el deseo antes imperioso sucumbe ante el paso del tiempo y sus huellas en la otrora perturbadora Madame Arnoux): "Porque me atraía la tristeza del desencuentro; el pelo blanco parcamente melodramático. Anclaba el episodio con particular eficacia. Y sin duda la usé también para otros fines: para ejercer yo misma una pequeña venganza personal a través de la literatura. Después de tantos años de impotencia, mi narradora logra hacer desaparecer a Vera de su vida y de su relato: una Vera disminuida, que ya no tiene la capacidad de herirla —de herirme— y que me permite abrir las puertas de la escritura".

Tal vez parece una confesión pero, más que una confesión, es un grito insurgente contra la crítica actual y su catálogo denegatorio de cualquier semejanza entre el *yo* de la experiencia y el *yo* del texto, entre el *yo* autobiográfico y el *yo* de la ficción, etcétera, etcétera; mantras que tal vez la crítica psicoanalítica desplace con la fórmula de Octave Mannoni: "Ya lo sé... pero aun así [...] Ya lo sé: es una autoficción... pero aun así, es mi vida". Que pacto de lectura ni pacto de lectura.

Ese "herirme" es la gran broma casi final de Molloy o del personaje llamado Molloy (hay que atender siempre a *lo penúltimo*, ahí se suele esconder el tesoro y no en el final).

Si pensamos la serie *Varia imaginación, Desarticulaciones, Vivir entre lenguas* y *Citas de lectura* como una lectura por entregas, podríamos considerarla un folletín donde también la lectura es por fin la única heroína por sobre tramas, personajes, intrigas, finales felices o desdichados, Eros y Tánatos. Hacia el final del libro, la autora, aunque con gran pudor y discreción —no nos muestra el lecho—, permite que entremos a su dormitorio o nos cuenta el cuento y llega hasta su mesita de luz. Dice que ahí hay un pesado tomo con los escritos sobre el pesimismo de Schopenhauer débilmente subrayado con un lápiz, un crucifijo realizado con balas de la guerra del 14 en cuya base hay una inscripción ("Albert") y la estatuita de dos llamas copulando. No, no estoy contando el final, como dicen que por maldad o impaciencia hago a menudo, solo estoy *cortando* a la manera de Eduardo Gutiérrez en *Juan Moreira*, por ejemplo, cuando escribe, en el final del capítulo titulado "Un castigo terrible", "¿Adónde dirigía sus pasos aquel hombre extraordinario? No hemos de tardar mucho en encontrarlo, luchando con la fatalidad de su suerte", para dejar en vilo pero con la esperanza de una continuación. Nos comemos las uñas, luego de contemplarnos las manos vacías. Es necesario que antes de que la autora cambie la escenografía como amenaza, también en el final, comprenda que nos debe otra entrega —perdón, no puedo evitar hacer el chiste que me queda a la vuelta de mi casa, soy periodista—, que la cita de lectura ahora la tiene con nosotros.

2017

¡Mira!

La adopte o reniegue de esta palabra que, no por ser meramente operativa, ha irradiado menos desde el feminismo angloamericano, Julia Kristeva le ha puesto *un género al genio*, esa antigualla conceptual que ahora fue preciso redefinir como aquello capaz de lograr —aunque la condición femenina no esté "madura"— que una mujer se pueda abrir camino más allá de la situación.

Colette. La vida, la locura, las palabras es el tercer tomo de la trilogía *El genio femenino*, publicada en su totalidad por Paidós. Los otros fueron dedicados por Julia Kristeva a Hannah Arendt y Melanie Klein. Y si Colette es abordada a menudo con las herramientas psicoanalíticas de esta última, las de Arendt, enmarcadas en la filosofía política, serán casi dejadas de lado para leer los textos de esta borgoñona poco inspirada por "lo social" y que solo pensó la Segunda Guerra en términos de nostalgia gastronómica e ingenuas colaboraciones en revistas que apoyaban la ocupación. La ambigüedad, cuando no el desinterés, de Colette por la conciencia política es sin duda, sospecha Kristeva, uno de los motivos por los que muchos críticos atentos piensan esa obra inmensa como las confesiones menores, aunque audaces, de una bisexual demasiado abocada a darse a leer en ósmosis con su vida, las intrascendentes *causeries belle époque* de impecable estilo, solo que desperdiciado en describir los avatares del alma femenina.

La anti-Nietzsche

A pesar de los variados rescates de la crítica feminista, el mito de Colette opaca su obra: ella es el "negro" del periodista libertino Willy, quien habría metido mano y cobijado bajo el propio apellido ficticio su autobiografía infantil (las *Claudinas*); la amante exhibicionista de la marquesa de Belbeuf; la modesta introductora de la naturaleza como protagonista de la lengua francesa; la creadora de un personaje literario inolvidable, su madre, a la que atribuye la divisa "mira" que la invitó a la percepción imaginativa antes de la escritura del mundo. El otro impedimento para que "Colette" sea Colette, con la mayúscula de Proust, sería su ética de la felicidad. En el signo de los grandes interrogantes trágicos formulados por autores como Sartre, Benjamin o Heidegger —lee Kristeva—, es Colette y no Nietzsche la que cultiva una gaya ciencia. Y esto la excluye de una de las condiciones para ingresar en los beneficios de constituir una excepción femenina: el suicidio precedido por la locura (a lo Virginia Woolf o Alejandra Pizarnik).

En ese sentido, se debe agradecer a Ana Amado y Nora Domínguez, directoras de la colección Género y Cultura de editorial Paidós, el pase de Colette al castellano a través de la bendición laica de Julia Kristeva para que la crítica literaria pueda renunciar por excepción a nombrar una marca genial a través del lugar común crítico: "dimensión trágica". Cabría sospechar también que a la devaluación de Colette contribuyó el hecho de que fuera madre en un siglo donde las autoras toleradas por el parnaso patriarcal no lo fueron: el sentido común asocia genio femenino y esterilidad.

Kristeva descubre e invita a leer en Colette una escritura soberana que muestra su libertad nunca más allá de la sexualidad sino a través de ella, que comprende la descarga fálica no limitada a su carácter pulsional sino en una suerte de irradiación sin límites imaginativos y que aparta a la autora del Otro con mayúscula para dirigirla hacia un júbilo de vivir-escribir "en un orgasmo singular con la carne del mundo". A partir de ahí, apartándose de la convención psicoanalítica, Kristeva puede hablar de *transustanciación* y no de *sublimación*. La dicotomía entre abstracto y concreto, sentido y materia, ser y existencia, se disolvería en la experiencia y en la reflexión de Colette. Es que ella es capaz de arrastrar la metáfora con la cosa, permitiendo leer más cerca de nuestra carne: "Cuando repito esta palabra [escarcha] centelleante, me parece que muerdo una bola de nieve crujiente, una hermosa manzana de invierno moldeada por mis propias manos", escribe. Si dan ganas de beber agua helada, sugiere Kristeva.

Esta Colette contagiosa hace utilizar a "la extranjera" —esa que Barthes a su modo promocionó como candidata a "genio", al decir que siempre destruía la última de sus presunciones, tal vez la más consoladora y de la que se podía estar orgulloso, para derrocar la autoridad de la ciencia monológica— el lenguaje de Bilitis: "¿Hacía falta ser extranjera como soy para dejarse fascinar por su hechizo, que, por lo tanto, no sería únicamente francés sino, quizás, vaya a saber, universal? Alfabeto por alfabeto, recuerdo los 24 de mayo de mi infancia, día de fiesta del alfabeto cirílico. Cargada de rosas y peonías, embriagada por su belleza dilatada y sus fragancias que me enturbiaban la vista hasta hacerme perder mis propios contornos, enarbolaba yo, en cada desfile, una letra diferente del alfabeto eslavo. Yo era un trozo entre otros, inserta en una 'regla que lo cura todo' —hasta del comunismo— y, sin embargo, me hallaba también diseminada en medio de todos esos cuerpos jóvenes desnudados por la primavera, entrelazada en las voces ofrecidas a los cánticos antiguos, en la seda de camisas y cabellos y en ese viento ocre que, en Bizancio o en lo que queda de ella, se espesa en un obstinado perfume de flores. Impreso en mí el alfabeto, alrededor de mí todo era alfabeto y, sin embargo, no había ni todo ni alfabeto: solo memoria alborozada, un llamado a escribir que no correspondía a ninguna literatura, una especie de vida aparte, 'refrescante y rosa', como habría dicho Marcel Proust".

La escritura femenina

Si Kristeva resucita su infancia en Colette para relatar la estampa primera de una vocación que más tarde se traducirá en un interés especial por la materialidad del lenguaje, es también para recibir la transmisión de una voluntad de felicidad que la hace llamar a su objeto de estudio "hermana solar" de la histérica freudiana, esa que se confesaba ante un hombre que había inscripto en la carne la tragedia y la vigilancia.

Kristeva, con desenvuelta honradez —es decir, a la manera de una confesión de haber sido seducida—, dice que leer los textos de Colette dificulta la interpretación porque generan una amnesia de la que solo queda la sensación de que lo leído ha sido vivido.

Aunque esta declaración parezca proponer una crítica prudente, Kristeva suele sucumbir a la banalidad psicoanalítica para advertir la similitud entre el nombre de "Sido", madre y personaje de Colette, y el de "Sidi", su segundo marido, o para capturar en la calificación de "incestuosa" la relación de aquella con el hijo menor del tal Sidi, en donde interpreta una venganza contra su madre a causa de su preferencia por su hijo mayor varón, de su primer marido, al que sustituye en el papel de pedófilo.

Kristeva hace una lectura genial para determinar el genio, pero suele caer en este tipo de "suturas" ancladas en la relación "causa-efecto" propias del psicoanálisis aplicado. En otras, cae en lo que cualquier analista: dar por reales los relatos del "paciente", incluso uno de los más mistificados por los biógrafos, el de las últimas palabras. Colette, avala Kristeva, habría dicho antes de morir el 3 de agosto de 1954 "mira", la divisa de Sido, la madre, a quien Kristeva llama "decretal" porque le ha dicho a su hija que el mundo se observa pero no se irrumpe en él mediante el tacto (y Colette le desobedecerá: el tacto sería aquel sentido que ella privilegiará por sobre todos).

En cambio, con gran agudeza, Kristeva decide creer en esa insistencia de Colette en afirmar que no le gusta escribir y, en lugar de declarar "¡Denegación de la escritura!", la toma al pie de la letra porque comprende que, para la autora, la experiencia literaria es un elemento más en la experiencia del Ser. Colette hace algo más que escribir, trabaja más allá de la retórica y sus imágenes que "son la realización misma del cambio que se está operando". También Yourcenar decía, sin asomo de coquetería, que bien podría no haber sido escritora; su Ser y su Ser intérprete de la antigüedad le preocupaban más que la existencia secreta de un manuscrito dormido o los efectos mundanos de la publicación. En Virginia Woolf tampoco hay loas a la escritura, sino que esta consistía en una prórroga renovada e inevitable mediante la que logró, hasta cierto punto, oponer una voz múltiple y dominada a las que le llegaban a través de la locura.

"Escribir: los zarcillos de la vid" es el mejor capítulo de *Colette. La vida, la locura, las palabras*, y en él Kristeva se lanza a un eufórico trabajo de crítica literaria para afirmar que las alegorías y las metáforas de Colette son metamorfosis porque capturan el objeto que nombran, en oposición a las surrealistas, que desafían las limitaciones de la lengua y de las identidades, en lugar de jugar entre la oposición y la analogía bajo el impacto de la paradoja coletteana.

Que Kristeva encuentre casi una alegoría en los sulfuros de Lalique que Colette coleccionaba y que hacen pervivir al objeto intacto —una flor, una fuente, un mandala—, sustraído a la decadencia o a la pérdida, por medio de la cristalización posterior al fuego, es decir, *transustanciado,* parece ser el fruto de una epifanía. Como también es brillante la interpretación sobre la iconografía de Colette y de su interés por la imagen, que cultivó en su tarea teatral y desembocó en una visión profética del poder casi totalitario de lo visual, al aventurarse como guionista de cine.

Políticas del yo

Kristeva insiste en tomar literalmente —¡una analista que no va más allá de lo manifiesto!— el antifeminismo de Colette inspirado por sus declaraciones antisufragistas y en aras de su propio proyecto de leer su mensaje como una invitación a la transformación de la subjetividad misma, "del riesgoso equilibrio que la construye entre sentido y sensación, entre ley y pasión, entre pureza e impureza". Aunque consiente, y tal vez se identifica, al concluir que esas declaraciones que cuestionan el feminismo de masas se realizan en realidad desde otro feminismo "solar" que sospecha en el proyecto de la emancipación femenina un futuro atravesado por el sufrimiento, ya sea en calidad de "proletarias sobreexplotadas o *superwomen* depresivas".

También entiende literalmente la declaración de Colette de haberse formado entre Balzac y Proust. ¿Por qué no Fourier? ¿Es pura casualidad que para responder a crónicas injuriosas sobre el cuarteto que ella forma con su primer marido, la amante de este y su propia amante femenina utilice el término "falansterio"?

El encierro crítico en los avatares del complejo de Edipo hace que Kristeva interprete la obra de Colette incurriendo en graves omisiones (aunque probablemente deliberadas). Y por eso solo puede reconocer como origen del espíritu pagano que destilan los escritos de la autora que analiza su infancia transcurrida en un hogar ateo, en contacto con los excesos nunca prohibidos de la naturaleza. Pero Colette, a pesar de que en su libro capital *Lo puro y lo impuro*, un precoz ensayo autobiográfico sobre los disidentes sexuales, trate con ironía a la comunidad lesbiana francesa, ella no solo formaba parte de la misma, sino que no dejó de abrevar en los principios sistemáticos de su cultura.

Entre Proust y Balzac está Miss Natalie Clifford Barney, una norteamericana inmensamente rica que en su casa de la calle Jacob estableció, a principios del siglo XX, una suerte de escuela laica capaz —como diría Colette— "de excluir determinadas noches el principio masculino" para hacer participar a las mujeres de París de una suerte de *formación mutua* que se expresaba en textos y cuadros vivos. En ese espacio donde, a través de veladas mixtas, se convivía con las grandes del modernismo, feministas no siempre lesbianas intentaban la traducción de Safo para rescatar su obra por sobre su leyenda y tratar de darse una genealogía poética, al mismo tiempo que proponer una imagen política del lesbianismo que se opusiera a la establecida por autores como Baudelaire y Lois.

Si Colette, que fue una fiel asistente de esas veladas, se burla en *Lo puro y lo impuro* de las lesbianas que imitan la vestimenta y los andares del macho, no es porque se sitúa en un más allá del lesbianismo en descrédito de toda identidad sexual, como insinúa Kristeva, sino porque apoya la posición de Miss Barney, quien no creía que el travestismo fuera una estrategia para diferenciar a las sáficas asociadas a la amistad romántica según estereotipos dominantes del siglo anterior, y lo interpretaba como desprecio a la condición femenina. Lo pagano de Colette viene de esa *Academia de las damas* en la que se participaba vistiendo túnicas, leyendo a Safo y uniendo estética y libertad sexual en una performance de regreso a Mitilene.

La invención del sexo

Como en otros de sus textos, Kristeva relee la concepción freudiana de la fase preedípica, a la que llama "Edipo Prima", como una fuerza que tanto el artista varón como las mujeres "geniales" serían capaces de tamizar en su obra madura. "El tercer milenio será el de las oportunidades individuales, o no será nada", aventura esta mujer de origen marxista que renegó de su fascinación por China y llegó a argumentar las posibilidades libertarias del capitalismo norteamericano. Para eso, cada sujeto debería "inventar en su intimidad un sexo específico". Descreída del feminismo de masas, que llevaría en su interior un germen totalitario al no oponerse a las ambiciones totalizadoras de los movimientos libertarios y, al mismo tiempo, distanciándose de las vertientes teóricas que interpretan la creación artística en clave parricida, Kristeva es capaz de definir la femineidad como aquello que margina el orden simbólico machista tanto en hombres como en mujeres y que el autor subversivo (¿genial?) es a la vez su propio padre, madre y él mismo. En las páginas finales de *Colette. La vida, la locura, las palabras*, al ubicar del lado del hombre los "palacios obsesivos del pensamiento puro", "la abstracción superyoica", "el dominio del cálculo lógico" y "la temporalidad fálica del deseo hasta la muerte", y del lado de la mujer "esas regiones poéticas del pensamiento donde el sentido hunde sus raíces en lo sensible, representaciones de las palabras se alteran con las representaciones de las cosas y donde las ideas dan su lugar a las pulsiones", esta antifeminista ¿no está haciendo una declaración feminista radical? ¿El genio sería femenino?

Aunque (y nunca se ha analizado lo suficiente esta "declinación" diferente de la femineidad en los hombres y de la virilidad en las mujeres) siempre aclare —la eterna coartada— que "del lado de" no significa que no existan pases de un lado a otro de cuerpos no correlativos en sus orígenes biológicos.

Y siempre, la lengua

Una *causerie* de Colette, aquí citada, ha sufrido diversos avatares de traducción. "Me darás la voluptuosidad, inclinada sobre mí, los ojos plenos de ansiedad maternal, tú que buscas en tu amiga apasionada al hijo que no has tenido". Se trata de *Noche*. En una versión de Plaza & Janés, la censura ha sustituido la "a" de "inclinada" por la "o" de "inclinado". En *Colette. La vida, la locura, las palabras,* la traductora Alcira Bixio ha sustituido "hija" por "hijo". Más allá de los debates sobre la justeza de esta operación, habría que reconocerla como una auténtica creación, dada la influencia de una Melanie Klein revisada a lo largo de toda la trilogía de Kristeva.

En elegía politizada, "la extranjera" deja como siempre la inquietud de por qué una revolución en el lenguaje no parece revolucionar nada más, o sobre cómo homologar en una marginalidad subversiva a los rebeldes, los psicoanalistas, los vanguardistas y las mujeres, como a veces lo ha hecho.

No es de menor interés en este libro que su autora difunda gran variedad de párrafos de la obra de Colette, repitiendo el gesto con que Sido invitaba a su hija a representar el mundo, al señalar: "¡Mira!".

2003

H. D.

A la poeta Hilda Doolittle no le gustaba que el profesor Freud llamara "síntoma" a la experiencia de lo sagrado. Se había recostado dos veces en su diván —dos tiempos: la década del veinte y las vísperas de la Segunda Guerra Mundial—. También quería reescribir la novela de su vida con el que llamaba "el médico sin tacha" (quizás el mayor poeta de todos los tiempos, que dijo del amor: "La sombra del objeto cae sobre el *yo*"). Ese cruce de palabras desde el diván y el sillón se hacía en dos lenguas que no eran las maternas: la de él, el inglés; la de ella, el psicoanálisis. El diván en el que se recuesta H. D. es europeo, un poco récamier; a sus pies hay una manta con que cubrirse en el invierno, que cada paciente deja a su turno doblada a los pies; más una cama casta que un diván, se parece a esas camitas de Kuitca, semiabiertas para soñar y decir que se sueña. Yo la veo a Hilda Doolittle acostada y multiplicada en una de esas camitas, flotando en una oscuridad que no es el cielo del inconsciente, sino el de la lengua. A sus espaldas hay una mujer que dice "continúa". Si *Escrito en la pared* es una escritura en imágenes, para Hilda Doolittle un par de iniciales pueden constituir un sello: H. D.

Hilda Doolittle había querido ir a Hellas (Grecia) y Helen era el nombre de su madre, pero eso era solo la verdad en parte porque complacía al profesor. En realidad, había querido ir a Delfos a hacer la ruta sagrada para llegar al sitio en donde una pitonisa pronunciaba sentencias en dípticos que podían interpretarse de dos maneras. Con la ciencia del padre (un astrónomo), que ha recibido en la métrica modesta del recuerdo encubridor y hurgando entre objetos prohibidos de su escritorio, en donde, entre frascos de tinta de colores, vasos con plumas y pisapapeles de vidrio, un búho vigilaba desde un fanal (a menos que fuera la lechuza de Hegel), Hilda Doolittle ha calibrado el secreto de los lentes, deducido las propiedades de la luz y de la sombra. Por eso, cuando comienza a leer en la pared de una habitación en Corfú una escritura pictográfica —la cabeza de un soldado o aviador, un cáliz místico casi del mismo tamaño, un trípode semejante al que sostenía su pequeña lámpara de alcohol colocada en el lavatorio junto al cepillo de dientes, un par de alas que atribuye a Niké (Victoria) flotando sobre una escalera que podría ser la de Jacob, criaturas diminutas como insectos que zumban y constituyen el audio de la imagen—, piensa inmediatamente que se trata de luces que se mueven entre las sombras de las ramas, los frutos y las flores de un naranjo que crece del otro lado de la ventana. Luego, recuerda que el dormitorio queda totalmente en las sombras, mientras que no serían sombras los objetos de la visión, aunque uno cite al trípode de la lámpara de alcohol, el cáliz, a un vaso común y unos signos descriptos como medias, a los bordes como filigrana del espejo.

H. D. describe su lectura entre la visión y una proyección involuntaria de su inconsciente e interpreta en la imagen del trípode el símbolo de la profecía —la pitonisa de Delfos leía el futuro sentada en un trípode— o de la unión antigua entre arte, medicina y religión, las tres patas de su búsqueda tanto en el diván del profesor en Viena y en Londres como en la cama victoriana desde la que lee en la pared de su cuarto de Corfú.

H. D. sabe que esa experiencia es única, pero sospecha que hay allí algo peligroso de lo que se podría no regresar y, al mismo tiempo, algo que domina y en lo que quiere quedarse. Pero mientras que en la alucinación la imagen persiste, aunque se cierren los ojos e impide dejar de ver, el escrito en la pared exige la constancia de una mirada que no lo deje caer, pero que podría abandonarlo si quien mira lo quisiera: "Y allí estaba yo sentada, y allí estaba mi amiga Bryher que me había llevado a Grecia. Puedo volverme hacia ella, aunque no me muevo ni una pulgada pues de otro modo interrumpiría la mirada sostenida y fija en la pared que está ante mí. Le digo: 'Ha habido pinturas aquí. Al principio pensé que eran sombras pero son luz, no sombras. Son objetos perfectamente simples; pero por supuesto es muy extraño. Puedo apartarme de ello ahora, si quiero —es cuestión de concentración—, ¿qué opinas?, ¿debo detenerme?, ¿debo continuar?'. Bryher responde sin vacilar: 'Continúa'".

La hospitalidad consiste menos en acoger que en dejar continuar, por eso Bryher es menos una amante que una analista. Y es esa la posición que describe ejemplarmente H. D.: "Era ella en verdad quien tenía el desapego y la integridad de la pitonisa de Delfos. Pero era yo [...] quien veía las figuras, quien leía el escrito en la pared, a quien se concedía la visión interna. O quizás en algún sentido, lo estábamos 'viendo' juntas, porque sin ella, con seguridad, no habría continuado". Aunque el profesor llamaba al *escrito en la pared* "alucinaciones", y quería alejarla de esa experiencia, H. D. empieza a definirla como una transmisión entre mujeres, una especie de cuidado sin vencimiento, una custodia firme aunque no se conozca lo custodiado o no se crea en él, que permita seguir, sin miedo y sin distraerse, hasta leer una escritura nueva, todavía sin palabras.

2015

Alfonsina y mal

¿Quién más *queer* que Alfonsina? Llamaba a su hijo "hermano", le dejó de herencia un empleo público y sus alumnos —cosas que no se heredan—, estaba en contra de tener una casa porque las casas son de a dos, pedía un "amor feroz de garra y diente" y no se quería ni casta ni blanca. En realidad, fue una poeta de vanguardia cuya poesía encubrió la inmensidad de su obra periodística. La crítica y poeta Delfina Muschietti, que estuvo a cargo de la selección de las obras completas, la enfrentó a Borges bajo el subtítulo de "Storni 1, Borges 0". "Cuando la despreciada firma de la Storni concurre con la de Borges en una misma revista literaria, resulta que el texto de ella se adecua mucho más claramente al programa de vanguardia que el poema que firma el varón pensativo que parece ocuparse de los sentimientos (los 'trebejos' que conmueven en los versos de las 'muchachas') ordenados además en estrofas clásicas de cuatro versos en los que se alternan endecasílabos y alejandrinos y, más tradicionalmente aún, eneasílabos y decasílabos. El poema de Alfonsina, en cambio, tiene una disposición totalmente irregular: una larga tirada de versos sin estructura estrófica ni patrón rítmico regular. Escrito en verso libre y fragmentario, se acerca al lenguaje coloquial y prosaico". Alfonsina era una feminista independiente y cachadora, y aunque llegue a ser vicepresidenta del Comité Feminista de Santa Fe e integrante de la Comisión Pro Derechos de la Mujer de 1919, declara: "Yo pienso que el feminismo es la carrera de las fracasadas". Pero, ya se sabe, es un viejo truco feminista denostar la propia posición como una estrategia defensiva con algo de treta. En un artículo publicado en un ejemplar de *Mundo Argentino* de 1926, se mete a abogada defensora de Elvira D'Aurizio, una mujer que ha matado en pleno juzgado al padre de su hijo natural que se negaba a reconocerlo, hecho que fue avalado por el juez: "Fácil ha sido siempre advertir que el espíritu argentino tiende a proteger al individuo en desmedro de la sociedad que lo integra: todo, en nuestro país, delata al individualismo imprevisor y sensual, atropellando la ley para beneficiar a un hombre, a una institución, a un interés creado cualquiera". En derechos civiles femeninos, apoyará el proyecto del senador socialista Enrique del Valle Iberlucea en pro de las madres solteras. Si en ambos casos la experiencia personal es el punto de partida de la conciencia social y de género, es precisamente esa dimensión subjetiva la que avala el feminismo del que dice abjurar.

Contra el suicidio de tocador

Siempre se lee del lado del suicidio de una mujer la razón narcisista del miedo a la vejez y la pérdida de la belleza —ellas estarían sujetas hasta en la muerte voluntaria al deseo masculino— y en el de un hombre, la del honor en nombre de la Patria o la de la víctima de lo indecible de la humanidad —el Holocausto—, el trasfondo psiquiátrico sublimado en la Gran Obra. Pocas críticas atienden al fantasma esencial que empujó a Virginia Woolf al río Ouse: el nazismo no era un plus, sino un cambio de lógica; su marido, judío. Clotilde Sabattini, bañada en ácido hasta la desfiguración por Raúl Barón Biza —que luego se suicida de un balazo—, se tira por la ventana años después. ¿La devastación de su rostro, su inútil restauración fue más definitiva que una mutación política para ella, una heroína de la pedagogía y casi tan famosa como Evita, solo que radical y de clase media? ¿Con qué *cara* enfrentar el advenimiento del peronismo cuya oratoria y semblante popular ella no podría jamás encarnar? ¿La trama política y personal de Martha Lynch, que la llevó del *charter* en que Perón volvía a la Argentina a una relación con Massera, habrá sido menos importante en el balazo final que la condena al lifting a perpetuidad?

Una ética de la despedida

Que al linaje literario propuesto por Ricardo Piglia entre Borges y Arlt se nos oponga el mito de dos suicidas —Alejandra y Alfonsina— no es más grave que la interpretación de esas muertes.

Aún el suicidio tiene mucho que decir dejando intacto su misterio. Para una ética de la despedida, quizás sea necesario releer a Jean Améry, quien escribió *Levantar la mano sobre uno mismo*. El autor, apólogo del suicidio y suicida, lo define como un cambio de lógica, lo cual lo extraería del campo de la psicología y de la sociología, considerándolo fruto de una decisión que es preciso desdramatizar y, por eso, exige solidaridad. Como feministas quizás sea preciso pensar relacionadas la cuestión del aborto, la reasignación de género, la eutanasia y la muerte voluntaria: se trata de no ceder al totalitarismo biológico. "Hay que vivir", se dice desde las buenas intenciones. Respondería: hay que vivir tanto como hay que vivir en el género asignado, de acuerdo al modelo de un cuerpo saludable y en pro de la belleza dictada por la divina proporción del número de oro y *dejar vivir* siempre lo que fue fecundado porque tautológicamente *hay que vivir*. No es casual que la Iglesia prohíba el aborto y el suicidio. En los campos de exterminio, también. Se trata siempre de quien tiene y ejerce la propiedad de los cuerpos.

No es menos escandalosa la metáfora del ingeniero disparada por los antiderechos que las de las bellas mañanitas que pudiera haber vivido quien decidió morir voluntariamente —la idea de potencialidad suele servir a los intereses más reaccionarios—.

Por Alfonsina

Par de los varones, pero sin que encontrara en ninguno de ellos un amor simétrico que ella pudiera reconocer como tal, impar entre las mujeres, Alfonsina era la loba, la oveja descarriada, la que no tiene plata para comprarse medias. Cuando muere, no solo sigue siendo una mujer despareja, sino que le falta un pecho. En su poema final, "Voy a dormir", que envía a *La Nación*, parece permitirse una pequeña venganza; ella, que tanto esperó, hace esperar: "Ah, un encargo, / si él llama nuevamente por teléfono / le dices que no insista, que he salido". En sus textos, en su leyenda, siempre aparece un exceso: la pobreza, las dificultades de vivir sin ser "casta de buey", una temprana querella antipatriarcal, avatares de una militancia en singular. En el caso del motivo de su suicidio —una enfermedad incurable—, no sería más que una oportunidad el suicidio mismo, un acto de soberanía que la hermana con su amigo Quiroga *en el morir en los cabales porque más pudre el miedo*, como le dijo en un poema cuando él ya no podía leerlo; y con Lugones, de quien también era amiga y compartía la estética del arsénico. Alfonsina se toma revancha contra ese ineludible cuerpo a cuerpo con los otros y el mundo, adelantándose con un gesto a la metástasis. Y esa soberanía la saca de la pequeñez de quien teme el dolor, la degradación, pero sobre todo la excluye del suicidio "femenino". Si dice en su última carta "me arrojo al mar" y no "me mato", es porque su ademán apunta más a ganar de mano y sustraerse a su imparidad que a lo insoportable que escapa a su voluntad. No se deja terminar, termina ella, que la naturaleza avance solo a través del mar, no de células malignas, ninguna entrada al escarpelo, a los rayos, aunque son palabras modernas que ella usaría en sus poemas; *la corta* de un salto, como quien pone el punto final —ese rigor en la puntuación de toda normalista— y con su sombrerito en forma de escupidera y su cartera llena de poemas escritos a mano *sale para la Historia.*

2019

Leer a las mujeres

En 1904 el doctor Víctor Mercante escribió "Fetiquismo y uranismo femenino en los internados educativos", un texto que llevamos como un talismán las chicas modernas que, más allá del amor del hombre, jugamos con la frase de Virginia Woolf "A Chloe le gustaba Olivia". Las evidencias de la teoría de Mercante se sostienen en su mirada panóptica en el patio de un colegio religioso a la hora del recreo y en una supuesta carta confiscada de Chloe a Olivia, claro que no llama así a la escribiente, sino como ella se nombra, según él: "La odiosa que no sabe odiar".

Entre fines del siglo XIX y principio del XX fue el período del sexólogo voyeur y del disidente sexual locuaz. El clásico artículo de George Chauncey "De la inversión sexual a la homosexualidad" hace una aguda síntesis y sus efectos políticos de las maneras con que los médicos observaron las conductas de mujeres y hombres consideradas desviadas de su destino biológico. Del *closet* al consultorio, la teoría fue ajustando sus conceptos. Según el relevo de Chauncey, en la versión victoriana las mujeres carecerían de todo interés sexual, eran meros objetos pasivos del deseo masculino. Por lo tanto, para que una mujer se comportara como una lesbiana, debería invertir totalmente su personalidad sexual.

Al principio de sus investigaciones, la mayoría de los doctores asociaban el interés por el mismo sexo en hombres y mujeres a una inversión que se producía también en su vida y roles sociales. Luego, la experiencia clínica y los testimonios les hicieron pensar que esto no era así. Por ejemplo, el doctor Havelock Ellis diferenció categóricamente la inversión sexual masculina del travestismo y de otros tipos de inversión sexual del carácter. Un visitante de los baños ciudadanos en busca de partenaires podía ser un patriarca casado, un héroe de guerra y miembro circunspecto de un club masculino. Las subespecies de *locas* aguzaron la mirada de los doctores, que poco a poco reemplazaron la noción de *inversión* por la de *homosexualidad*. A fines de siglo ya diferenciaban el comportamiento sexual activo o pasivo de la elección de objeto sexual y este último aspecto pasó a ser más importante en la clasificación médica de la sexualidad.

Pero respecto de las mujeres, siguieron pensando que no podía darse una inversión sexual sin que esta fuera acompañada por una "inversión social". Y la censura victoriana se cernía menos sobre mujeres que amaban a mujeres que sobre las mujeres que se mostraran activas, decididas, potentes, es decir... masculinas (su objeto de deseo sería una simple consecuencia). Ese supuesto "atraso" de la teoría sobre el concepto de homosexualidad femenina no era casual y permitía criminalizar todas las formas de actividad femenina, como el trabajo, la militancia y cualquier acción fuera del hogar.

Las feministas europeas, pertenecientes a las clases altas, como Radclyffe Hall, reivindicaron a las lesbianas vestidas con ropas masculinas y de poses agresivas, independientes y que hacían público su deseo por las mujeres, para oponerlas políticamente a las que quedaban invisibilizadas a través de la amistad romántica y asexuada que solía interpretarse en gran parte de los textos de lesbianas.

La resignificación crítica de la homosexualidad en el siglo XIX le hace concluir a Chauncey que debemos a las lesbianas el haber *levantado la perdiz* sobre el deseo sexual en las mujeres, aunque aun los doctores, con mayor o menor zoncera retórica, siguen haciéndose la pregunta freudiana ¿qué quiere una mujer?

En su artículo "Fetiquismo y uranismo femenino en los internados educativos", la intención de Víctor Mercante, como la de los otros médicos positivistas argentinos, es la de promover el laicismo, es decir, la religión del Estado. Esa pedagogía nacionalista se hace difícil en los colegios religiosos y es preciso que la ciencia se imponga para que las mitologías católicas con sus exaltaciones oscurantistas sean descriptas como fuentes de patologías con rango de verdaderas epidemias.

El discurso de Mercante es más descriptivo que moralizador ya que sus anatemas privilegian la bandera de la enseñanza laica y la crítica a las prédicas religiosas imbuidas de misticismo, que propone combatir mediante la propuesta autoritaria de la canalización de los deseos fruto de la imaginación "desbridada" a través del secuestro de prendas y talismanes y la exigencia en el estudio concentrado de las "odiosas que no saben odiar", "las adoratrices de talismanes" y las "uranistas extáticas".

Mercante se contradice o, en medio de su drenaje *poético-psiquiátrico*, cambia de teoría inspiradora: de pronto exclama victorianamente que la proliferación de pasiones de recreo que observa es "contemplativa y romanezca", pero luego describe un principio activo y otro pasivo de acuerdo a las características atribuidas a los dos sexos: "El apareamiento ocurre entre dos estructuras diferentes del punto de vista moral. Una, eminentemente sugestionadora, manda, vigila, cuida, ofrece, da, dispone, describe el presente, imagina el futuro, salva las dificultades y vitaliza a su compañera. Otra, obedece, acepta, se resigna, evita motivos de disgusto a su mancebo y enaltece sus afectos con palabras dulces y promesas llenas de sentimientos y sumisión". De acuerdo al trabajo de Chauncey, a pesar de utilizar la palabra "mancebo" para describir a la joven que ejerce el principio activo y "apareamiento" para definir una relación habitualmente "contemplativa y romanezca", Mercante parece, al igual que los primeros sexólogos, no creer en el deseo femenino; si no masculiniza a la activa de la cupla es porque para hacerlo debería reconocer la existencia de ese deseo. Y lo que le llama su atención y merece su prueba "científica" es una carta de amor secuestrada por una supuesta "confidente" entre las traficantes de esas reliquias emotivas que, según el doctor, pueden no valer más de cincuenta centavos y que él enhebra en gozosas enumeraciones caóticas: "la mascota, el *rigoletto*, el anillo, el medallón" o "pescados de plata, zapatitos de ágata, medallas doradas, cruces de coral, chapitas engarzadas".

Mercante llama "adorno" al fetiche dedicado a la mirada de los hombres, de esta manera quita a la palabra su significado psicopatológico; en cambio, suele llamar "fetiche" al *talismán* o a la *prenda* intercambiados entre jóvenes, para incluirlos en su concepto de *desvío*. Sin embargo, mientras que el fetiche es metonímico e irrecíproco —el voyeur que goza de la visión de un portaligas negro o de una botita de veintidós botones no necesita de la reciprocidad de la mujer—, el talismán es metafórico —quien lo entrega lo hace como un enviado representante de su ser; quien lo recibe, lejos de exhibirlo a la mirada, lo oculta—. El anillo que Mercante también define como "fetiche" es una *prenda*, un voto que se comparte.

Al leer estas piezas del *imperio de la anomalía*, inmediatamente nos preguntamos cómo es posible apropiarnos de textos como la carta de *la odiosa que no sabe odiar* (una Margarita Gautier criolla) o las canciones picarescas que el doctor Francisco de Veyga, otro cerebro de la coalición positivista, atribuye a una travesti finisecular llamada La bella Otero ("Del buen retiro a La Alameda / los gustos locos me vengo a hacer. / Muchachos míos ténganlo tieso / que con la mano gusto os daré".), si tales piezas literarias bien podrán ser falsificaciones, sueños ventrílocuos de la ciencia finisecular argentina.

La crítica Sylvia Molloy dice que no deberíamos leer esos textos al modo fáctico, sino como los dispositivos para criminalizar los deseos "desviados" y el secuestro de una posición femenina que "paulatinamente irá ocupando el imaginario masculino como objeto de ciencia, de ensoñación y, en muchos casos, de identificación". Molloy ha estudiado en *De sobremesa*, el poema de José Asunción Silva, y en *Diario íntimo de una adolescente*, libro de psicología de Aníbal Ponce, la referencia idólatra a una figura de mujer que hizo de su vida y muerte un *hit*, la pintora rusa María Bashkirtseff. Morir joven es darle al diario un sujeto aún no inclinado del lado de su propia disolución; es también, como en el arte, burlar a la naturaleza y sus laboriosas leyes cronológicas y de sucesión. La pintora María Bashkirtseff quiso que el arte —la pintura de un jarrón azul junto a dos naranjas, un hombre de pie, pamplinas— tuviera su diario. Desde la primera página, desea morir. "A los veinte años seré famosa o moriré". Murió y fue famosa como autora del *Diario* de María Bashkirtseff... y como modelo de *drag* para escritores y médicos.

En la glosa de la vida de María Bashkirtseff que hace José Asunción Silva, Sylvia Molloy evoca, además de a madame Bovary, las voces femeninas en las novelas de Manuel Puig: "Son dos casos de secuestro de voz, dos casos en que un escritor, a través del útil recurso del estilo indirecto libre, 'hace de mujer', explotando de manera artística, como lo haría una *drag queen* al doblar a una cantante célebre, el deslizamiento entre *citar* y *re-presentar*. La 'voix divine' fetichizada por María Bashkirtseff para su propio consumo narcisista, es fetichizada a su vez por Silva, uno de sus *impostores* masculinos". "*María Bashkirtseff c'est moi*", se ríe Molloy, parafraseando la célebre frase de Flaubert "Madame Bovary soy yo".

Aunque Víctor Mercante no se confiesa el fantasma de la joven y desdichada rusa, parece empujar su pluma rebuscada y romántica. La tuberculosis, la edad de la supuesta "odiosa" (quince años), la repetición de la palabra "alma", así como la cita culta (la alusión a Efraín, el amante de otra *María* no Bashkirtseff, la de Jorge Isaacs) y la estetización de la muerte, hacen sospechar que también el doctor *draguea* a la joven rusa. Es solo una hipótesis: el diario, publicado por primera vez en 1887, fue traducido en la Argentina en 1903 y Mercante pudo haberlo leído ya que era un *best seller* mundial.

María Bashkirtseff: "¿Por qué?, ¿por qué Dios hace sufrir? Si fue él quien creó el mundo, ¿por qué ha creado el daño, el sufrimiento, la maldad? [...] Nunca curaré [...] Habrá un velo entre yo y el resto del mundo. El viento entre las ramas, el murmullo del agua, la lluvia que cae sobre los cristales, las palabras pronunciadas en voz baja... ¡Ya no escucharé nada de todo eso [...] ¡Que se me permitan vivir todavía diez años más, y durante esos diez años, gloria y amor! Y moriré contenta a los treinta años".

Doctor Mercante "haciendo de la odiosa que no sabe odiar": "Yo sé que este relato no llena tu corazón de la tristeza y amargura que alivia al mío; yo sé que ni una oración murmurarán tus labios por mí, cuando la necesite; ni mi nombre ni el eco de mi voz resonarán en tu espíritu; pero te perdono porque la idea de la muerte penetra misteriosa en mi alma... No tiemblo ya, al contrario, hoy la deseo".

Claro que el secuestro de la voz de María Bashkirtseff no es el secuestro de un original; su madre falsificó su edad, quitó párrafos del diario, su editor metió mano y eligió los detalles más vendedores.

Quizás pueda leerse "Fetiquismo y uranismo femenino en los internados educativos" menos como una teoría primaria sobre el lesbianismo que como una identificación con cierto tipo de mujer o con una posición femenina en la literatura (soñar con ser la mujer del texto), como sucedió en los textos mayores del neobarroco de los años ochenta del siglo XX.

En todo caso, la teoría de los psiquiatras positivistas se basaba menos en la experiencia clínica que en figuras del arte y la literatura y, si bien la tuberculosis era una enfermedad verificable por las estadísticas, rendían más en plan nosografía *La dama de las camelias*, *La traviata* y los relatos de casos donde la tuberculosis era un dispositivo literario funcional a la intención de castigar severamente todo desvío.

2016

PORQUE ESCRIBÍ

Porque escribí no estuve en la casa del verdugo.
ENRIQUE LIHN

Un *closet* de cristal

El 7 de mayo de 1946, parada ante un pupitre en el anfiteatro del Barnard College, Gabriela Mistral, premio Nobel desde el año anterior, ignoraba dos cosas. La primera, que era el cumpleaños de Eva Perón; la segunda, que el título de su conferencia "El odio y el miedo a las cosas y a las personas distintas a uno mismo" era una profecía al revés: *el amor y el deseo a las cosas y a las personas distintas a uno mismo* que iba a experimentar en la siguiente década.

En el auditorio estaba Doris Dana, una flaca idéntica a Katharine Hepburn, con un doctorado en Letras, profesora, y de aspecto tan inocente como la joven depredadora de la película *All about Eve.* Si se descuenta en este caso un marido, se debe sumar en cambio la figura de futura *albacea,* que es otro modo del compromiso, el de una vida *en obra* por delegación.

Las cartas entre las dos mujeres, a las que separan treinta años de edad, comienzan dos años más tarde. Fechadas o no, las frases de despedida de la mayor van de "el afecto y la gratitud de su vieja amiga" en abril, pasando por "un abrazo de su amiga casi sin rostro que la quiere" en septiembre, a la expresiva "yo no deseo quedar viviendo (no vivir) muy lejos de ti", en noviembre. Son 183 y están depositadas en la Biblioteca Nacional de Chile.

Durante el mes de marzo de 1948, según Daniela Schütte González, que prologa la compilación titulada *Doris, vida mía*, la joven le había escrito a Mistral: "Hace dos años, tuve el gusto de conocerla personalmente en una conferencia que usted dio en Barnard College aquí en Nueva York. En aquel entonces, tanto mi timidez como mi deficiente conocimiento del español, así como el temor a agregarme a los que en ese momento se arremolinaban a su alrededor, me impidieron acercarme a usted a saludarla y hablarle algunas palabras. Todavía recuerdo vivamente, con angustia, el sufrimiento que se reflejaba en sus ojos durante esos momentos de prueba".

La futura amada empieza por confesar veladamente que, al desear ser elegida, se sustrajo a la multitud con una voluntad de *no agregarse*, voluntad común a los que se proponen como *únicos*; mientras pone en escena una causa-efecto entre un sufrimiento —*que leyó* mirando a los ojos de la conferencista, protegida por el anonimato— y una angustia que se recuerda "vivamente" (traducción: "no te olvidé").

La ausencia es la condición de las cartas de amor —la zoncera de esta frase puede, como mal menor, subrayar la riqueza retórica de la que estas suelen hacer gala—, puede no ser una ausencia efectiva y hasta permite escribirse frente a frente y con figuras tan bellas que se olvide al destinatario.

En estas cartas, Doris Dana es siempre *la que no vino, la que no está, la que tarda en venir*. Y Gabriela Mistral es la que deberá inventar, nombre tras nombre, en busca del que la traiga de nuevo a su lado: "niña mala", "vagabunda", "veleidosa", "caprichosa", "coqueta de nadie", "ventolera del mar", "niña de todos", "dada a todos", "fenomenito", "Doriña", "Dorisín", "Dorís Danita".

Secretaire

La metáfora del *closet* para aludir al secreto sobre la condición gay es gringa y de privilegiados —el *closet* a menudo ocupa un cuarto entero— y su vastedad alude a una *fashion victim* y a que muchos trajes-hábitos hacen monjes *straight*. Es cierto que se lo puede traducir por *ropero,* pero siempre habrá, en lo que este mueble oculta, una potencia de vida pública con el *hetero-disfraz* adecuado. Me gusta más la metáfora del *secretaire*, ya que el secreto está hecho de palabras y hay en toda cerradura un agujero de pecado. Y porque no necesariamente se guarda allí lo que no se quiere que se sepa debido el estigma social, sino lo que se quiere reservado y único, incluso para las taxonomías políticas. En el *secretaire* hay, además, una comunidad locuaz casi siempre de corresponsales donde los tácitos son más eso mismo, tácitos, que silencio avergonzado; una comunidad capaz de desplegarse en esas palabras amorosas de ida y vuelta cuya tinta vuela en papeles *para avión* finísimo con rayas en los bordes, iguales a los avisos de las barberías, adornados por diseños románticos y logos barrocos o de hojas arrancadas a un cuaderno para demostrar lo imperioso en la expresión de un sentimiento.

Sylvia Molloy, para decir que el lesbianismo de Gabriela Mistral ha sido durante años un secreto a voces, cita a David Miller: "Ese secreto tiene por función no esconder algo, sino esconder que se está al tanto de ese algo". Y la frase tiene más evidencias que un juicio justo: cuando Juan Pablo Sutherland publicó su antología *A corazón abierto*, una recopilación de la literatura homoerótica chilena, la Fundación Gabriela Mistral le prohibió incluir tres poemas, con el pretexto *gorra* de que "dicho trabajo antológico puede contribuir a interpretaciones tendenciosas, antojadizas y especulativas contrarias a la siempre significativa y relevante obra de nuestra autora". Y eso que "La flor del aire" y "La extranjera" pertenecían a *Tala*, que había sido publicado por la editorial Sur (Buenos Aires) en 1938, y "La que camina" había aparecido en *Lagar* (Santiago de Chile) en 1954.

Vía email, Sutherland estalla en signos de admiración devenidos protesta: "Fíjate lo que pasó con *Niña errante*, una compilación de cartas que hizo Pedro Pablo Zegers hace unos años: en el lanzamiento nadie se atrevía a decir que Gabriela Mistral y Doris Dana eran amantes. En primera fila estaba Pancho Casas, una de las Yeguas del Apocalipsis, que en un momento salió gritando: '¡Digan que era lesbiana! ¡Son cartas de amor!'. Y se fue. Cuando leí el prólogo y lo estudié para un trabajo que no encuentro ahora, me llamó la atención poderosamente que el compilador solamente dijera que la relación de Mistral con Dana era... ¡¡¡paternal!!! ¡¡¡Por Dios!!! Eso decía, un escándalo esa escena, que además ocurre muchos años después de la publicación de *A corazón abierto*, censurado y luego de que la sobrina de Doris Dana, Doris Atkinson, entregara al Estado chileno todo el patrimonio de Mistral a la Biblioteca Nacional (donde había decenas de cartas)".

Alia Trabucco Zerán, que prologa *Doris, vida mía*, sugiere que ese amor es un secreto expandido en la intimidad de diversos corresponsales: "Y es que resulta importante también realzar, tras décadas de ocultamiento de esta relación, que, durante sus vidas, es decir, en su propio presente, Gabriela Mistral y Doris Dana sí fueron nombradas y consideradas en sus círculos como lo que eran: una pareja. Así dan cuenta no solamente el tenor amoroso de estas cartas y el hecho de que Dana fuera declarada la albacea de Mistral, sino los cientos de misivas que Mistral recibía de manera regular donde amigos y conocidos envían saludos y cariños a Doris, reflejando ese conocer y reconocer posteriormente negado. Así, André Racz, tras una visita en Italia, pregunta por Doris y le manda sus cariñosos saludos; Palma Guillén le pregunta a Dana por el estado de salud de Mistral; o simplemente se reiteran las misivas con saludos a ambas, visibilizando la gran relevancia que Doris tuvo en su vida".

En el *secretaire,* las cartas cruzadas entre parejas de amigas y amantes probaban que el teléfono era un aparato indeciblemente práctico, pero también mucho más precario a la hora de dar testimonio de una obviedad: no se deja escrito lo que no se quiere que se sepa. Sí se elige a los testigos. Las cartas que Gabriela Mistral escribe a Victoria Ocampo, por ejemplo, son explícitas. Hay una donde se informa con solemnidad, como si se tratara de una ceremonia de compromiso, "vivo con una profesora y escritora americana, Doris Dana. Ella ahora sosiega sus pies en Nápoles. Por cuido de mí. Es muy serena y no se le ve alarma alguna". Muchas otras ponen en escena una sucesión informada donde Dana llega a aparecer como la coartada para el constante reclamo de presencia a la corresponsal (¿era Gabriela Mistral *densa* en general y no solo cuando estaba enamorada?): "Me haces mucha falta, no solo a mí, a Doris ídem"; "Yo hago esto de escribirte sin ninguna esperanza. Doris y yo lo hemos hecho ya y respuesta tuya no hemos tenido. Tú sabes cómo desconsuela y hace perder la esperanza tal cosa y en estos tiempos".

Y no se trata de formalidades de tono conyugal, la confidencia es lo suficientemente desenvuelta como para extenderse ante una mujer que en sus memorias se declara casi rabiosamente hetero: "Doris es muy buena para mí, mucho; pero me da cierto remordimiento acapararla. Yo sé que ella está perdiendo su vida conmigo, su vida". "Doris es la compañera óptima, la mejor que hallar se puede, pero a veces me pasa por la cabeza el pensamiento de que una mujer vieja pueda, sin darse cuenta, no dar alegría a una persona de su edad, sí, eso, y además envejecerla".

Es demasiado perezoso pensar en que es la moral burguesa y su censura efectiva la que está dispuesta a hacer oídos sordos y ojos ciegos a lo que es evidente, permitiendo a cambio ese *saber no sabido* de tantos padres y madres de disidentes sexuales que organizó durante décadas las buenas maneras en lo "impronunciable". El secreto es la resistencia a la serie; y su quiebre, a la resolución en una identidad de rasgos tensados entre los anatemas de la religión y la clínica psiquiátrica.

Pero las políticas del deseo tienen derecho a contar con materiales donde la censura no se debió a los escrúpulos de las protagonistas, ni aun a un descuido archivista inocente. Lo cierto es que ninguna hoguera patriarcal y patriota quemó estas cartas que guardaron el *continuum* de las amigas para los deseosos capaces de leer entre líneas o en *buen castellano,* en su elocuente vehemencia carnal.

De par en par

Abiertas las persianas del *secretaire,* hoy la imagen de Mistral está *on the street,* con su pañuelo abortero al cuello y bandera negra en la mano. Y sus amores de mujer a mujer aludidos en una nota de Alia Trabucco Zerán al pie de *Doris, vida mía:* "La imagen a la que me refiero fue creada por Fabián Ciraolo y pintada como mural en las paredes del Centro Cultural Gabriela Mistral (GAM), en el centro de Santiago. El pañuelo verde es símbolo, tanto en Chile como en Argentina, de las demandas colectivas por el aborto seguro, legal y gratuito. Curiosamente, el diseño que hoy está grabado en la versión chilena de ese pañuelo está basado en un grabado de la artista chilena Laura Rodig, quien fuera pareja de Mistral, para el Primer Congreso Nacional del MEMCH, en 1937".

La comunidad de cielo y tierra

Alguna vez, debilitada por un amor correspondido (son los que más perjudican), definí el *continuum* lesbiano muy por fuera de la ortodoxia de Adrienne Rich: una larguísima cinta de raso que une a la primera mujer con la última y que va enredándose en las muñecas de todas las mujeres del mundo y de todos los tiempos y está hecha de caricias, arrorrós, bordados, subrayados, pañuelos, rouge, saludos, lectura en voz alta, secretos y lo que se quiera hasta formar un gran nido donde cobijarse y rebelarse en un mundo hecho por otros.

Toda mujer lleva en su muñeca esa cinta, que hace que jamás se sienta sola, quiera o no amar a un hombre, casarse con él, es decir, cumplir con la heterosexualidad obligatoria, que es otra idea de Adrienne, muy difícil de pronunciar y de explicar.

Gilda Péndola, Palma Guillén, Emma Godoy, Eda Ramelli, Margarita Michelena, Anita Bustamante, Sixta Araya... Las cartas a Doris Dana ponen en escena una sucesión de mujeres que viajan junto a Gabriela Mistral, ofician de amas de casa, intérpretes, contables, agentes inmobiliarias, gestoras y cualquier otro oficio a la que las comprometiera esa Pocahontas soltera y andina que se sentía mancillada, como llorisquea en una enumeración de desgracias, al tener que salir sola a comprar sus remedios, sus sellos, sus papeles y sus bananas. Estas mujeres se instalan por un tiempo en las diversas casas que Mistral habita en México, Italia y Estados Unidos, se relevan para ordenar correspondencia, controlar las cuentas bancarias, ordenar apuntes o copiar originales, y son las responsables del gran archivo Mistral. Fluctuante entre la complicidad y el "odio sombrío", entre la hermandad en lucha por recibir justicia por sus afanes y los celos intrigantes, entre la delación separadora y la voluntad por un bien común, en esta suerte de arcadia bien administrada y de amores ya atemperados, intercambian a veces sus copiosas cartas entre ellas por fuera del círculo Mistral, quien por más Nobel que sea, insiste en practicar la modestia afectada para exigir despóticamente cuidados. Verónica Zondek, poeta y mistralista consecuente, relata el mito de origen de ese don de mando ejercido con tono plañido: "En la escuela de Vicuña donde la llevaron para que siguiera sus estudios de primaria no encajó. Sus compañeras recelaban de ella y no la aceptaron. Un día la culparon de ladrona ante la directora, una mujer casi ciega y además madrina de Lucila. Esta mujer transformó la acusación en un acto ejemplar frente a toda la escuela y frente a Gabriela que muerta de vergüenza se escondió apenas terminó. Cuando finalmente salió ellas estaban aún ahí paradas en la plaza con los bolsillos llenos de piedras y la apedrearon hasta hacerla sangrar mientras le gritaban ladrona. Mistral relata esto cada vez que puede y lo recuerda como el trance más marcador de su vida. Este hecho refuerza su sentimiento de no pertenencia, marca además el fin de su educación formal. En su expediente personal se anota que no continúa con su educación porque ella es deficiente mental. Esta notación resulta ser ventajosa en relación a la de ladrona porque la exime de ser llevada a la justicia o de ser internada en la correccional. La madrina le sugiere entonces a Petronila que la entrene en labores del hogar para que sirva para algo. En ese mismo instante Lucila, rebelde, clarividente o excéntrica, decide no cocinar, no limpiar, no hacer la cama, no bordar, no coser. Decide no hacerlo nunca".

En medio de la retahíla de reproches que constituyen la parte machacona de las cartas (es que la mayoría de las cartas de amor, por muy brillantes que sean, carecen de mesura), existe el argumento positivista mediante el que Mistral oscila entre darse por latina o por india al azar de su logorrea afectiva: "Yo no tengo vida suficiente para hacerte comprender que la máquina humana que llamamos latinidad —aunque no tenga ninguna sangre latina tengo hábitos latinos— marcha de modo muy opuesto a la sajona". "El corazón, vida mía. Es órgano tan celoso como un hispanoamericano". "Tú eres de una raza libertaria, yo de una raza esclavista".

Si siempre argumentó su amor insatisfecho y quejoso en esa diferencia "racial" sin matices políticos, denostó la xenofobia de los que rechazaban a Dana, no dejando de incluir a su amante en la serie de satélites femeninos, y tal vez haya pensado en una potencial comunidad utópica de resistencia cultural y vida nueva. Es interesante que Sylvia Molloy ante similares acusaciones, que pudo haber recibido Teresa de la Parra, por reaccionaria, dice: "Ser goda, ser precolonia, no es solo una postura aristocratizante: es rechazar la paradigmática pareja heterosexual del proyecto liberal postulando en cambio una comunidad precapitalista basada en afectos femeninos".

Porque el despotismo de Mistral no es el del patriarca que naturaliza al serrallo profesional a la manera de un Joyce —cuyo nombre se debe tanto a la construcción crítica moderna como al trabajo material de editoras, mecanógrafas, mecenas, traductoras y enfermeras vocacionales—, sino el de la huérfana que lleva el peso de encarnar un universal de poeta más allá de su sexo sin contar con los privilegios patriarcales.

Cuando no hay palabras para definir las alianzas femeninas se recurre a la dupla madre-hija, para deserotizarlas por descontado y evocar la sentencia freudiana de que se trataría del vínculo más ambivalente (el menos sería el de la madre y el hijo varón). Sin discutir la sentencia, es posible apropiarla, para señalar que ni el odio, ni los celos, ni la envidia logran la ruptura de afectos que continúan por sobre toda violencia, indisolubles como si fueran de sangre. Aquí, como siempre, la naturaleza es una metáfora. Acusadas de no sublimar nada y de una pasión que se desgasta para el pensamiento racional, son prolíferas en obras, y las amigas así enlazadas, aun en sus furias, tienen menos trabajo para no separarse de sí mismas que las acopladas a la pasión con un hombre.

Amor y más allá

Hermanas *de otra manera*, algunas de ellas no admitieron los límites de la vida ni mucho menos el fin del amor en la muerte. Y es quizás por sus vehemencias carnales que necesitaron buscar templar el espíritu en prácticas de iniciación esotérica y de trascendencia. Madame Blavatsky fue para Gabriela Mistral una guía, Krishnamurti para Victoria Ocampo y Salvadora Medina. Según sus cartas, Gabriela podría provocar una alucinación de Yin Yin, su suicida hijo adoptivo, y Lidia Cabrera se comunicó con Teresa de la Parra en una mesa espiritista. Hoy pienso en el yoga de feministas como Luce Irigaray y María Pía López, en la numerología que consultaba Josefina Ludmer, como búsqueda de rituales de pacificación y entrenamiento para la templanza del pensamiento y la energía vital, conexión con saberes populares y memoria. Para escribir *Poema de Chile*, Gabriela Mistral se alimenta de imágenes no humanas, animales y plantas y piedras de América en un mapa que hoy podría formar parte del archivo del planeta a salvar.

Usureros

Hay en la retórica amorosa de escritores y escritoras un plus contable que parece desmentir la denuncia por una ausencia, que hace que el vivir sea una muerte en vida, y no solo porque los amores que matan nunca mueren, sino porque, a la vuelta de un adjetivo justo, o una imagen ingeniosa, el gusto de escribir hace olvidar el objeto y lo convierte en pretexto. En *Cartas de amor de una monja portuguesa*, un caballero que ha pasado una vez por la reja del convento es mera excusa para liberarse de Dios en la suntuosidad de la lengua. Pero puede haber algo más pedestre: el amante que escribe suele *medir* al amado por las rentas que produce. *De profundis*, de Oscar Wilde, sorprende porque, de pronto, un célebre ensalzador de la belleza en su gratuidad clama, con las maneras de un usurero del arte que recuenta una y otra vez, cómo cuando Bosie, en el que decía gastar fortunas, estaba fuera de Inglaterra, él podía redondear un acto de *Un marido ideal*, una "tragedia florentina" o algo como *La Sainte Courtisane*, mientras que en su presencia casi no podía trabajar. En cambio, con su amigo Robbie, tres francos y medio invertidos en un cafecito del Soho le rindieron el "primero y mejor de todos mis diálogos". Como un capitalista sin beneficios, dice que ha hecho el cálculo de que entre la fecha en que conoció a Bosie y esta temporada en la cárcel, desde donde escribe, gastó en el amado unas cinco mil libras.

Entre los bramidos amorosos de Gabriela Mistral suele aparecer una y otra vez el reclamo a Dana por sus obligaciones de asistente y luego de una albacea con la que se discute fríamente las conveniencias de una edición, la ubicación de unos versos o una bibliografía necesaria, y una exigencia de piedad ante esta mujer vieja que extorsiona torpemente con argumentos como este: "He sido insistente, majadero, estúpido en mi porfía por retenerte. Pero nosotros los latinos indígenas en una actitud de esta especie vemos solo y únicamente un cariño y un apego machacones y majaderos. Nada más".

Es preciso consultar las grabaciones de esas dos para ubicar los razonamientos editoriales de un amor nada loco, y da risa cuando la amante exigente pide a su ingrata que le lleve a su paradero la enciclopedia Espasa Calpe, especie de representación de un amor en densidad de toneladas.

Carlota siempre es idiota, Julieta no tiene conversación y Melibea solo puede memorizar al arpa dos versos de romance. La condición zonza del amado se debe a su incomprensión radical de la pasión que despierta, y si alguna vez Martin Heidegger sufrió el totalitarismo de estar loco por Hannah Arendt, ella no habrá sido para él más que aquella incapaz de entender.

Todo enamorado se cree único, nada hubo antes que él, no lo habrá después, todos reclaman ser aquel al que el amado no ama, se reponen a veces en un altruismo que estallará en la más imposible de las promesas. "Yo te veré vivir y esto me bastará. Yo velaré por ti".

Llamar lesbianas a dos que se quieren uno es reducir ese absoluto a pedestres dimensiones humanas. Y aunque el amante se mueva literalmente como lo hace Mistral, es al amado al que se le atribuye movimiento, ya que actúa lo inapresable del objeto, su radical inadecuación.

Un amigo me acerca la valiosa metáfora de Héctor Murena, "el secreto claro": "Diálogo somos entre una corza oscura y el secreto claro. Así en el fin nunca en el fin fenece". Me advierte sobre una indiscreta tradición que nos exige descifrarlo todo, en lugar de cobijar el enigma, ser sus custodios, entre una corza oscura, es decir, un ser capaz de mimetizarse entre las sombras del bosque, grácil y huidizo, y el "secreto claro", como ese que velan más allá de su fin las palabras apasionadas de las amigas, lejos de las miradas tasadoras de aquellos que no aman demasiado.

2021

Zapada Zurita

Fascinada por los desiertos de Pierre Loti, decidí *traducirlos* empezando por Atacama. Quería, por primera vez, hacer una experiencia para poder contarla. Y por primera vez, también, buscar una prueba fuera de la escritura: me haría fotografiar en cada punto de la serie que imaginaba —como si tuviera mucho dinero—, terminaría en el Sahara, si era posible junto a la carpa de una familia beduina. Luego, más sensata, decidí reducirla a esas blancas lunas en la Tierra: los salares. Y en América. La fotografía sería la de mi cuerpo acostado entre las grandes grietas de la costra, con los brazos abiertos. No me importaba la impostura: la permanencia en cada lugar podía ser de menos de una hora, de acuerdo a la paciencia de las cuatro por cuatro; la foto, tomada por mi celular, indiferente a la calidad y a las estaciones; era evidente que demasiado abrigo deformaría mi cruz, que una toga de gasa no me defendería de la insolación. Uyuni, Hombre Muerto, Incahuasi, San Juan de Salinas, enumeraba. Creía que era un plan, pero era un recuerdo. El de las primeras páginas de *El día más blanco*, de Raúl Zurita: "Se había recostado boca arriba, con los brazos abiertos, sobre la larga llanura de sal, y si alguien en ese momento lo hubiese visto habría recordado la forma de una cruz, de una cruz botada y oscura. Era como si la Tierra entera subiera desde el centro de ella hasta chocar con su espalda mientras que la inmovilidad de sus brazos extendidos parecía afirmar que el dolor se opone también a la rotundez de las cosas, a la extensión del horizonte y de los paisajes, y que los milenios o instantes anteriores en que el mar se retiró dejando conchas de moluscos y peces fosilizados en las cumbres, no podían sin embargo, con toda su majestuosidad y grandeza, alterar un solo segundo del sufrimiento del ser que yacía ahí".

Ignoro si lo que creí inventar ocultaba en mí un sufrimiento como el del que yacía en forma de cruz en medio del salar, o mis ganas de correr una aventura a la Loti pero sin los riesgos ni la prosa, pero aún espero, antes de morir, empezar por Atacama y que haya alguien para tomarme una foto.

La naturaleza culpable

Cuando vi las fotografías que Helen Zout tomó de un rincón de la costa en Punta Lara, en el lugar donde las corrientes arrojaron el cuerpo de un desaparecido, me pregunté si un río podía ser culpable de encubrimiento y asociación para el delito de genocidio. El antropomorfismo agita las aguas de las marinas de Turner hasta que la imagen, en su turbulencia, se animiza como alma atormentada; pero la negrura de esas aguas impresas en el papel fotográfico, donde las olas se perciben como bultos innominados bajo la sugerencia de un movimiento centrípeto y devorador, convertían la resaca en confesión y la fotografía en escrache. Del mismo modo, el salar de Atacama, que parece venir de la eternidad, se erige como una profecía de un duelo que se adelantó al presente como si hubiera concentrado el llanto del mundo, vertido por lloronas sin rostro ni sujeto, y para siempre hasta secarse en infinitas partículas de salitre, vestigios de un llanto social, antes de sumar, en su inmensidad asombrosa, al calcio de los nómades precolombinos, de los obreros salitreros, de los extraviados del azar o del suicidio, el de los desaparecidos durante la dictadura de Pinochet. Se diría que Atacama es la Internacional del dolor. Por eso allí, no exactamente allí, pero en Atacama, Raúl Zurita hizo horadar la frase "Sin pena ni miedo". Menos judicial que el "Nunca más" y menos definitiva, anima a una fuerza que expulse la melancolía para no detener la lucha ante ningún peligro impuesto por el poder de un Estado nación capaz de convertir la naturaleza en forajida.

La voz

¿Qué le hace a su voz un poeta cuando la quiere política? En los grandes poetas la voz fónica y la voz poética están fusionadas. Y hasta podría decirse que la prueba de esa grandeza es esa fusión que hace que oír a Pound, a Perlongher, a Zurita, no se diferencie de leerlos, al mismo tiempo que los hace *ininterpretables* por otros.

En el libro *Una voz y nada más*, Mladen Dolar, quien, deteniéndose en la voz con pretendida exhaustividad, no lo hizo en el género más que para ubicar la voz del lado de la madre —"¿No es la voz de la madre la primera conexión problemática con el otro?"—, cotejó, sin embargo, la asociación entre la voz sin sentido y la femineidad, y entre el texto, la significación y la masculinidad.

En el capítulo dedicado a la voz en política, luego de pedir disculpas por sus simplificaciones, que compensa con la importancia de sus objetos de estudio —Hitler y Stalin—, Dolar dice que existe una diferencia sustancial entre la voz en el fascismo y en el stalinismo: "El Führer bien puede ser el jefe del gobierno del Tercer Reich, comandante en jefe del ejército y desempeñar muchas funciones políticas, y sin embargo no es el Führer en virtud de las funciones políticas con que resulta estar investido, ni por elección, ni a partir de sus capacidades. Es la relación de la voz lo que lo hace ser el Führer y el lazo que vincula con él a los súbditos es puesto en acto por un lazo vocal, su otra parte es la respuesta a la voz mediante la aclamación masiva, que es un rasgo esencial del discurso". El Führer legislaría *a viva voz*, sustituyendo a la ley, es decir, suspendiéndola. El modelo expositor stalinista sería, en cambio, el de alguien que lee evitando todo toque personal, cuanto más *inexpresiva* sea su voz —al igual que la del empleado del registro civil cuando enumera las obligaciones de los esposos durante la celebración de un matrimonio a la manera de una canilla que gotea—, cuando él "más parezca desconocer el texto que lee, más encarnará su lugar de instrumento de las leyes históricas, de monocorde apéndice de la letra escrita".

Cuando un poeta, Zurita, lee *Canto a su amor desaparecido*, el efecto de su *política de la voz* es extraño: es una *viva voz* y, al mismo tiempo, *una voz inexpresiva*, como si para encarnar la voz de la Memoria fuera necesario un oxímoron: *la impersonalidad-vehemente*. Cuando canta el poema *Canto a su amor desaparecido* junto al grupo de rock González y Los Asistentes, en transferencia con el público, vuelve a su voz bronca en su talante de imprecación ritual destinada a la memoria del genocidio. Zurita ulula, corcovea, sopla, mientras agita su nuca de sacerdote de misa negra y el mal de Parkinson se acopla al ritmo —hasta entonces yo no había visto convertir los efectos de una enfermedad en coreografía de vanguardia—.

La dedicatoria

En su libro *Violencias de la memoria*, Jorge Jinkis propone que, como lectores, cambiaríamos la apreciación de una obra si la conociéramos no por el nombre del autor sino por el de aquel a quien está dirigida. "Llamemos a la *Crítica de la razón dialéctica* con otro nombre, con el nombre de su dedicatoria. ¿Nos acercaríamos al librero preguntando si tiene a Simone de Beauvoir?". A Zurita no le disgustaría que esa ocurrencia se aplicara a *Canto a su amor desaparecido*. "A la paisa / A las madres de la plaza de mayo / A la agrupación de los familiares de los que no aparecen / A todos los tortura, palomos del amor, países chilenos y asesinos". La prisa en la cita o en la librería tal vez obligaran a sintetizar "A la paisa" y esa reducción no sería un corte trapero en la enumeración caótica hasta deshacer la dedicatoria, ya que esa partícula de lenguaje contiene a todas las demás. ¿No es el pase al género femenino de "país" una forma de hacerlo *madre* para que contenga y abarque y hasta *marche* como las de la Plaza, cuyas mayúsculas ha bajado (para llevarlas más allá de la Institución) desplazándolas a la preposición amorosa "A"? Pero ¿habrá también ese amor *dedicador* para los "países chilenos y asesinos"? Es que una dedicatoria no necesariamente es *toda amor*: a menudo *dedicar* es simplemente *dirigir*. Y la enumeración caótica de la dedicatoria de *Canto a su amor desaparecido* "se dirige" también a los verdugos que no están por fuera de "la paisa"; es necesario que conozcan el canto, que no encuentren para rehuirlo un mástil al que atarse como Ulises ante el canto de las sirenas. Más allá de la ley que los recluya, de la muerte biológica, que permanezca en sus oídos para siempre.

La herida en la lengua

Aunque las catástrofes naturales y las guerras han dado a la palabra "desaparecido" su connotación de muerte, en el ámbito de la violencia política donde la voluntad criminal se dirigió, uno por uno, a sus víctimas, esa palabra conserva siempre un sentido imaginario literal, como si el desaparecido fuera un objeto sustraído a la percepción o se moviera en una dimensión distinta, como entre mundos. Los mismos ex detenidos desaparecidos evocan su cautiverio como una dimensión del suplicio y, al mismo tiempo, inexistencia, o como si hubieran subsistido en una suerte de vida paralela.

En las artes plásticas, la representación imposible de los desaparecidos ha sido resuelta con el recurso de la silueta, o de la figura estetizada de los pañuelos blancos. No solo al río culpable ha fotografiado Helen Zout. Si la existencia de sobrevivientes se asocia a la idea de reaparición, ella los ha capturado con su cámara de modo en que estos porten huellas de ese estado anterior. Para eso recurrió a la tradición del laboratorio fotográfico espiritista y el del radiólogo: la veladura, la sobreexposición, el fuera de foco. Las fotos de Helen Zout incluyen documentos intervenidos, fotografías de sobrevivientes, registros de trabajos de excavación y exhumación, de lugares donde funcionaban campos de concentración, de "objetos culpables" como los Falcon utilizados en los secuestros y los aviones utilizados para vuelos de la muerte. Hay una ética de la literalidad en estas fotografías: la presencia da una imagen; la ausencia, una veladura; los títulos informativos son detallados y precisos, no permiten escapar a una lectura referencial y, muy a menudo, forense. Como si Auschwitz o Arana eliminaran la posibilidad del *cómo*.

Yo llevaría a Helen Zout a Atacama para que la suya, como toda cámara, fotografiara lo que no podemos ver y que el revelado pusiera ante los ojos una verdad al mismo tiempo deslumbrante y atroz. ¿Harían aparecer esas imágenes los cuerpos perdidos o al menos la sombra de sus huesos dispuestos sobre la arena para reconstruir el total de cada uno hasta completar el número?

¿Y la lengua? ¿Se empobrece en señal de viudez dolida dejando de lado sus figuras más ricas, y —escribí alguna vez avergonzada de mi barroco modernista— "como si para contar ciertas cosas hubiera que renunciar a los goces de la retórica y el uso del español debiera limitarse, en una suerte de voto de abstinencia, a su función instrumental, a la manera de un ritual de duelo que no cesa"?

A lo largo de su obra, Zurita se apropia de todo el español y de los archivos de Oriente y Occidente. Homero y rock and roll, latines y tango reo. Sus temas son tanto los de la biblioteca de Alejandría como los de la calle, donde están las bandas guitarreras y etílicas del latinaje que hace versos. Geógrafo de la patria, Zurita *la va haciendo* mientras la nombra en accidentes naturales, cruces de vecinos y encierros políticos. Enamorado, escribe las iniciales de P. W. (Paulina Wendt) hasta que se convierten en un sello o un ideograma como las de la poeta H. D. (Hilda Doolittle), para que el nombre de la amada se olvide y se cuele en el inconsciente del mundo, tanto lo repite.

Entonces se comprende que la lengua rajada, tartajeante, ecolálica de *Canto a su amor desaparecido* sea una renuncia ritual, un acto de despojamiento casi religioso. A veces esa reducción inventa una *contra lengua* burocrática, que los totalitarismos han utilizado en su burocracia del exterminio y que los llevaba a separar, numerar, de manera que se difuminaran las responsabilidades, manteniendo la ficción democrática de una ley mafiosa pero contable. Toda la poesía de Zurita, sea de la época que sea, parece intentar poner en acto el reconocimiento de los cuerpos y la unión del nombre a los restos, desde los íntimos —Ana Canessa, su madre; Ana María, su hermana; Josefina Pessolo (Veli), su abuela; Raúl Zurita Inostroza, su padre— hasta los de los artistas del mundo de todos los tiempos y lugares —Akira Kurosawa, William Shakespeare, Víctor Jara, John Ashbery—, bajo el sol negro de los desaparecidos.

Pero también ese *menos a escribir* llama a la complicidad del universo: sobre todo en lo que repite están las palabras de siempre, las que han atravesado todos los tiempos y las lenguas: amor, tumba, mar, montañas.

Atacama, Calama, calaca

Las palas del terrorismo de Estado han barrido en Calama la prueba de los cuerpos supliciados. Como en "Atacama" y en "calaca" (la muerte de azúcar de México), la perdida lengua kunza, en su misterio, multiplica una "A" que en la Argentina se repetía en el nombre de la criminal Alianza Argentina Anticomunista. En América, más abajo del imperio, la calaca ha vuelto la muerte en fiesta. Es una justicia a lo Guadalupe Posadas, donde la guadaña democrática iguala al juez y al croto, a la dama y a la catrina. El arte la impone en la canción "Boda negra", cuya letra ha sido atribuida al colombiano Julio Flórez y que va por las *paisas* de América en versiones eternas que convierten la necrofilia en memoria: "El mármol de la tumba abandonada / cavó la tierra y se llevó en los brazos / el rígido esqueleto de su amada. / Y allí en la oscura habitación sombría / de un cirio fúnebre a la llama incierta / sentó a su lado a la osamenta fría / y celebró sus bodas con la muerta". En la canción popular los crímenes de Estado dejan afuera a los asesinos menos por cobardía que para escapar a la lógica del poder y preservar en el mito a las víctimas.

En el *Canto a su amor desaparecido*, las calacas cogen en una tumba donde no la hay y el que canta no es "el chico", ya muerto entre los muertos.

Pero ojalá una canción repita "Murió mi chica, murió mi chico, desaparecieron todos. / Desiertos de amor" para que, como los amantes del amor desaparecido, se despeguen *de las rocas, el mar y las montañas* para vivir en la poesía.

Nombrarse

La autoinvocación tienta a los poetas. "Y yo, Silvina Ocampo, en tu presencia abstracta he visto tu posible ausencia", escribe Silvina Ocampo en "Enumeración de la Patria", como si deseara que en ese patronímico, la Patria reconociera todos los propios de su genealogía en tiempos en que la Patria no se diferenciaba de la familia.

Y Alejandra Pizarnik escribe en "Solo un nombre": "Alejandra Alejandra / debajo estoy yo / Alejandra". Es decir, Alejandra se dice menos que su nombre en un *debajo* que la locura convierte en el *En bas* (Allá abajo) de Leonora Carrington, pero capaz de permitir flotar en el arte.

También Zurita, que suele repetir su apellido con el regodeo de su sentido "poético ya dado" (una paloma), a menudo lo convierte en un imperativo: "Oye Zurita —me dijo— sácate de / la cabeza esos malos pensamientos", "Oye Zurita —me dijo— toma a tu mujer y a tu / hijo y te largas de inmediato", "Ábrete de una puta vez los ojos y / déjate de pajeos Zurita". Sea la propia voz desdoblada o el remedo de una autoridad, se trata de una orden.

"Ahora Zurita —me largó— ya que de puro verso y / desgarro te pudiste entrar aquí, en nuestras / pesadillas: ¿tú puedes decirme dónde está mi hijo?" es el comienzo de *Canto a su amor desaparecido*.

Las madres de Calama recorrían el desierto con una pala en la mano. A veces una se agachaba y deshacía un puñado de arena. Buscaba allí la pepita del hueso. No era un acto que deba pensarse desde el lastre de la razón que fingen sostener los historiadores negacionistas, como nunca lo fue la consigna "aparición con vida". Esas marchas en la arena como las que, en círculo, trazan otras madres en la Plaza de Mayo han escapado a la lógica jurídica. Y detrás de ellas, un hijo sobreviviente, Zurita, las sigue con su voz.

Aullido

Como buena argentina, me tienta hacer psicoanálisis al paso y ahí va: el ego *trip* de tantos poetas chilenos es la formación defensiva ante la monumentalidad fálica de la cordillera ("yergue el Ande", dice el himno al General San Martín homenajeando a un Padre de la

Patria con el llamado a una erección titánica), y entonces esas poéticas con altoparlante, esas voces siempre enormes en el *do* de pecho tronante, esa compulsión a una universalidad saturada de nombres propios. Vos también, Zurita, solo que se puede, como escribió exactamente Rosa Montero, *ser mesiánico y humilde*. Porque si todo en Zurita es sacrificial hasta llegar al cuerpo —se ha quemado la cara ante un espejo, arrojado ácido amoníaco en los ojos—, ese sacrificio no sería valioso si fuera el de un *yo* pequeño. Pero su *grandeur* es también anticolonial y de otra familia, justo la de *los que no tienen familia*, es el de la América nueva de Walt Whitman alcanzando el porro de Allen Ginsberg, y es por eso que, en esa fotografía tomada en el cementerio Lowell de Massachusetts donde Ginsberg está sentado junto a Bob Dylan ante la tumba de Keruac, yo veo también a Zurita, como lo veo recitando munido de un pequeño acordeón que en realidad es un armonio con un toque hindú. Confieso: todo lo que escribí yo y lo que escribió Zurita (no me comparo, me identifico) se podría sintetizar en "Yo vi a las mejores mentes de mi generación...".

Tablas

En el Parque de la Memoria en Buenos Aires el viento sopla con la misma furia que en Atacama. Las aguas del río culpable, la larga sucesión de nombres grabados como en tablillas colocadas unas encima de las otras, los pelados caminos apenas orientados por lacónicos carteles, ponen en acto una ausencia que se eligió representar mediante la austeridad. En *Canto a su amor desaparecido*, Zurita, a la manera de una rayuela trágica, dibuja el mapa de la desaparición como trama de Estados en complicidad asesina. Contra los mapas escolares de Latinoamérica —que Torres García invirtió provocativamente para robarle el norte a los gringos—, hace el plano de los Estados delincuentes y lo encierra en un galpón mientras adopta el laconismo del reporte: "En el medio del paso del mar. Pasadizo y nicho, se lee ubicación por países según rayado y marca". Cada país es una tumba donde su nombre es sentenciado, la forma de tablilla evoca al mismo tiempo el fichero y los restos, como en el Parque de la Memoria, aunque se trate de nombres puestos en una sucesión simbólica, donde detrás no hay nada más que piedra.

A los encierros pinochetistas —Prisión Tres Álamos, Prisión Colonia Dignidad, Prisión Carguero Maipo, Prisión Estado de Chile, Prisión Buque Escuela La Esmeralda, Villa Grimaldi...— les va dejando su canto negro. Tal vez su forma de ficción verdadera de esos dibujos sea el correlato de los que el arquitecto Miguel Lawner planeaba cada noche con sus pasos en su barraca de Isla Dawson, luego hacía, rompía y guardaba en la memoria para reconstruir en el futuro. Toda la obra de Zurita parece ser la gran tumba simbólica de Chile y el *Finnegans Wake* cholo.

Yo, *Todo*

A este *yo* poético nada lo alambra. Es Juana de Arco y Bernardita, Cristo y la Cruz, Poza de agua, Little Boy y Maldita Rapera. Es la prosopopeya hasta el infinito o el *macro zelignema* (por Zelig, el personaje de Woody Allen). Pero mejor: porque los desaparecidos no están en su lugar, el poeta debe enunciar hasta su propia muerte, todos los lugares y cosas donde no están y se los busca y, para eso, su lengua salta y se va del texto, aunque se la llene con pulsión de infinito (en 2011 Zurita publicó un libro más grande que la Biblia, imposible para el atril, la mesa, el escritorio, ni hablar de la cama o el transporte público, Piedra o Prensa, algo así como el Gran Mojón del Duelo). ¡Basta, Zurita!: si te has ido de la lengua para escribir siete kilómetros de versos en el cielo de Nueva York, si horadaste con una frase las piedras de Atacama, si vas por los acantilados del norte de Chile con tus veintidós frases, sobreseyendo en esos gestos a esos pájaros metálicos del siglo XX —los aviones— que arrojaron cadáveres al mar, ¿por qué yo, desde la lengua y en la modestia de un prólogo, debería seguir haciendo tu elogio?

2019

Parricidio bonsái

Bonsái, aquella novela del chileno Alejandro Zambra que se publicó en 2016, es una historia de amor homeopática, es decir, hecha de fragmentos autónomos con cierto remate poético de tal manera que podrían leerse todos por separado sin juzgarse como incompletos. La idea del árbol cuya belleza y lozanía se sostiene en que no se le deja crecer, conservando su cualidad de miniatura, fruto de un trabajo arduo muy alejado del simple regado y abono, parece la metáfora de una obra donde el autor se impone la restricción de recursos. Historia de final trágico, trata, sin embargo, con programada discreción sentimental, ironía fina y hasta decididamente humorística, acerca del género "historia de amor" y a su vez sobre la pregunta "¿qué es ser poeta en Chile?". Ambas cuestiones se revelan entramadas.

Alejandro Zambra es el joven antiedipo del presente, un narrador que escribe sobre poetas y cuyo proyecto parece consistir en desmontar el peso terrible de los padres, los *poetas de altura* que suelen descollar en Chile hasta hacer indiscernibles sus versos de sus maneras de decirlos, de leerlos y hasta de hipnotizar con ellos. Su novela *Poeta chileno*, sentimental y bromista al mismo tiempo, responde en sus entrelíneas a la pregunta sobre qué hacer con los legados literarios. Cómo ponérselos al hombro. O cómo practicar parricidios indoloros deformándolos, convirtiéndose en sus parodias críticas o buscando en la multiplicidad de herencias menos evidentes. Más claro: ¿cómo no ser una *copia*?

Uno de los recursos de Zambra es apelar a la comicidad: por ejemplo, el protagonista de *Poeta chileno* se llama Gonzalo Rojas, igual que el famoso poeta, convirtiendo el uso de un seudónimo en un artículo de primera necesidad. Y así es que, luego de una graciosa especulación donde calibra las posibilidades de apellidarse como algunos de los más grandes de la literatura universal, se decide por "Gonzalo Pessoa", aunque más tarde termine firmando su único libro como "Rogelio González".

Poeta chileno no es un título que plante una bandera de identidad, sino un leitmotiv desestabilizador de toda identidad. Un *thriller* sobre lo que antaño se llamaba "vocación" —y que se definía como inefable, vitalicia y sacrificial— en tanto el suspenso que genera su trama, es también una fábula sobre el amor padre/hijo, solo que esta relación no se sostiene en un lazo de sangre sino en una adopción tardía pero —a la larga, se verá—, aunque aleatoria, de efectos duraderos.

Poeta chileno es el elogio de la "familiastría" como alternativa creadora a la familia biológica. El capítulo dedicado a la diatriba a los padres de sangre es una suerte de panfleto sociológico desopilante contra los padres separados y sus fallas en cuidar y sostener a sus hijos. "Se creen generosos porque ponen cien lucas mensuales, pero nunca hicieron una tarea con sus hijos, que de todas maneras los quieren, los incluyen en todos los dibujos. Aunque no lleguen. Porque a veces no llegan. Los padres biológicos, los padres separados, los padres puertas afuera, son todos la misma mierda".

Poeta chileno es también una fábula liberadora sobre la posibilidad de la transmisión de un legado, sin el peso de la tradición y de los grandes nombres. Lo que Gonzalo le transmite a su hijastro Vicente no es siquiera una biblioteca —la biblioteca aquí es un mueble que se ha comenzado a armar con intención decorativa y sus volúmenes pueden ser desechos de la basura o comprados con criterios de peso y de tamaño con el fin de ocupar estantes—, los libros recomendados pueden no haber sido leídos. Así como la obra puede comenzar con un plagio, el viaje al extranjero puede carecer de la épica del exilio y del cinismo del ascenso social.

Tanto *Bonsái* como *Poeta chileno* empiezan con el relato del hacerse poeta (chileno) por el deseo de seducir a una mujer, leyéndole en voz alta. Y en ambos casos, esa mujer es una mujer que no lee y, mucho menos, que admira.

Poeta chileno, expresión que, según un personaje lateral de la trama, equivaldría a decir "chef peruano" y "futbolista brasileño" (¿"psicoanalista argentina"?), ofrece una graciosa taxonomía de poetas: el que es gay pero no se identifica como gay, el que se propone anónimo, el que escribe libros de mil páginas, la que escribe en español y mapudungun, la que escribe con la mano derecha y la izquierda. Zambra identifica una cantidad heterogénea de poetas y la novela se vuelve un verdadero nombraderal, como si quisiera oponer a los tres o cuatro nombres canónicos y solemnes, muchos otros, variados y de estatura alcanzable.

La figura del padrastro, a su vez, como la figura del tío que proponía Néstor Perlongher frente al padre biológico fatalmente atravesado por el tabú del incesto, es un estimulante iniciado en los pecados de este mundo y en ninguno de sus deberes. La familiastria, justicia poética, derrocaría al burgués complejo de Edipo y se opondría a las identidades basadas en la sangre o en las fraternidades juradas de las patrias, volviéndose hospitalaria a los vínculos porosos que conforman el archivo de Iberoamérica, siempre mutante en la vida de todos los días y resistente en su lengua al cepo de la Real Academia. Tan libre de mandatos, como encontrarse con el padrastro por casualidad a tomar una cerveza para leerse unos poemas y despedirse sin hacer cita alguna.

2022

Lemebel oral

¿Pero quién es ese tipo? Si está en todas partes. Siempre con su copa en la mano o su vasito de plástico si el evento es atorrante o pijotero. Cerca de la mesa de los tragos en La Internacional Argentina, firmando en todo diario un artículo de actualidad cultural —se ve que tiene el reflejo periodístico de ganar de mano aunque no sea para la sangre de la portada—, a veces con un saco de vestir que le permite correr de la embajada al piringundín, sacando fotos nebulosas que son el mejor Photoshop o insistiendo por teléfono para una entrevista —¡ojo! cuanto más cara de zonzo pone es cuando va a asestar la pregunta más ladina sobre nuestros más peligrosos enemigos, a arrancar la más grande vergüenza autobiográfica mientras finge abalanzarse sobre un canapé—. Ojalá que en la próxima curda en común, a la hora en que el alcohol escapa por la boca en forma de hálito fétido y están levantando las sillas, él no me vuelva a hablar del doctor Johnson hasta que salga el sol.

Por supuesto que sé quién es ese tipo: es Gonzalo León. La pregunta era una pregunta retórica. Si no, ¿por dónde empezar? Desde hace cuánto, ¿siete, ocho años?, lo tenemos acá, de este lado del Ande; más familiar que Antonio Prieto, el de "blanca y radiante va la novia", y que Tato Cifuentes, "Yo soy Tatín, muy chiquitín, muy regalón", etcétera, antiguas luminarias populares chilenas *chez nous* (si no les da la edad, gugleen). Novelista, biógrafo, contertulio, acaba de publicar este *Lemebel oral, 20 años de entrevistas. 1994-2014*, autorretrato en respuestas barrosas y documento de primera necesidad, planeado luego de un partido de fútbol en el que no se sabe si ganó o perdió, pero sí ganó esta obra generosa y salpicada de notas al pie que abundan más en el chisme de vecino y en la corrección criticona que en el dato académico. Leerlo de corrido es reponer lo que el mito deglute de un personaje, repasar el cuento de hadas prole narrado por el niño pollerudo del Zanjón de la Aguada hasta su gloria de Guggenheim incumplida como de buena Malinche renegada.

Si Rodolfo Walsh —siempre encuentro una coartada para invocarlo— pensaba que algún día el testimonio, mediante la mera selección, corte y montaje, podía derrotar a la novela como *género poronga*, la recopilación cronológica de unas declaraciones hechas en transferencia con diversos interlocutores en *look* progresista pero pusilánime, obsecuentes a la vez que taimados, miméticos hasta la parodia fané o amigos de corazón —pienso en Víctor Hugo Robles, el Che de los gays—, bien podría ser una de sus variables subversivas. La fórmula sería: la propia obra es la obra de otro. Reemplácese el nombre del autor en "propia" y en "de otro", alternándolos. *Lemebel oral* es mesa espiritista y continuidad de un proyecto en desaparición del que tal vez no lo tenía: la autobiografía de una voz.

Lemebel oral no es un título descriptivo: sus chorreras metafóricas se suelen conseguir a través de las citas a ciegas de un chat —qué escritor no se resiste a que lo devuelvan a la saliva, sobre todo cuando del otro lado suele haber un entontecido a quien no le da el piné para la conversa, menos por ignorante que por cagazo a caer en las garras de la sedición *colisa* o promover la censura del jefe de redacción que pide solo los camellos del Corán, es decir, exotismo marica—, o sea, permítanme el chiste boludo para ganar unas líneas: *Lemebel oral* a menudo es *Lememail o Lemechat*. Solo que el Lemebel escrito aprovecha, y hasta la barroca saturación, la oralidad, la va como protegiendo y archivando para inyectarla en la escritura, poder que identifica a Pizarro y a la conquista y que él combate en nombre de la lanza lingüística de un Atahualpa.

Lemebel oral envuelve a *bucal*, y bucal no es solo por el chupón o la mamada personal y glotona, sino el beso como práctica política con rigor de encuesta. Porque Lemebel fue un *degustador de defecciones ideológicas* en cuyos formularios precisó insectos muertos en García Márquez y hierba en Joan Manuel Serrat, mientras ponía en situación el fantasma homofóbico *hit*, el del contagio, un contagio que se afantasma como virus pero que sigue teniendo como eje la voz como *rapto homo*. O todo Lemebel sería oral, ya que suele utilizar ese recurso que Carlos Monsiváis describe en la crónica como *uso impreso del habla cotidiana*.

Una voz loca

Ya sé que me pongo en vieja catete —linda esta chilenada oral— con las repeticiones y que otra vez voy a hablar de "la Loca" como figura política y de su voz estratégica. Pero justifico confesando que cuando lo hice la primera vez lo hice sobre Lemebel y su bisbeo hipnótico.

"La Loca" es una invención crítica del poeta Néstor Perlongher para levantar la figura del marica popular, visible y escandaloso, un modelo político para oponer al *gay* gringo, al *leder* identificado con un bravucón de metales pesados. Cuando hablamos, mejor dicho, cuando escuchamos, solemos poner entre paréntesis la voz para atender al sentido. La voz está cubierta por el sentido, pero en la Loca el sentido está también en su voz. Cuando la Loca habla quiere decir algo, pero también, *hacerlo como Loca*. Quizá por eso se le atribuye el hablar con doble sentido o tener lengua de víbora, es decir, dividida en dos, metonímicamente zigzagueante ("zigzag" es una palabra fetiche para Lemebel, un voto antirrealista que apunta tanto a un desvío del referente como a una estrategia subte para desorientar al enemigo, *táctica tero* y acechanza crítica permanente como de vietcong sudaca).

Sería demasiado simple decir que la voz en las locas es una contraseña, que con ella, en medio de la impostación masculina que impone los sonidos con olor a sobaco, llama al reconocimiento de un semejante o de un chongo que identifique ahí las volutas de la seducción. En las cosas del deseo nada es tan utilitario.

La voz de la Loca es cooptadora, hasta el punto de fundirse *voz y seducción* y *seducción y caída en la tentación de toda insurgencia*. Las voces de la Loca de enfrente en *Tengo miedo torero* y de Molina en *El beso de la mujer araña* son fundamentalmente fónicas. Durante la dictadura militar en la Argentina, la militancia era presentada como fruto de un rapto, el cooptador como una figura cercana a la del flautista de Hamelín o las sirenas que pierden con su canto a los marinos o ¿una Loca? Los signos de quien *había hecho contacto* eran descriptos como un súbito cambio de conducta marcados por la inquietud y el nerviosismo, la defección escolar y el ensimismamiento leído como secreto guardado ante el grupo familiar, de acuerdo a la clínica del abuso, aunque el lugar común de la representación siempre suponga en el seductor una oferta de golosinas o juguetes, cuando en principio están los almíbares sediciosos de una voz.

Lemebel escribía sus crónicas para espacios como *La Nación*, *Punto Final* y *The Clinic*, pero en el programa *Cancionero*, transmitido desde su cuchitril de Radio Tierra, necesitaba leerlas en voz alta, haciéndolas imposible de interpretar por otros sin desfiguración y pérdida de identidad.

La voz de la Loca es corajuda: en un consenso de voces normalizadas por el género, exhibe su diferencia como provocación y desafío. Y ese día de 1986 en que el comunista Pedro Lemebel se hizo oír en un congreso de grupos de izquierda en la estación Mapocho para lanzar su *Manifiesto,* lo hizo con su ronroneo de chamán barriobajera y con tacos: "No soy Pasolini pidiendo explicaciones / No soy Ginsberg expulsado de Cuba / No soy un marica disfrazado de poeta /

No necesito disfraz / Aquí está mi cara / Hablo por mi diferencia / Defiendo lo que soy / Y no soy tan raro / Me apesta la injusticia / Y sospecho de esta cueca democrática / Pero no me hable del proletariado / Porque ser pobre y maricón es peor".

Y si la voz es corajuda, la Loca puede salvar la vida por la voz como en la crónica "Solos a la madrugada", en la que Lemebel relata el intento de robo al narrador por parte de un joven chorro que resultó ser un oyente de Radio Tierra venido de la cárcel: "Me acuerdo que a las ocho, cuando dan tu programa, adentro jugábamos a las cartas, porque no hay na' que hacer. ¿Cachai? La única entretención a esa hora era quedarnos callados pa' escuchar tus historias". La violencia agazapada de la que da cuenta el texto parece encontrar una conciliación con el habla forajida del personaje mientras que el cronista evoca a Sherezade: salva la vida porque el sultán malandra lo reconoce por su voz escuchada en la radio. La voz de la Loca es política en su impostura patotera de aflautarse ante los "patriarcas de la voz", como lo hace Pedro ante los Gonzalo Rojas, Pablo Neruda y Pablo de Rokha.

No es debido a los mitos fenecidos de mi alta edad que voy a citar a Sartre, sino porque él, feo sapo heterocis propulsado a whisky y a anfetas, hizo de puto santo y fue pionero en extrañar la voz política de la Loca extraviada en el barullo de tribunal psiquiátrico: "Lo que nos importa es que no nos hagan oír la voz del mismo culpable, esa voz carnal y turbadora que seduce a los jóvenes, esa voz jadeante que susurra durante el placer, esa voz canalla que cuenta una noche de amor. Es preciso que el pederasta permanezca como un objeto, flor o insecto, habitante de la antigua Sodoma o del lejano Urano, autómata que brinca en la candileja, todo lo que queramos pero no mi prójimo, no mi imagen, no yo mismo. Así pues es necesario que ese descarriado no sea más que una piedra y no yo".

Hay algo cafiolo en la lectura cis-hetero, aunque existencialista incendiaria: delegación de la experiencia como nostalgia de la razón, deificación del margen como verdad *per se*, arrogancia de ser el único elegido capaz de llevar a la izquierda pacata una traducción inteligible de la transgresión. Habrá que inventar otras, solo que ya están inventadas.

Ladillas transandinas

La escritura insurrecta no tiene vuelo político si no dinamita los protocolos de conocimiento, desguaza paradigmas y puede hacer que un *peo de rata*, como llama Lemebel, con modestia afectada, a sus crónicas, asfixie al *Ulises* de Joyce.

Cita riquísima de *Lemebel oral* en diálogo con Andrea Jeftanovic: "Cuando me enfrenté por primera vez a estos textos que podríamos llamar difíciles, como Lacan, Foucault, para mí eran chino, japonés. Pero había algo ahí, un rumor que me interesó. Y había un interés no solo por entenderlos sino por identificar su proposición del mundo. En esos textos había un sonido desafiante para mí. Así me di el trabajo de entenderlos y de practicar esas escrituras pero desangrándolas hacia otros territorios ajenos a los de la crítica cultural. [...] Yo tenía un bagaje, si no académico, sí perceptivo a través de contenidos que son praxis de las minorías como la des-te-rri-to-ria-li-za-ción, el estar siempre en el deambular peligroso".

No es que estos textos no sean difíciles para todos. Pero la desigualdad ante los saberes existe porque hay grupos privilegiados que se adentran en los textos, aun antes de entenderlos, con un sentimiento de propiedad como si se la diera por descontada como herencia, una familiaridad burguesa con el libro y el derecho de pernada sobre sus sentidos y aceptando los sistemas de promoción bajo el precario procedimiento del examen y las filiaciones obsecuentes: ni hablar de algunos resultados avalados por consensos sin críticas.

En cambio, la pedagogía de Lemebel dice que no hay código al que haya que acceder por pruebas determinadas por las autoridades catedrales, ni toga a obtener para poder hablar en lacanés, foucultien o perlonghiano, que se aprende *con* el deseo, *por* el deseo, *como* una necesidad y hasta llegando a la adivinación por la praxis. Como si dijera: "Entiendo porque deseo y es por mi urgencia insurgente lo que termino por encontrar desde mi corazón embarrado de activista, y entonces porque, en estos casos, como el deseo, el entender se vuelve inevitable".

Libros como el de Marlene Wayar, *Travesti, una teoría lo suficientemente buena*, o las columnas de Lohana Berkins que van derecho hacia el libro —cuestión de meses y aún en las arcas culturales desiertas de Macriland para los textos *desaforidos*, como llamaba la misma Lohana a los papeles disidentes— son fruto del ojo hiperlector que provee el deseo y cuyo logo es quizás la hoz y el martillo pintados con que Pedro Lemebel eligió leer por primera vez su *Manifiesto. Hablo por mi diferencia*, que mezcla un medio bigote dalidiano con un monóculo gigantesco, al filo del ojo izquierdo, pero nunca buscando su centro de cegamiento edípico. (Ya está: ya caí como tantos y de floja manera en el alhajero verbal de Pedro).

¿Hay legados sincrónicos, semiconscientes, que los andurriales felices de una simbólica homoerótica pasan por donde antes San Martín, ese pederasta opiómano y ecuestre, sin el modo patriarca del parricidio, y donde nada muere o caduca y no hay mayores a la borgiana, sino iguales por un mismo sustrato insurrecto y libidinal para armar series forajidas como las tramadas entre Fernando Noy, Néstor Perlongher, Alejandro Modarelli? Lejos de la angustia de las influencias, *Perlongher en Lemebel* instala la ladilla de la identificación colectiva, *un más* en la escritura que no genera epígonos, sino un intercambiarse de archivos plebeyos ya desclasificados para todes, y *Tengo miedo torero* no es un homenaje a *El beso de la mujer araña* ni pariente pobre ni tardía, sino una continuidad soberana.

Sus palabras de entrevista peleona, a lo largo de *Lemebel oral*, muestran que él nunca se acomodó a la gloria final y parece transpirar desengaño al decirle a Flavia Costa: "Ahora las vocales mestizas, trolas, callejeras, cuneteras entran en la academia por la puerta de servicio y ponen su culo sucio en el salón letrado. También no se puede desconocer que hay una calentura mercantil por estos temas, donde cierta morbosidad de lo políticamente correcto mete su espéculo curioso". Y jamás mostró agradecimiento porque Roberto Bolaño lo llamara el mayor poeta de su generación. Sabía que esa magnanimidad estudiada apuntaba menos a un reconocimiento desinteresado que a infiltrarles las voces de lo que la poeta Mirta Rosenberg llamó "machismo de altura", la de una a ras del suelo sucio del Zanjón de la Aguada.

Inacadémico, Pedro Lemebel fue cría en revuelta de feministas académicas de izquierda y no hay el uno sin las otras, ni las otras sin el uno, pateando el tablero patriarcal que determina quién pensó a quién o quién entroniza a quién, sino *codo a codo* en formación mutua de saberes diversos, de escritura a escritura en ósmosis micropolítica.

En otro libro imprescindible, *Abismos temporales. Feminismo, estéticas travestis y teoría queer*, de Nelly Richard, hay una foto del velorio de Pedro en la que un grupo de feministas rodean el féretro. Lo flanquean, es decir, son las más cercanas a su materia en despedida, y el epígrafe hace llorar: "Guardia de honor feminista (con Kemy Oyarzún, Carmen Berenguer, Raquel Olea y Nelly Richard, entre otras) en el funeral de Pedro Lemebel, iglesia La Recoleta Franciscana, Santiago, 23 de enero 2015". Por ahí andaría la Soledad Bianchi para completar esta ristra. Es decir, las feministas lo guardan, son *la esquina de su corazón* dentro del féretro bajo la bandera del Partido Comunista que *lookeó* con su cadáver; claro que, como sugirió Nelly Richard, la bandera se hizo tela pomposa como de feria americana bajo unos infiltrados *stilettos* colorados, y entonces podría haber sido el vestido entrañable de su adorada Gladys Marín.

Vamos por más

Quizás llegue el momento de preguntarse si la crítica a las políticas de género no tendría que hacer estallar aún más los géneros literarios y si la crónica no va ya hacia su vencimiento operativo ante las próstatas periodísticas. Que no nos manden a ese rincón de la gran cosa concedida y para que nos arrastremos a dar las gracias: ¡Gracias poronga novela por dejarnos un lugarcito al lado, aunque nunca a nadie se le ocurra citar *Loco afán* junto a *Pedro Páramo*! ¡Gracias por la parte de atrás del diario que, como dijo el Monsi, lo recuerdo como un mantra, es donde mejor se trata de darles voz a marginados y desposeídos, oponiéndose y "destruyendo la idea de la noticia como mercancía, negándose a la asimilación y recuperación ideológica de la clase dominante, cuestionando los prejuicios y las limitaciones sectarias y machistas de la izquierda militante y la izquierda declarativa, precisando los elementos recuperables y combativos de la cultura popular, captando la tarea periodística como un todo donde, digamos, la grabadora solo juega un papel subordinado". Cuando el mismo Pedro concede que hizo siempre lo mismo, solo que de repente la hija guacha fue reconocida con un nombre y entonces, lúcido como mañana de centro de rehabilitación, se queja del riesgo de que la anécdota pueda comer el intento de intervención, de que un estanco de cierta vertiginosa oralidad que lo adelante en la escritura, a veces, también se le adelante a la reflexión en lo que está escribiendo. En buen cayetano, ¿cuándo se atenderá lo suficiente al factor analítico de la crónica y no a su extorsión de lengua inventora y aguafuerte de vidas intensas?: ¿ni un *maricón* en la serie Martínez Estrada, Jauretche, González, todos bien firmes bajo la marquesina macha de "ensayo argentino" o el más mediático "intervención cultural" y ellos como intelectuales críticos? ¿Nadie de la patria *del perímetro de afuera*, que la dibuja más nítido, por exclusión? No nos tomemos tan en serio la parte de atrás por razones libidinales. Ensayos como *Matan a una marica*, de Néstor Perlongher; *Las lágrimas de Eros*, de Fernando Noy; cualquiera de las intervenciones de actualidad política que Alejandro Modarelli escribe en el suplemento *Soy* hubieran merecido una portada. ¿Qué? No nos queremos siempre subterráneos como célula clandestina, ácaros entre los pliegues del poder.

Fiera, proleta, roja

En *Lemebel oral*, Pedro Lemebel sostiene durante las entrevistas recopiladas la figura del detenido desaparecido. Es un retorno que intranquiliza la lengua... y no habría que confundir esa insistencia con la cantinela izquierdosa de las prioridades, sino como algo que él define *por donde le duele esa sombra*. "Entonces todo eso me hacía poner mi pulsión homo en segundo lugar, en tercero, no sé ante la urgencia del momento. No me estoy jactando de eso, sino que fue así nomás. Uno siente por dónde le duele esa sombra".

Él encontraba en *Cadáveres*, de Perlongher, no solo la poética deslumbrante, sino la crónica involuntaria del terrorismo de Estado, y por *esa sombra que dolía* nunca dejó de restarse de las locas que le hacían los juegos florales a la dictadura tapando los campos de concentración con luz negra de disco gay.

En la entrevista con Marcelo Sánchez, declara solemne: "Comparto esa voz letrada de la crónica con otros lugares que no son solo homosexuales, lugares donde pongo mi corazón voluntaria y generosamente. Por ejemplo, con los detenidos desaparecidos, antes incluso que mi sexualidad. Precisamente soy sospechoso cuando hablo de otras cosas como política, causas sociales, reivindicaciones". Y eso que Lemebel asociaba testimonio a confesión y que la verdad con mayúscula le parecía paja estancada y filosófica. ¿Hubiera considerado a Rodolfo Walsh en el linaje despreciado del periodista acusete, el de la "objetividad eclesiástica"? Sin embargo, en el pañuelo negro con la cruz pirata que portaba como bandera escondida, estaba también su nombre representado por esos huesos que él argumentaba como de NN.

Aunque deplorara el periodismo acusete, su resentimiento fue táctica denuncista, odio renovado a toda forma de *establishment*, escrache a los poderosos por sus usufructos sátrapas, perpetrado en nombre de faltos y despojados, exageración metafórica —el quilombo, el escándalo, el llanto y la extorsión— como performance de la resistencia.

Lo indigerible de una Loca de izquierda como Lemebel radicaría, según el puritanismo todavía latente en la moral revolucionaria, menos en su condición de tal que en el hecho de que, por más soterrada, resistente o negociada que sea su diferencia, a menudo es la particularidad deseante de alguien absolutamente comprometido con su praxis revolucionaria: es otro mito homofóbico el pensar el deseo de hombre a hombre, de mujer a mujer, en las identidades travas y trans como aquello que compromete el ser todo de quien lo detecta.

Si al mito Pedro Lemebel se le suma el rasgo sacrificial de que fuera justamente la voz lo que perdiera debido al cáncer, su genio la despidió en un susurro patotero con la autoridad —ese cuchicheo terrorista en el Malba—, bien modulado para el agravio, susurro que es el tono de los perseguidos por la ley, los forajidos del sexo, los conspiradores y herejes: entonces ese susurro no fue el fin antes del fin, sino su última performance, huella de esa voz se levanta como una alucinación en este libro y en el día de su cumpleaños —¿nos olvidamos de las papas con cáscara que él servía para grandes ocasiones, manjar módico que unifica a la cuica venida abajo y a la vecina de la pobla?—, ya la oigo venir en zigzagueo resentido, por tanta palabra, y pasar invisible bajo un puente de brazos como aquellos que levantaron la Nelly Richard y la Carmen Berenger cuando, de vuelta de un congreso sobre sexualidades torcidas, bailaron una especie de minué en los pasillos estrechos de un boliche rasca llamado Insomnio, voz que reclama, zalamera, que empiece la fiesta.

2018

Plaza de la Dignidad

El documento visual literario *Plaza de la Dignidad*, de Carmen Berenguer, ha llegado en su fecha precisa para festejar el año transcurrido de lo que la prensa, de módica imaginación, ha llamado el "despertar de Chile", como si los despertares no fueran archivo de insurgencias de ojos abiertos y quizás por eso lo que Carmen Berenguer llama "clase regordeta y abultada" o "dictadura mesiánica del capital", a su vez impermeable a la metáfora, se la cobró en ojos de la cara. Es verdad, como reza uno de sus versos, "la revolución de octubre se ha diferenciado de los bolcheviques en que fue el 17 de octubre". Y agrego, de nuestra propia plaza de la dignidad que, para muches argentines, empezó el 17 de octubre de 1945. Escribí este texto en la resaca de ese festejo y antes del Día de la Madre, que me encontró sin internet, en la zona verde, adonde había sido dirigida por el fruto del único huevo que puse hace cuarenta y seis años, arropada si no como Pilar Franco en su silla, por un amor con siete meses de cuerpo in-presente. Es por eso que solo participé de la presentación a través de whatsapp en lugar de zoom, luego de soportar las puyas de Carmen por hacer caso a una fecha de shopping cuando la Historia está por todas partes, aunque ya sabemos, acá y allá, que la palabra "Madres" cambió de sentido de la casa a la plaza, a los tribunales o al desierto cuando, al revés de los gringos del 68, acá y allá, debajo de los adoquines no estaba la playa, sino que "pisamos muertos bajo los escombros". 17 de octubre y 18 de octubre: algunas de nuestras cronologías se des-avecinan de uno a otro lado de la cordillera, otras se encuentran.

Dije por ahí que la erección monumental en los sitios significativos es reversible —le tocó a Stalin, a Lenin, a Colón hace menos de un mes—; con el *tirar abajo* se quiere arrastrar sus sentidos, destituir al símbolo volviéndolo a su crasa materia de bronce, mármol o piedra: literalidad de los materiales, negatividad de un nombre propio otrora "erecto". Pero los monumentos se relevan o su piedra cambia de sentido cuando los monta la carne viva de la movilización, como ese del general Baquedano que fue pintado de rojo en la Plaza de la Dignidad. Y más modestamente, y del lado de acá, fue un monumento, antes del jaqueo, el auto que, en caravana a la Plaza de Mayo, llevaba escrito con aerosol: "Voltéame la web que me subo al auto".

Afirmaba que nuestras cronologías a veces se juntan y otras se des-avecinan. En el 73, nosotres vivimos la —otra vez pobreza de las metáforas— "primavera democrática", ustedes veían arrasado un porvenir que ya era presente. En el 45 yo no había nacido, en el 70 vi el ascenso del Chicho en una plaza de Santiago. Nos unió en la desaparición y la muerte de tantes, el plan Cóndor, pero también ahora el 8 de marzo de los paros feministas y este verso de Carmen para esta

Dignidad: "no obstante / los feminismos / ordenó su cabello / se sacó el sostén / cruzó la calle resuelta y toma la plaza".

Y el espanto siguió. Si para Cristina "la Patria es el otro", para Cecilia Morel, el otro insurgente fue "alienígena" y para Macri —¿se acuerdan?— eran 562 los argentinos, entre gremialistas, periodistas, empresarios y opositores varios a los que había que mandar en cohete al espacio. Quizás, de uno y otro lado de la cordillera se ha acuñado un eslogan más pregnante que el prolongado Civilización o Barbarie: *Terrestres versus Extraterrestres*. Es que el imaginario de la globalización solo puede concebir a sus enemigos fuera del planeta.

"Mi plaza está viva y colorea / es la Guernica sudaca del sur", escribió Carmen Berenguer, y nos coincide el nombre de Guernica en las tierras tomadas, del lado de acá, localidad donde se resiste el desalojo en rebeldía y feminismo *en situación*.

Un boleto de transporte ha levantado una y otra vez en Chile el estallido popular, como en la Argentina, que culminó en un martirio adolescente y se recuerda como "La noche de los lápices".

Que en esta presentación nos una el amor a través de la palabra "dignidad", que ha pasado de la poesía sin autor ("como si la plaza fuera tuya / de nosotros / fuera mía") a la poesía donde el autor abre su *yo* al de todes en una consigna de fusión política porque "Esa sentida estadía de sentir este oficio de escribir / Sin planificación ni estructura más rota la conciencia / Siempre se enciende la ruptura con el logos / Por el que escapan las palabras y los sentidos parpadean /

Sustrayendo despejando dejándolas solas refulgentes / transparentes un signo perla".

Carmen Berenguer, Yegua del Apocalipsis fuera de escena, pero tan yegua como las otras en su insubordinación poética, como que el caballo de Troya era una yegua —la Historia lo ocultó—, es de las voces a las que la dictadura no condenó al lenguaje como mero siervo de la resistencia y jamás renunció a su ethos experimental, a su oralidad de inventiva popular y a su contrabando en primera persona de las voces "bajas" de les vulnerables. Fue de las primeras en desatar al testimonio de su lastre fáctico y devolverle su derecho metafórico. De ese modo, el testimonio se liberaba de las buenas maneras para adoptar en los juzgados y de la condena de nombrar una y otra vez a los asesinos. Es que, contra los historiadores positivistas, la verdad es poética. Algunos sobrevivientes de Auschwitz declararon ver, durante la noche, las llamas que salían de los hornos de exterminio; sin embargo, los hornos eran ignífugos. El historiador Philippe Mesnard señala cómo es la metáfora la que dice la verdad de lo inenarrable: solo las llamas pueden representar el infierno vivido. Las voces que Carmen Berenguer trafica en sus poemas son ficciones que dicen la verdad. En *Plaza de la Dignidad* va al extremo del procedimiento. Es como si lo hubiera escrito con la voluntad de un *dejarse llevar*, que es lo contrario de un automatismo, por un ritmo que es el de la marcha donde miles se acoplan en una coreografía (sobajes vejaciones / tortura / violencia / maltratos / miserables / esbirros / clase mala / púdranse) —como cuando se entonan los cantos y no hay ningún desafinado—, pero en una lengua deliberadamente rota, hasta que van apareciendo las postas de *un signo perla* donde desplegar su *barrioco* como una sentada de protesta que queda plantada en el poema: "de súbito aquí están / las sílabas fogosas / como rosa seca / en las páginas de anoche".

"La faena del intelectual es la producción y donación de nombres", ha dicho Rita Segato en la inauguración de la Feria del Libro de Buenos Aires para mentar inmediatamente a su maestro Aníbal Quijano. Ella habla de "parentalidad". Y los parentescos con legados pasados se vuelven urgentes en un momento histórico que se propone, a sus fines utilitarios, sin capital simbólico ni archivos, todos emprendedores de sí mismos. Entonces pasan por *Plaza de la Dignidad* Víctor Jara, Luis Sepúlveda, Francisco Moraga, Luz Donoso, Las Tesis, Lautaro, Catrillanca, Salvador Allende.

Es que no hay aduana en *Plaza de la Dignidad*, es porosa a todos, todas, todes ("pase libre / Chile / mestizo / indígena / la mujer / abuela / las madres de los desaparecidos, la diversidad sexual / las leslas / las tías / los niños"). Le queda chico el lenguaje inclusivo, por eso lo deja pasar a sus versos incendiarios pero no lo escribe, porque a lo mejor se pregunta, como yo, "¿quién incluye?, ¿desde qué centro de su magnanimidad aunque sin coronita, levanta la barrera, firma el pasaporte y bienviene en e o equis?".

Plaza de la Dignidad constituye también una contra-prensa, con sus titulares poéticos ("La plaza se llenó de tanquetas y camiones blindados con milicos" o "Entremedio de la pandemia y pos estallido") y sus crónicas intermitentes donde entran en el poema como acusaciones los nombres para la memoria del terror y la ilegalidad en la democracia pintada. Es un espejo invertido de *El Mercurio,* donde la fiebre de la insurrección ha roto el vidrio del termómetro y el metal líquido se vuelve escurridizo como un perseguido político en resistencia. *Plaza de la Dignidad* es grafitera hasta del antiguo fluir de conciencia, que en este caso no es el de las olas geométricas y de impecable espuma, que tan bien zapó Virginia Woolf, sino flujos de barro, sangre y desechos industriales o íntimos en el insomnio ante la PC o en el whatsapp con los exilados políticos, o como cuando un tal Francisco Moraga se hace voz alucinante. Pero todo con una grandeza de altivez mestiza que Carmen Berenguer le ha expropiado a esos poetas de su tierra, de tono mayor y profético —convencionalmente negado a las mujeres—, pero también callejero y plebeyo. Contra los Moisés de la escritura: ella es la Casandra de los buenos augurios como *Plaza de la Dignidad,* la Esfinge roja o Pachamama misma, como la llamó una amiga en común (en todo caso, Pachamama cachorra, ya que es demasiado joven para ser Pachamama).

Alguna vez escribí que la prueba de grandeza de un poeta es esa fusión que hace que oír a Pound, a Perlongher, a Zurita no se diferencie de leerles, al mismo tiempo que les hace *ininterpretables* por otres. Escuchar a Carmen Berenguer es *escucharla toda,* hasta su melena huerta de Medusa andina.

En el final de *Plaza de la Dignidad* está la pregunta por el virus y su ruleta rusa, la posibilidad de la muerte sin épica ni insurgencia. Es verdad, les viejes podemos sucumbir ahora más rápido y más allá de una guerra del cerdo, sabiendo que estorbamos aun en una situación privilegiada; guerra del cerdo a tono con la invitación que planteó Christine Lagarde cuando, siendo directora gerente del Fondo Monetario Internacional, hizo detonar la alarma con su anuncio de la longevidad como amenaza para la sustentabilidad de las finanzas públicas, las aseguradoras y las entidades privadas (nada de retórica humanitaria, ni siquiera la del tradicional paternalismo burgués). Pero eses mismes viejes hemos sido testigos, deudos memoriosos, *activistas sin parar contra* y sobrevivientes de las dictaduras, del sida, del cuerpo laboratorio en los paraísos artificiales y de los goces in-benditos, pero también protagonistas *en situación* de los logros o en camino de los juicios de lesa humanidad, el cóctel retroviral, el matrimonio igualitario, los feminismos populares. Entonces me gustará, si no terminar, detenerme en un verso de Carmen Berenguer: "Y eso no es todo". Al que me gustaría agregar mi antigua advertencia: "Guarda con las reservas de viejes, que no son globalizadas sino internacionalistas".

2020

A Chile

Ya conté que cuando me ocurrió el accidente cerebral, estaba escribiendo un ensayo sobre la obra de Lina Meruane. Decía que la chilena era una maestra en analizar las políticas de la enfermedad, su potencia radical. La enfermedad como máquina narrativa podría dar testimonio sobre las violencias del capitalismo —asfixia y egoísmo estructural del núcleo familiar, abusos de la ciencia y el poder médico, generación de exilios y lenguas de segunda, desaparición bélica de territorios, bla, bla, bla—. Comentaba también el valor profético de la literatura en su novela *Sangre en el ojo*, un texto brillante, adjetivo que se vuelve irrespetuoso puesto que se trata de una experiencia de oscuridad, de una ceguera que se ignora si es o no definitiva. Derramar sangre en el ojo fue lo que los pacos buscaron en los rostros insurgentes de octubre. Narrado desde una ficción de autoscopia, decía, se vuelve alucinación. Y, al final, parece virar la novela a teatro de la crueldad, ya que sugiere que el amor cuesta o podría costar literalmente *un ojo de la cara*. Es decir, la pérdida de la armonía dual del cuerpo. Su simetría. Una novia sufre un mal por el que podría perder la vista. Un novio, que dice estar dispuesto a dar su vida entera por ella, no le donaría un ojo fresco de su cuerpo vivo.

La forma humana es míticamente una mitad horizontal que se mira en un espejo de agua. Cualquier atentado a una de las dos mitades rompe el principio de belleza, al romper el de simetría. Me inspiraba yo sin rigor y sin censura, tal era mi inocencia, cuando una mano dejó de responderme, la pierna de obedecer al mandato dirigido a Lázaro, y ya no tenía, no sentía, un lado del cuerpo.

Me gusta la osadía de Josefina Ludmer cuando leía en las ficciones literarias profecías de las ficciones reales: que la puta Hipólita y el astrólogo creados por Roberto Arlt en *Los siete locos* reaparecieran como Eva Perón y como el brujo José López Rega en las ficciones reales. *Sangre en el ojo* abre hoy a una lectura que la separa de ser una ficción pura. Diamela Eltit advirtió sobre la inquietante resonancia en la lengua de la expresión "ojo por ojo", tras el hecho de que fueran ojos los órganos que mutilaban los represores durante el llamado "despertar de Chile". La expresión "ojo por ojo" señala al ojo como el arma del testigo, algo indiscernible del pensar y aquello que no se pudo cerrar, es decir, *hacer la vista gorda* ante la desigualdad y la injusticia. Tener la *sangre en el ojo* no necesariamente implica el individualismo en la voluntad de venganza, sino *un resto que desborda* y que se mantiene alerta hasta que la pacificación no implique el sometimiento.

El terrorismo de Estado esta vez deseó *firmar* sus acciones, un logo legible, un tatuaje codificado, la marca sangrienta de una yerra nacional. El ojo vaciado sería un rasgo de estilo. Pero olvidaba que su hueco cerrado daba testimonio de que *se había estado allí*, cuerpo con cuerpo en el corazón de la insurgencia. Tantos ojos vaciados y visibles cuentan la cifra del levantamiento popular, la plantan en medio de las calles de la Santiago nunca más Bella Durmiente. Patricio Pardo prefirió perder la vida toda a haber sido cegado la mitad, haciendo responsables, más allá de sus actos, a los enemigos del pueblo. El triunfo de Boric ilumina simbólicamente esas cegueras provocadas y las convierte en blasones carnales de la Revolución.

Lo que me interesa del texto *Sangre en el ojo* es su resonancia en las militancias del presente: ¿hasta qué punto la ética del cuidado no tiene como límite solidario la autonomía del propio cuerpo y reniega de la donación si afecta a un cuerpo vivo? Familiares compatibles como donantes entregan con gusto un riñón o un tejido de médula ósea pero no, más allá de su ilegalidad, un ojo o una mano. *La vida por* convida a la entrega de un cuerpo inmutilado mientras que nadie promete una parte. Extraña alternativa a *dar la vida por* de las consignas contestatarias: la negativa a la donación de un elemento que se tiene repetido en la simetría anatómica humana.

Siguiendo con las ficciones reales: los camilleros que me arrean para sentarme en la silla de ruedas, en el decidido envión para pasarme de la silla a la cama, suelen dejarme los ojos a la altura del *handy* que llevan en el bolsillo del uniforme; corro peligro de quedar tuerta, eso sería en la imagen la auténtica merma, mientras que mi pierna y mi brazo dañados —en cierto modo, órganos *pour la galerie*— no me privan del principio de simetría, un golpe de fortuna, puesto que nadie parece dispuesto a donar aquello que tiene en número de dos.

2021

EN CUERPO PRESENTE

Pero aun así

Poco minutos antes de la presentación de mi libro *Banco a la sombra* se me acercó un señor que, en voz muy baja, me dijo su nombre mientras me dejaba un libro en la mano, que obviamente no era el mío, confirmándome además la invitación a estas jornadas. Como mi tendencia a la *contaminatio* no solo aumenta con los años, sino que delata inopinadamente mi pasado de cronista frívola, sabiendo perfectamente de quién se trataba le atribuí el nombre de Roberto Giordano, del mismo modo en que tengo que hacer un esfuerzo para no decir, durante una conversación culta, en lugar de Günter Grass, Gunter Sachs, olvidado novio de Brigitte Bardot, y a pesar de saber perfectamente lo que va de un *play boy* a un escritor. Yo ya había aceptado formar parte de los testigos de este giro sin atender demasiado al hecho de que, tal vez, yo no reconociera su énfasis actual y sí una insistencia personal de la que hablaré. Unos días más tarde, las aclaraciones de Martín Prieto, vía email, me mojaban la oreja al especificar que Giordano (Alberto) anunciaba una proliferación actual de diversos géneros que desconocían las fronteras entre literatura y "vida real" y que el giro era un giro exaltado de narcisismo, como si la propia vida fuera arte y que, a lo sumo, nosotros, los invitados, podíamos quedar en la serie de los que ponen talento en la vanidad y no al revés. Entonces pensé que debía asistir a la manera de Blanche Wittman, paciente del doctor Charcot y que, representada en el cuadro *Una lección clínica en la Salpêtrière*, de André Brouillet, reproduce los ademanes de la crisis histérica que copia de otro cuadro situado en el fondo del salón, mientras una enfermera se dispone a abarajarla ya que calcula que pronto caerá en estado de *opistótonos* porque, como Freud había advertido, con las histéricas basta con inventar la teoría para que esta exista y para que sea criticada. Blanche Wittman andaba por ahí con una tarjeta de visita que decía "Blanche Wittman, primer sujeto del doctor Charcot". ¿Andaré yo por ahí, de ahora en adelante, con otra que diga "María Moreno, sujeto del escritor Giordano"?

Con destreza, Octave Mannoni define a través de esta fórmula la estructura de la creencia. La toma de un artículo que Freud dedica en 1927 al fetichismo y en el que utiliza una palabra que suele traducirse como *forclusión*. Freud, genial crítico literario, imagina una escena maestra, aquella en que el niño descubre la anatomía femenina, es decir, la ausencia de pene, pero repudia el desmentido de la realidad con el fin de conservar su creencia en la madre fálica. Esto es una situación simultánea en donde lo repudiado es la evidencia de la realidad; y lo conservado, la creencia que, sin embargo, no puede dejar de abandonar. Se trata de una actitud dividida que le servirá para pensar, en 1938, el concepto de escisión del *yo*. "Ya lo sé... pero aun así", comprueba el doctor Mannoni, decimos de mil maneras para formular nuestras creencias, como si la forclusión del falo materno trazara el modelo de todos los repudios de la realidad y constituyera el origen de todas las creencias que sobreviven al desmentido de la experiencia. No importa cuán irrisoria y repudiable resulte para algunos esta ficción freudiana pero, si nos atenemos precisamente a su estado de ficción, no es menos valiosa que, por ejemplo, la escena de lectura que Sylvia Molloy encuentra en las autobiografías latinoamericanas. Entonces la fórmula *Ya lo sé... pero aun así* puede descubrirse en boca de la crítica: "Ya sé que el falo no es el pene, que la castración real no es la castración simbólica, que no hay identidad posible entre el *yo* de la experiencia y el *yo* del relato, que nada puede distinguir la autobiografía de la ficción en primera persona, que el *yo* textual solo tiene la potencia de poner en escena un *yo* ausente y su identidad con el *yo* de la experiencia vivida solo puede apoyarse mediante la persuasión... pero aun así... leo y escribo autobiografías como si fueran la vida misma".

Del lado del ya lo sé

¿La proliferación que encuentra Giordano sería propia de la actualidad, cuando recuerdo el egotismo fundante de *Una excursión a los indios ranqueles* o *Facundo* o que me crie como lectora ya adulta entre las resonancias de *Nanina*, de Germán García, entonces *milleriano* a la americana y no a la francesa, y recibiendo el pase político vital de Simone de Beauvoir que me convencía de que podría escribirme a mí misma infinitamente con el único límite de la libertad de los otros, pero mucho del *Aullido* de Ginsberg, que me parecía menos profiláctico y más *fashion* ya que yo prefería el cuero negro a la bambula y la bebida blanca a la granola?

"¿Será el pequeño *boom* autobiográfico el síntoma de que la literatura desea un nuevo mito del cuerpo —ya no el del militante, el loco, el marginado, o sea, el sacrificado, *edificante* como en los setenta— sin que esto se traduzca en muerte?", anotaba yo en 1989, sin dar ninguna prueba de lo que describía, con mi habitual falta de pedagogía y contando con un *entre nos* de enterados.

¿La proliferación incluye al testimonio? ¿Podría definirse a este como un tipo de autobiografía atomizado en el relato de la vida al filo de su extinción violenta, de la autoconfiguración en el límite vivido de una destitución radical que pudo hacer desaparecer el nombre de autor en el de NN? ¿Acaso el testimonio no necesita, como las autobiografías analizadas según las vías trazadas por Lejeune o De Man, de una letra anterior: la del archivo y la de la ley que abre los tribunales para las denuncias y los pedidos de justicia? El relato de Primo Levi acerca de cómo en los campos de concentración los prisioneros se organizaban por parejas, para tener una suerte de otro en el que refugiarse del horror y construir un *nosotros* que nutriera la supervivencia, permitió a Pilar Calveiro, autora de *Poder y desaparición. Los campos de concentración en la Argentina*, hacer la misma observación en el espacio de la ESMA. ¿Acaso no se atestigua también en la autobiografía?

Es cierto, otra escritura del *yo* ha vuelto claramente al mercado: la de la crónica. Pero ha vuelto de manera vieja, ya que en el nuevo mercado sigue imperando si no el modelo exótico, el de la aventura: mostrar lo más peligroso, lo excepcional, lo secreto desde un cronista sacrificado y hasta empapado en sudor. China no turística, los monstruos del circo, la lucha contra enfermedades infecciosas en algún mundo no primero, ponen el objeto en primer plano. ¿Se tratará de periodismo hecho con una discreta prosa amaestrada en los talleres literarios? ¿De *redactar bien*, como suele decir Fogwill, de ciertos textos inflados como pororó en la escudilla del mercado? ¿Es *nostalgia de la hazaña*, pero a través de un viajecito que no saque sangre?

El género de escrituras del *yo* que proliferan en los blogs, ¿no pone en cuestión las definiciones que teníamos de ellas hasta hoy? En todo caso, allí veo tanto la autofiguración *prêt-à-porter* como el testimonio subsumido en el escrache, el agravio sin firma, incluso la extorsión. La denuncia de la técnica puede derribar las fronteras de la intimidad: *yo* es visto por otro, desde el encargado de vigilancia hasta el vigilante de supermercado, a través de una cámara semejante a la que le permite a *yo*, por la noche, masturbarse con un amante filipino cuya cabeza ve reducida como la de un jíbaro, aunque chata en la pantalla de una computadora. Pero esa destitución de la intimidad es más temible en el teclado de un amigo. En un período especialmente beligerante, Raúl Escari me amenaza, si me niego a escuchar su infinita autobiografía telefónica, con decir que soy lesbiana; increíble uso del término —como agravio— en manos de quien se define *como una Loca,* sin advertir, claro, que eso significa atribuirme alguna clase de interés sexual, cosa que recibiría como un cumplido.

Si hay mayor circulación de diarios y cartas, ¿en qué medida no se debe al prolijo ordenamiento de papeles personales de escritores latinoamericanos en universidades del exterior y a su acceso por una crítica mayormente universitaria? ¿No hay, en cambio, un canibalismo de la crítica de algo que resiste precisamente a la crítica, la experiencia vivida y la experiencia vivida como del orden de una intensidad marginal? A veces pienso que la crítica se sostiene en un cierto modelo de pareja "perversa": la del profesor con el homosexual, la mujer enferma, el buen salvaje, el alcohólico y el drogadicto, ocupando el objeto el lugar del chongo en cuanto vida peligrosa y en peligro.

Autobiografía como autobiógrafa

En el principio la literatura me llega resumida, adaptada y traducida a través de las voces del radioteatro. Escucho *Cumbres borrascosas*, *Los miserables*, *Facundo*, fascinada por tonos de recitación y énfasis modulados. Ya entonces, o desde entonces, no me gustan las tramas. Cuando encuentro, muy temprano, las obras de Colette, me hipnotiza la *escritura de una voz* que luego traduciré, cuando lea —y bastante temprano— crónicas, al problema del uso impreso del habla cotidiana (expresión de Carlos Monsiváis). Ya mayor, leo con insistencia diarios y autobiografías —Virginia Woolf, Katherine Mansfield, María Bashkirtseff, Ana

Frank—, buscando una inmediatez que favorezca la identificación, pero también una fenomenología del dolor, quizás porque, como dice Silvio Mattoni en la contratapa de *Una posibilidad de vida*, de Alberto Giordano, "en algunos casos el dolor, ese punto en que desaparecen las figuras heredadas o bien se deforman radicalmente, llega a intensificar de tal manera lo escrito que su lector, y nosotros con él, no puede dejar de percibir que algo pasó, alguien se reveló aunque no fuese sino un relámpago que las frases rodean con su fondo de silencio". Entonces leo sin claves teórico-críticas, pero no se me escapa que Clarice Lispector no escribe el inconsciente, sino *a la manera del inconsciente*, y que puede escribirse desde el dolor, pero no en el instante del dolor, y aquello que se escribe es otra cosa que el dolor mismo.

Vida de vivos parafrasea el título de un gran libro olvidado (*Vida de muertos*, de Ignacio B. Anzoátegui), aunque en él no ejercito el arte de la injuria cultivado por su modelo. Es un libro de entrevistas que quise fuera leído como un retrato estereofónico de la ciudad a lo largo de tres décadas. Como un coro donde el estilo de un entrevistador demasiado visible intenta, sin embargo, no llevar de contrabando el género a la ficción. Como una autobiografía a través de la mirada de los otros. Entre la joven que se dirige a Pepe Bianco con temor y reverencia y la mujer madura que se hace la graciosa ante Maitena o Marta Minujín, el tiempo ha hecho sus transformaciones pero, sobre todo, se ha construido un personaje entrevistador que soy y no soy yo.

Más bien, me considero algo así como una partera de autofiguraciones. Para la editorial Catálogos dirijo la colección Aquí me Pongo a Cantar, en donde la invocación irónica de la primera línea del *Martín Fierro* es para cobijar, lejos de épicas nacionales, autobiografías impertinentes, testimonios fuera de lugar, hagiografías *non sanctas* o sueños diurnos, a condición de que quien diga *yo* no se escude en el autoescrache, la catarsis o la expresividad, debiendo ceñirse solo a los rigores benignos y siempre elásticos de las obras de ficción. Con Aquí me Pongo a Cantar quisiera dar a este último verbo, en lugar del policial, su antiguo sentido festejador. Allí he editado *Habitaciones*, de Emma Barrandéguy, y *Correrías de un infiel*, de Osvaldo Baigorria.

Se trata de autobiografías políticas que podrían ser leídas en clave de los estudios *queer* si no estuvieran lejos del panfleto, y no pusieran el acento en la escritura más que en la palabra, en el significante más que en el significado, en la crítica más que en la reivindicación.

En *Correrías de un infiel*, Osvaldo Baigorria, aprovechando que su apellido es el de una célebre dinastía ranquel, escribe la novela de la búsqueda de un coronel del ejército argentino que se pasó a los indios y llegó a ser cacique de una toldería donde vivió con una cantante de ópera. Es también su propia historia de *infiel* a la manera de los años setenta, de la revolución sexual y el nomadismo que cae y se somete a la conquista de la monogamia. Es decir, es la historia de dos caídas, la del coronel Baigorria y la del narrador, atrapado en las redes exclusivas de una mujer obviamente llamada *Beatriz*. Dante en las pampas. Si *Correrías de un infiel* puede leerse como una novela que reivindica la identidad, es preciso detenerse en esta frase: "No hay nada detrás, y sin embargo así se funda y se funde todo lo que existe, todo lo que está en fundación y fundición constante. Sobre ese fondo uno puede ser y hacerse. Huinca, ranquel, negro, budista, musulmán, andrógino, feminista, judío, transgénero, pansexual. Lo sé porque siempre he sido el otro de los otros. O ellos me construyen, o me construyo, en base a sus relatos. Indio en la ciudad, pagano en la abadía, cristiano en los toldos, italiano entre negros, bantú entre canadienses, vasco entre castellanos. Mi propia subtribu: afro-vasco-ítalo-ranquel. Más que multi, transétnica, postidentitaria, pura cruza, puro cóctel de sangre transfundida".

Habitaciones, de Emma Barrandéguy, es una suerte de *Alexis* criollo cuya narradora se relata en posición de subordinación, pero desde allí ejerce estratégicamente la crítica a todo aquello que la subordina: la especie, la clase social, los deseos de acuerdo a cada sexo. El amor de la protagonista por aquella a quien nombra *Florencia* no lleva a la pregunta sobre lo que el protocolo psicológico llama *orientación sexual*, sino al recorrido lúcido por los desfiladeros de una búsqueda erótica instalada en una soberanía que los filósofos católicos, con quienes Emma Barrandéguy polemizaba en su juventud, situaban —eligiendo el lenguaje de la tragedia— como inadmisible para los dilemas de la carne.

Escrita mucho antes de que se teorizara sobre las minorías sexuales, *Habitaciones* puede leerse como algo que está por delante de ellas, en un horizonte más radical en tanto que denuncia los espejismos de toda elección, la multiplicidad de los deseos y de sus formas, "el anhelo de una puerta abierta hacia otras habitaciones, hacia nuevas experiencias".

En el programa televisivo *Portarretratos* pongo en escena algo así como un *editing de autobiografías*. Daniel Link interpreta el hecho de que mi imagen aparezca en un pequeño recuadro a un costado de la pantalla como un efecto que convierte al entrevistado en mi marco y no al revés, como sugiere el título del programa. Considero un sacrificio narcisista exponer constantemente a lo largo de *Portarretratos* mi decadencia física en 29 pulgadas y la renuncia a la escritura que se reduce a breves frase en *off*, donde me someto a la restricción de mis excesos barrocos. El efecto, que no fue elegido por mí, más bien evoca la aparición del ectoplasma en las fotografías del *medium* durante una sesión espiritista. Esa especie de chiste delata lo que el programa tiene para mí de testamento a los entrevistados, que suelen ser en su mayoría amigos míos. Testamento poco generoso, si se quiere, ya que consiste en *dejarles lo que es de ellos* pero pedido por mí. También es la ilusión de un diálogo amistoso más allá de la muerte. Contrariamente a lo que sugiere Link de que hago una suerte de autobiografía a través de los otros, intervengo casi por omisión, como un mero soporte de autobiografías vivientes, aunque no puedo negar el efecto de una autora que muestra a sus personajes.

La propiedad intelectual de un discurso oral que otro escucha y escribe, de acuerdo a los parámetros para el testimonio o el parlamento de un personaje, no puede dirimirse más que jurídicamente. En la película *Capote* y en la biografía de Gerald Clarke se sugiere que Capote espera, si no desea, las ejecuciones de sus personajes porque de otro modo los condenados podrían dar su propia versión de los hechos. ¿Pero qué sería *la propia versión*? Según diversas fuentes, Perry Smith quería ser un escritor y un cantautor, fue su transferencia con Capote la que le hizo comprender que era su propia experiencia de vida el capital literario: pero esa experiencia no era independiente de las preguntas, las expectativas transmitidas a través del diálogo y, sobre todo, de Capote. La plusvalía extraída a la musa es un tema político que excede las características personales del mediador. El grupo que no escribe siempre será escrito por otro, aun antes de hablar. Sin embargo, los narradores orales suelen experimentarse a sí mismos como un capital expropiable y su reclamo como algo que podría traducirse en derechos. La June de Henry Miller sostenía que Miller tenía una deuda con ella por espiar su vida con un objetivo menos voyeurista que interesado en alimentar su obra. También podría decirse que June vivía actuando según un estilo milleriano que conocía muy bien, para trascender por delegación, o que se quejaba para agregar un elemento cultural a la habitual extorsión conyugal que no es privilegio exclusivo de las mujeres.

Existen diferentes éticas del uso de personajes reales. La mujer que Elena Poniatowska bautizó como Jesusa Palancares en su libro *Hasta no verte Jesús mío*, una soldadera de Zapata cuya historia aquella grabó largamente, jamás aceptó nada a cambio; prefirió la dignidad, incluso el orgullo aristocrático de negarse a los intentos de pago a través de dinero, viajes o regalos, manteniendo tajante la diferencia de clase y no permitiendo a su beneficiada ninguna reparación que le ahorrara la culpa generada por su buena conciencia. Para escribir *Sangre de amor correspondido,* Manuel Puig grabó conversaciones con un obrero con el cual hizo un contrato que especificaba cierta suma de dinero. Alertado por un abogado, el hombre declaró que la salida del libro le había traído innumerables problemas familiares debido al contenido de sus confesiones. Perdió el juicio. En *Portarretratos* intento que la cámara atenúe estas tensiones.

Puestas de mí

Sylvia Molloy encuentra en las autobiografías de escritores una recurrencia que ella denomina *escena de lectura*. En esta, el escritor se recuerda fingiendo leer un libro cuyo contenido adivina o sabe de memoria porque le ha sido leído en voz alta y adelanta su deseo de aprender a leer convenciendo a un público. De esta manera se insufla una voluntad que se expresa "leyendo antes de ser y siendo lo que lee".

¿Qué mejor definición de autor que la del que sabe el contenido de un libro sin haberlo leído? Esta escena de lectura suele insistir en escritores en quienes el acceso a la escritura ocurrió desde cierta situación de ilegitimidad, por ejemplo en Victoria Ocampo por ser mujer, en Sarmiento por ser pobre, ambos por ser autodidactas. Y de allí para abajo en el canon, si es que se cree en él, la escena es utilizada con ligeras variaciones. Supongamos que yo acepto seguir la cartilla y tomar esa escena para mí. Pero con una variante: no leo, *se me da a leer*. Es un texto reciente acompañado por una fotografía.

"La fotografía ilustra un cóctel celebrado en la Asociación Química durante los años cincuenta. Mi madre y una compañera de trabajo posan con el clásico tapadito negro que los pobres asocian al mínimo de decencia en un espacio de lujo. Mi madre sostiene una copa en la mano y tiene su habitual expresión desolada que, ella creía, era la clave de la finura. Su amiga se ríe con franqueza, quizás de ese módico estilo burgués que se impone con canapés de jamón del diablo y champagne nacional. Doctora en Bioquímica y Farmacia, había militado en el febrerismo del Paraguay y organizado a las mujeres llegando a ser su secretaria general. Lo que se dice 'un cuadro'. Mi madre la llamaba 'La Paraguaya' en tiempos en que el lenguaje no era rigurosamente vigilado ni por el psicoanálisis ni por la política y cuando la familiaridad afectuosa nombraba las diferencias sin segundas intenciones. 'La Paraguaya' resonaba en casa siempre a través de anécdotas de corte épico y atribuidas a esa enemiga de Stroessner que se había exilado en la Argentina y se ganaba la vida en un laboratorio de análisis industriales. Mi madre, doctora en Química, no se preguntaba de qué, en realidad, era el laboratorio que los cobijaba a todos varias horas diarias. Porque también había allí un joven técnico químico que pronto asistiría al seminario para hacerse jesuita. '¡Es tan inteligente Jorge que es un desperdicio!', decía mi madre. Y cuando hablaba de 'desperdicio' no solo lo hacía desde su fervor anticlerical, sino por el tradicional prejuicio que asocia el celibato a la castidad. En el laboratorio se desarrollaban discusiones acaloradas como las sostenidas entre Don Camilo y Don Peppone en el *long seller* de Giovanni Guareschi.

"Un día 'La Paraguaya' se presentó en casa con un portafolios. De allí sacó unos libritos que me parecieron feos. El que me dejó, no sé si en calidad de préstamo o al fiado —un fiado que arreglaría con mi madre—, tenía una descolorida tapa ocre, rosa y celeste, tonalidades poco atractivas para promocionar entre los niños. El libro, que aún conservo, se llamaba *Vitia Malev en la escuela y en su casa* y, aunque yo la desconociera, tenía una misión: destacar la importancia de la vida y el control colectivos entre los niños soviéticos. Su primer relato contaba cómo una simple corneja logró asustar a tres pioneros. Vitia Malev y sus amigos se divertían cultivando huertas, montando incubadoras o dedicándose a la apicultura. Claro que a veces cometían travesuras como robar los pepinos del huerto koljosiano. Mi madre sometió a examen el ejemplar adoctrinador, se quejó de 'La Paraguaya', pero con una voz que yo le conocía y cuyo verdadero sentido era la admiración por el gesto y por la audacia que da la fe en una causa.

"En el prólogo de *Vitia Malev...* se leía: 'Frente al caos y la decadencia moral, antihumana, tan propias de las fuerzas regresivas del imperialismo y la opresión, frente a la política que pretende envolver a toda la sociedad para conducirla, mediante la literatura, el cine, la radio y la prensa, al terreno criminal de la lucha del hombre contra el hombre, Nikolai Nósov, el autor, nos alienta a perseverar en el mantenimiento y desarrollo de la tendencia más humana y consciente...'. Supongo que habré salteado el párrafo, algo que entonces hacía sin culpa. Por otra parte, yo no diferenciaba la aventura de ser un niño soviético de la de ser un niño esquimal, un pequeño escribiente florentino o un tambor de Tacuarí. No recuerdo que Vitia Malev me inspirara ningún sentido de justicia.

"Jorge, el seminarista, escogió —ya entonces era astuto— una bajada de línea más oficial: en una Navidad me mandó, a través de mi madre, *Vida de Jesusito*, de la colección Constancio Vigil. Tenía atractivas tapas coloradas, era breve, lleno de ilustraciones y Jesusito se parecía al Principito. Ese Jesús de propaganda de leche condensada jugaba con las ovejitas, contestaba preguntas en la sinagoga y, para que el relato mantuviera alguna tensión sin herir a la Santa Madre Iglesia, se retrasaba a la hora de la comida y hacía sufrir a la Virgen, claro que el retraso se debía a alguna obra de bien como haber salvado a una ovejita despeñada o haber donado su tuniquita a un pobre.

"No he querido contar la génesis ideológica de una formación literaria. Entre *Vitia Malev en la escuela y en su casa* y la *Vida de Jesusito*, yo prefería *Vida del repelente niño Vicente*, que quizá sí alentó posteriores lecturas anticanónicas. He querido, en cambio, ilustrar con un mínimo de suspenso los grandes argumentos que tiene la vida. Jorge, el seminarista, era monseñor Jorge Bergoglio, arzobispo de Buenos Aires; 'La Paraguaya', Esther Ballestrino de Careaga, Madre de Plaza de Mayo.

"Quisiera sumar la foto de esta página a la iconografía de su identidad, ahora que ha aparecido su cuerpo y su nombre puede inscribirse en su tumba. Y evocar su sonrisa cuando ella estaba en el comienzo de su lucha radical y aún el genocidio no hacía trágico pelearse por ideas. Como en ese laboratorio donde la palabra 'análisis' iba mucho más allá de la química".

Aquí le doy prestigio a mi *yo* de cronista por la contigüidad con unos nombres célebres, cruciales y aparentemente antagónicos que, simulo, me habrían elegido para un legado.

Segunda versión

Yo no leo; escribo y pienso mi propia voz. "¿De dónde viene ese *tono*, más bien ese *tonito*? Parecería desear convertirse en el 'oro mental de vena manirrota' de Sor Juana, pero se disolvía apenas en una suerte de explosión eufórica que se sosegaba, por lo general, a las sesenta o setenta líneas con la ayuda de una pregunta retórica o un final pomposo. Mi lenguaje pretendía ser un *foulard* empapado en purpurina barroca con un fleco de jerga psicoanalítica, otro de pop-feminismo, más algunas gotas de argot farandulesco y tartamudeo histérico. Deja traslucir a la chica que iba al velorio de Perón con su hijo en brazos y vestida con un traje de Madame Frou Frou con mangas jamón y los colores de la bandera española. Y la que, con el mismo peinado de Rita Tushingham en la película *El knack... y cómo lograrlo,* la misma mini con que Christine Keeler cortó la carrera política de Lord Profumo, las mismas botas ecuestres ideales para saltar de la factoría de Andy Warhol al interior de un taxi, perseguida por un caramelo flotante de dos metros inflado con helio, se detenía ante la vidriera del Instituto Di Tella para observar los zapatos ortopédicos diseñados por Dalila Puzzovio". Aunque escribí este textito muchos años después de la década del ochenta, parezco no advertir que identifico mi cuerpo al de la Patria a los comienzos de la democracia.

Cada vez que alguien escribe *yo* —y esto no es un privilegio de la autobiografía— del lado del *pero aun así*, el lector, más que aceptar un pacto, suele lanzarse a una lectura en contrapunto autobiográfico. Alberto Giordano, en un texto de su libro *Una posibilidad de vida*, entabla una conversación con *Íntima*, de Roberto Appratto, en donde evoca lo que construye como la imagen más feliz de su padre, cuando este lo esperaba en la plataforma de una estación de ómnibus —el relato se detiene entre el rostro expectante y la sonrisa, al descubrirlo entre los pasajeros que descienden del ómnibus—, y al mismo tiempo parece trazar una alegoría de la lectura en contrapunto autobiográfico, el estado de alerta amoroso hasta el momento de reconocer, entre lo desconocido, algo de lo propio. Y yo empiezo a responder a esa confidencia luego de leer "Como Appratto, siempre creí en la excepcionalidad de mi padre. Recuerdo que una tarde, cuando ya sabíamos que la reducción de sus facultades era, además de catastrófica, definitiva, le dije a un amigo que la desaparición de lo que papá había sido hasta entonces significaba, para mí, algo semejante a la desaparición de un artista. Con buen criterio, mi amigo me advirtió que esa clase de exageraciones me iban a ayudar muy poco en el trámite, que se anunciaba largo y trabajoso, y que recién comenzaba, de elaborar el duelo por la pérdida de alguien que todavía estaba vivo". Entonces pensé en mi madre, bromatóloga de cierto nombre, escéptica de los logros de todo lo que no sean ciencias exactas, hasta el punto de que llegó a huir del consultorio de un psicoanalista al grito de "¡No hay inconsciente, hay microorganismos!". Durante su vida sana despreciaba a los poetas, a los periodistas, a todo aquel que usara las palabras para imprecisiones gozosas y no para aseveraciones lógicas amparadas en fórmulas y experimentos probados por grandes hombres que no decían "Volverán las oscuras golondrinas". Cuando se le diagnosticó mal de Alzheimer, aunque hipocondríaca, ni siquiera pudo entender lo que la esperaba. Solo acusó el efecto angustiante, que ya no sabía expresar, de haber sido reprobada en un examen, lo que jamás —y era su orgullo— había sucedido. Hacía tiempo que había perdido la memoria de ciertos sucesos de su vida, de las palabras más simples. Sin embargo, en el fondo de sus entonces siempre húmedos ojos azules parecía subsistir su conciencia mordaz, un conocimiento trágico, que parecían menos velados que su capacidad de hablar. Narradora picante, no renunció a intentar seguir con el ejercicio de su chispa mediante súbitas estrategias. Durante los primeros tiempos de su enfermedad, la palabra "cosa" ocupó el lugar de todos los sustantivos; y las palabras "grande" y "chiquito", el de todos los adjetivos.

A veces lograba frases enteras en las que salía del paso con analogías. Para aludir, tal vez a un dolor de estómago, en una ocasión, anunció gravemente: "Me duele el poncho". Quizás ¿pensando? en la similitud gráfica entre perillas y pezones, volvió de la cocina tranquilizando a su familia con la noticia: "Apagué las hornallas, pecho por pecho".

Ella, que odiaba a los poetas, sumergida en su lecho, durante una siesta en que se encontraba especialmente inquieta, quizás por haber perdido las palabras que quería encontrar para decir, mientras lanzaba una mirada terrible, encontró las exactas: "Lástima. Yo quería ser y no cero". ¿Podría yo superar alguna vez esa feroz síntesis autobiográfica?

Todas estas versiones no son producto del cinismo. Han sido escritas en diversos períodos y son todas verdaderas pero posicionales, y piden ser leídas críticamente, porque sé que nada puede distinguir la autobiografía de la ficción en primera persona; el *yo* textual solo tiene la potencia de poner en escena un *yo* ausente, etcétera... *pero aun así* —y aquí me ofrezco como prueba a Alberto Giordano y giro bajo su teoría como Blanche Wittman lo hacía en el gran anfiteatro copiando los ademanes del cuadro del fondo del salón— deseo que cuando se lea mi autobiografía, se me escuche gritar detrás de mis explicaciones críticas: *esta soy y esta es mi vida.*

2010

Póstumos

Rara vez un autor muere junto a su lector ideal. El lector ideal suele ser desconocido, quizás nunca el que se acerca al autor con un libro para dedicar, pero sí el que lee sus obras mil años después, como en el poema de James Elroy Flecker. Que el lector ideal cierre los ojos del autor es improbable, pero a Marguerite Duras le pasó. Yann Andréa, su lector, amante y coautor, llegó a escribir también como si fuera su clon: "Unos días antes del 3 de marzo, usted está sentada en el gran sillón rojo, soñolienta, no mira la televisión, casi no ve nada. Yo estoy sentado en el sofá lleno de cojines y miro las imágenes del televisor. De repente, usted se levanta. La dejo hacer. Se sostiene de pie, agarrada al sillón. Estoy detrás de usted, a unos metros. La observo. Luego usted quiere ir hacia la mesa y en ese instante veo su cuerpo que cae, muy despacio, en movimiento muy lento, y llego a su lado cuando su cabeza está muy cerca del suelo, retengo su cabeza en mi mano, impido que su cabeza toque el suelo. En ese segundo que evita la caída, apoyada en esta mano que sostiene su cabeza, usted me mira. Y esa mirada dice lo siguiente: lo quiero más que a nada en este mundo.

Y sé que usted me quiere". Tiempo después Duras moriría, pero Andréa se había fusionado tanto con ella que podría producir *Duras* hasta su propia muerte. Claro que no lo hizo: es demasiado frívolo.

Ese amor empezó en 1975. Un joven va a ver *India Song* en un cine de Caen, el Lux. La autora está presente en la sala y se dirige al público. Él balbucea una pregunta, le pide un autógrafo. Ella le anota su dirección de París, Saint-Benoît, 5, en el distrito VI. Él empieza a escribirle compulsivamente, ella le envía sus libros dedicados pero jamás responde. Hasta que le envía *El hombre sentado en el pasillo* y él siente asco o celos sexuales, y eso que es gay: deja de escribir. Entonces sí, ella le envía una nota; su interés se despierta a la manera de esa leyenda china contada por Roland Barthes (un mandarín se sienta todas las noches a la ventana de una mujer. La ventana permanece cerrada. A la noche número 99 el mandarín se lleva su banquito y se retira. Entonces la dama abre la ventana).

En el verano de 1980, el joven llama por teléfono a lo de Duras, en Trouville. Se encuentran, beben mucho, ya no se separan. Ella lo bautiza "Yann Andréa". A partir de ese día, la obra de Duras es indiscernible de la de él, al mismo tiempo que él se convierte en obra de ella. Andréa es la inspiración de *Los ojos azules, pelo negro*, de *Emily L.*, de *El hombre atlántico*; también mecanógrafo, chofer y, probablemente, *ghost writer*. Su *homosexualité*, palabra que a Duras le encanta pronunciar, le ahorra la angustia por la competencia de las mujeres jóvenes, el sexo es cosa de la cabeza, para un cuerpo que ya solo reclama lo que pide un hígado estragado.

Hay que decirlo: en *Ese amor*, el libro que Andréa escribe luego de la muerte de Duras, él puede *hacer de Duras*. Como suele suceder con quien se identifica con otro (Borges no escribe siempre *como Borges* pero los borgeanos sí, indudablemente). Al encomendarle seguir testimoniando sobre ella, Duras le habría legado un oficio —a él, un poco veleta, siempre persiguiendo a *barmans* argentinos, borrachín, sin un peso—, pero no el oficio de autor más allá de ella que Andréa ha logrado.

El caso de Sándor Márai, que se suicidó en San Diego a los ochenta y nueve años, fue distinto. Ella, Ilona Matzner (Lola), su lectora ideal y esposa, murió antes pero le dejó doscientos cuadernos en donde testimonia la vida en común. Lola era la *Mujer Toda* que requiere un artista: no solo la primera lectora, ángel doméstico, ecónoma al borde de la magia y a veces "esa especie de farmacéutico barbudo y monja", sino también biógrafa *post mortem* cuyo mensaje *mantiene vivo*. Porque, en duelo por su mujer, Márai tendrá el privilegio totalitario de que ella le hable a través de sus diarios no de otra cosa que de él mismo. En vida, Lola fue la compañera de exilios sucesivos que podía, en plena miseria, cobrar en un banco una transferencia de Budapest, sin documentos ni ninguna otra prueba que deleitar a los empleados con su amable conversación de noble magiar; también la que, luego de recorrer toda la ciudad, logró que un dentista haga llegar desde Roma, en medio de un calor sofocante, el recipiente refrigerado con sangre, cuando Márai, gravemente enfermo, esperaba transfusiones en el Ospedali Riuniti de Salerno. Desde el principio de sus propios diarios, Márai consigna el daño de su visión, algo que convierte la lectura en un esfuerzo. Cuando ya no puede leer los diarios de Lola, *lee* en sueños unos crípticos mensajes que ella le enviaría desde la muerte. Lo que describe es semejante a lo que describe Santa Teresa de Jesús, algo que no es confundible con oír voces, una suerte de lectura corporal en donde la marca oral no desaparece pero que no es material. Solo que Márai *sueña que lee*. El primer mensaje de Lola le llega en sueños el 14 de febrero de 1986, un mes después de su muerte. Márai lo describe como escrito en la cinta de un teletipo, el que emite el teléfono rojo entre Washington y Moscú, ese cuyo uso durante la guerra fría podría haber hecho estallar el mundo o un transistor evolucionado. Para Márai, fanático anticomunista, el transistor es el artilugio técnico de la libertad y él mismo ha transmitido mensajes desde la radio Europa Libre a la Hungría del régimen soviético.

La libertad era para Márai menos el derecho de escribir que la *soberanía sobre el escuchar*.

Agencia Lola fue la reanimación imaginaria de la mujer como servicio absoluto, y si Márai ha hecho todo con ella, ella ni muerta podrá dejarlo solo, tendrá que decirle *también cómo morir*: le indicará en sueños métodos seguros para pegarse un tiro, con algún que otro desvarío, por ejemplo, la palabra "melón".

Lola era una gran escritora, a juzgar por el relato largo que Márai injerta en su propio libro *¡Tierra, tierra!* y que no le debe nada a él. Pero prefirió ser autora —¡ay, ese dandismo alocado de las mujeres!— por delegación.

Yann Andréa no teme del todo ser un títere literario de Duras, ya que siempre se ha considerado alguien que está en un tiempo y un espacio no resueltos. Él adjudica esto al hecho de haber nacido entre el 24 y el 25 de diciembre de 1952, aunque no se tome por un mesías. En el final de *Ese amor*, sugiere que ya está en otra cosa, despegado de Duras, entregándose a otra pasión totalmente, incluso anuncia que viaja a la isla de Patmos, "con amigos". Si hubiera cielo o infierno o purgatorio, Duras aplaudiría, mientras Márai estaría reclamando haber logrado la guía Michelin de la eternidad.

También Marguerite Yourcenar, poco antes de morir, se internó en un amor que parecía contravenir el llamado a sosiego de los años. Pero en 1979, cuando ese amor no había aparecido, escribió luego de la lectura de un texto de Bernard Berenson: "Nada, por cierto, es más odioso, a mis ojos, que un viejo (o una vieja) enamorado o libidinoso, o incluso excesivamente preocupado por esos temas, que luego no pasa a los hechos. Pero es evidente que la sensualidad dura tanto como la vida, más o menos fuerte según los individuos, y sin cesar estamos obligados a tenerla en cuenta [...]. Montaigne también sentía la misma repulsión y se la pasa a Henri-Maximilien, en tanto se trata de la desagradable mezcla de una carne envejecida y una carne joven. Y tampoco es apetitoso pensar en la mezcla de dos carnes viejas".

En 1980 conocerá a Jerry Wilson, gay como Yann Andréa, un fotógrafo norteamericano, hijo de dueños de plantaciones de algodón en Arkansas, profesor de tenis del Club Méditerranée. El 23 de febrero de ese año lo lleva de "luna de miel" al Caribe, será el primero de sus viajes. También esta gran vieja célebre hace gestos a prueba de psicoanalistas: ni bien conoce a su joven amante, lo instala en el cuarto de Grace Frick, que fuera su pareja durante varias décadas. Wilson comienza llamándola "madame", pero pronto se anima a decirle "la vieja". La golpea un día en Roma, ella se pasea con un ojo negro. Jerry no la acompaña en ese 17 de diciembre de 1987 en que ella tiene un ataque al corazón. Muere antes, de sida, pero antes aun de eso, la deja. Nunca romperá el vínculo, sin embargo; a veces, estando cada uno internado en un hospital diferente —ella por vejez—, habrá mensajes.

También como Duras, Yourcenar siente la tentación de realizar una obra en común con ese al que llama *uno de los acordes más bellos de su vida*. Traduce y publica *Blues y gospel*, que Jerry ilustra con fotografías. Luego de la muerte de él, como la madre se ha llevado la urna con las cenizas del hijo, ella se contenta con mandar hacer una placa escrita en griego que erige en el cementerio de Somesville donde coloca, además, un guijarro recogido por él durante un viaje. Y escribe como en un sueño: "Partió completamente despojado como esos sadhus que tanto nos conmovían en los caminos de la India, como esos 'hombres vestidos de espacio', es decir, desnudos, que son santos jainitas, y que se encuentran a veces en Rajasthan. No sé por qué esta idea me sostiene".

Maurice Goudeket, en cambio, el tercer marido y último de Colette, fue un ángel de la muerte burocrático y discreto. Cuando escribió *Junto a Colette*, se jactó de no haber anotado ni una frase de su esposa, de no haberla interrogado mucho sobre su pasado. Como judío que ha estado en un campo de concentración, guarda otro peso para la palabra "sobreviviente". Pero anotó una última escena para el mito que podría titularse *Muerte de una panteísta*: "Colette se inclinó un poco hacia mí, y puse mi cabeza en su regazo, me señaló, con el dedo, las cajas de mariposas, los libros, los pájaros del jardín. '¡Ah!', dijo. Tan cercana a la muerte, y sabiéndolo, todo le parecía hermoso, más admirable que nunca. Sus manos se agitaban alrededor de ella como dos alas. Se inclinó un poco más hacia mí. Su brazo describió una parábola que abarcaba todo lo que había mostrado. '¡Mira! —me dijo—. ¡Mira, Maurice!'".

Goudeket —como Andréa, el de Duras— imita el estilo de Colette, quien en su novelita *Sido* adjudicaba ese "¡Mira!" embelesado por la naturaleza pletórica del mundo a su madre.

Y Andréa, ese amor de Duras —cuya voz hipnótica sonó por primera vez a través del teléfono en su casa de Trouville—, quién sabe si, una vez más, seguirá encarnando a su amante para alentar la lectura de sus libros más allá de la muerte; él, que encarnó para ella el sueño de todo escritor: raptar a un lector y comérselo con la propia prosa.

2012

Qué contó la mujer de Fierro

Este es el romance de la mujer de Martín Fierro y la gringa Elizabeth, luego de un autostop sin ruta y en carreta, el cuento del viaje que las dos hicieron por la pampa, donde encontraron peligro y amistad, leyeron libros y probaron especias, siendo maestra una de la otra y —pasando fortín y desierto— fundaron una patria flotante que no pide carta de ciudadanía, en la que se trabaja un mes de tres y se cultiva el sexo, la lectura, la droga y la cría, y no hay patrón ni marido y menos *polecía*.

Gabriela Cabezón Cámara rescata a la mujer de Fierro de la muerte solitaria en un hospital a la que la había condenado *La vuelta* y la hace autobautizarse "China Josefina Star Iron", ya que aprendió el inglés con esa otra mujer inventada, la del gringo de la tercera parte de *La ida* ("Hasta un inglés sanjiador / que decía en la última guerra / que él era de Inca-la-perra / y que no quería servir, / también tuvo que juir / a guarecerse en la sierra", a quien le pone el nombre de Elizabeth Taylor.

La ley cabeza

Cabezón, cabeza, cabecita. Es verdad que en el nombre está la cifra y en el primero de Cabezón Cámara está la fiesta popular —la de gigantes y cabezudos de cartón piedra bailando y girando— y, en superlativo, el del pajarito con que se bautizó a los hombres y mujeres que se juntaron para *hacerse muchos* según el concepto de Pueblo durante el gobierno peronista: *cabecita negra*. Tradición gorila y paranoica para nombrar la idea de invasión de los provincianos a la capital, entonces dignificados, y versión primaria del "aluvión zoológico".

Hija del pueblo, tan cerca de la canción de José Alfredo Giménez como del himno anarquista, Cabezón Cámara deja sentada en cada uno de sus libros una ley que carece del cepo moral de las izquierdas y de la mera picaresca individual.

En *La Virgen Cabeza*, la periodista Qüity, luego de rematar con su Smith & Wesson a una puta bonzo, "una hoguera en tanga" —escribe—, quemada por su patrón alias "la Bestia", expolicía, capo de la Agencia de Seguridad más fuerte del conurbano, mandamás de la prostitución en la provincia y testaferro del Jefe Juárez, el empresario con más poder en el gobierno nacional, se pregunta: "¿Sería asesinato terminar de matar a un casi muerto? ¿Me hizo cómplice del castigo que la Bestia administraba a las chicas que se escapaban de sus prostíbulos? ¿No hubiera sido mejor llamar a la policía, al Same, al ejército y denunciarlo y que la muerte de la chica tuviera alguna utilidad? Pero no se podía denunciar, la policía, el Same, el gobierno, el ejército, los medios, todos encubrían el negocio prostibulario [...] yo solo ejecuté".

Como no es un alma bella, la protagonista de *Beya, le viste la cara a Dios* acepta un arma del patrón cafisho y ejecuta a otra cautiva de la trata que denunció, ingenua, ante un juez cliente y fue dejada al borde de la muerte por la paliza. Tentaría hacerla cómplice del crimen. Sin embargo, ¿matar lo ya muriente por manos otras es todavía matar? ¿O es decir *ni un minuto más de dolor para una ya no vida?*

Esa es la parte filosófica de la Ley Cabezón que no es solo penal. Se ocupa también del arte. *Romance de la negra rubia* cuenta cómo una poeta se fue a lo de una amiga que era artista de la basura, y quedó en medio de un desalojo y llena de merca y whisky, se hizo bonzo con zippo y querosene hasta perder la jeta en vez de incendiar a los canas que la querían detener, luego devino santa popular; obra de arte en Venecia, amante de una suiza que la compró como tal, que fue su Helena y que, muerta, le dejó como herencia su cara de tirolesa para que, transplantada, se volviera un oxímoron: *La negra rubia* (la cara le quedó un poco tirante hasta que un chiste de Capusotto la hizo reír y aflojarse), militante social con gestalt —imagino—, onda Frankenstein.

Y hay una Ley Cabezón también para los derechos de autor que critica el plagio (de Hernández, que aparece en *Las aventuras de la China Iron* como un milico baboso y bastante rústico, mero copión de los versos de su personaje), pero no el propio afano: le adjudica a la madre de Hernández la historia borgeana del guerrero y la cautiva, esa donde se cuenta de una inglesa raptada por los indios que *se pasa al otro*, no quiere salir de las tolderías, ha dejado su lengua por el araucano y, mientras se alejan las tropas de quienes le han ofrecido, infructuosamente, la vuelta al fortín, bebe en el cuenco de sus manos la sangre caliente de una oveja recién carneada. Otra que Katchadjian y su *Aleph engordado*, la Ley Cabezón Cámara cambia a la abuela de Borges por la madre de Hernández. Si según el sonsonete patriarcal, escribir en la Argentina es pagar una deuda con Borges, Cabezón, antes de chorearlo, ni siquiera lo deja entrar en su libro.

Ella es capaz de escribir por boca de la China Iron que a lo mejor Fierro no venía borracho cuando mató al Negro, que lo mató por negro nomás y que le gusta pensar que lo mató por enviudar a la Negra que la maltrató media infancia, como si ella hubiera sido su negra, la negra de una negra (en su versión, la Negra la habría criado y luego, perdido al truco por culpa de su marido, pasando a ser *de Fierro*). No se trata de la mera incorrección política; en la incorrección política hay un referente a torcer, burlar, desenmascarar, entonces es todavía un sometimiento, una obediencia como la del pobre perverso que no pasa un día sin verse obligado a escupir en el trono, el altar y la posición del misionero.

Cabezón Cámara inventa toda una política de la felicidad que, de haberse impuesto en el mundo real, otra sería la Historia. Una hipótesis: el socialismo no hubiera caído si hubiera comprendido antes la industria del sueño de Hollywood como una forma de vida y no como una enajenación de la vida misma. Si le hubiera dado más bolilla política, no quiero decir al "deseo" —esa palabra ocupada, que detiene la imaginación en una especie de *entre nos cool* y ahora hasta psicobolche—, pero sí a las ganas imperiosas de *tener lo que tiene el otro*, las calenturas con quien no conviene, las amables pavadas, el comprarse adidas estando en cana. Porque lo que Cabezón Cámara comprende, pero *comprende profundamente*, es que la China Iron se enloquezca por la porcelana inglesa, el curry, las enagüitas, una pelirroja dadivosa y de piel transparente, zapatitos bordeaux, los cuentos con dragones y la droga gourmet. Porque, ¿qué iba a desear la China?, ¿otro par de alpargatas bigotudas?, ¿tener una escobilla de biznaga para barrer el rancho?, ¿un trapo grande para colgar un hijo de un tirante?, ¿una cola de potro para clavar el peine?

La Ley Cabezón Cámara no elimina al gozador: lo organiza y lo hace viajar.

La gauchita again

Las mujeres que escriben suelen ignorar al escritor canónico o, al menos, por estar afuera de la pulsión genealógica patriarcal, pueden filiarse en una mujer infértil (Alejandra), en otra que parió fuera de la ley (Alfonsina) o escribir guachas para volver a la gauchesca "gauchita" —inventó, fino, Ariel Schettini para un libro de Cabezón Cámara, pero podría ser para todos—. La *gauchita* es a la gauchesca, propongo por si alguien quiere agarrar la sortija, lo que el neobarroso perlonguiano es al neobarroco. Por *gauchita* se combate con el subfusil justiciero Miniuser que se traduce

"Minita, usala" (esta es una ocurrencia). En *gauchita* se perdona al que mata de celos, pero más por amor puto, como hizo Fierro con el gaucho Raúl, al que amaba la China Iron ("Fui yo el que mató a Raúl / lo degollé y quedó azul, / y después blanco de muerte. / Era hermoso y era juerte / pero era más mi facón / y había perdido el corazón", rima Cabezón Cámara haciéndose el Fierro); se puede tener de amigo a un cana, como Qüity en *La Virgen Cabeza*, a condición de que el cana se haya dado vuelta. En *gauchita* la forajida y el forajido no caen bajo el peso de la ley, se fugan para la farra y la libertad, pero siempre en comunidad desbolada, con otros, entre otros, al *vive* y nunca al *muere*.

Cuando Cruz y Fierro se van al desierto, el beso por turnos al porrón es la garantía de que se trata de una de esas uniones homosexuales con instintos coartados en su fin, como llamaba Freud a la homosexualidad sublimada del *macho a macho*: "Lo agarramos mano a mano / entre los dos al porrón: / en semejante ocasión / un trago a cualquiera encanta; / y Cruz no era remolón / ni pijotiaba garganta. / Calentamos los gargueros / y nos largamos muy tiesos, / siguiendo siempre los besos / al pichel, y por más señas, / íbamos como cigüeñas / estirando los pescuezos". El porrón que pasa de mano en mano, los gargueros calientes, y el estiramiento de pescuezos me hace pensar en una felatio por turnos. Pero el romance de la China Iron con la gringa Elizabeth no es un contrapunto ni un panfleto en ficción feminista, como el que rescató a la hermana de Shakespeare. La unión de Fierro y Cruz es una precursora del matrimonio igualitario, la de la China y la Gringa, la fundación *de otro modo de estar juntes*, una diáspora en potencia insurgente.

La lengua de Cabezón Cámara, aunque, cuando quiera, rime, es una *lengua sacada, ida a los indios* para dejar entrar al diccionario el mapuche, el guaraní, el mapu-espanglish y el tupi-british, las invenciones lingüísticas de los hongos alucinógenos y el balbuceo húmedo del amor. Y hasta en medio de una lírica del paisaje muy Ángel della Valle, ella la pone a decir, tomándose al churrete el significante: "dando vuelta carnero los carneros".

Y a esa lengua sacada la están usando otras mujeres como Selva Almada o Lucrecia Martel —del lado de la imagen, pero como un tajo genial—, fuera de la gleba del realismo ramplón y de la pureza legislada. Por eso en el descargo que le hace en verso y avanzado el libro (*Ay, Chinita de mi vida*, un apócrifo genial de la autora), Martín Fierro le dice a la China Iron: "¿Me perdonás, Josefina?", y ese "¿Me perdonás, Josefina?" es también un chiste que Cabezón Cámara hace por boca de Fierro y en homenaje a la mujer cuyo nombre tomó prestado para bautizar a su personaje: Josefina Ludmer, *la otra China*, autora de *Un tratado sobre la patria*, a quien tanto debemos.

La que(e)rencia

El Fierro de Hernández arrugó y volvió del desierto a la querencia en nombre del olvido de sus delitos y la muerte de sus perseguidores, a elogiar el mundo del trabajo ("Sé dirigir la mansera / y también echar un pial, / sé correr en un rodeo, / trabajar en un corral, / me sé sentar en un pértigo / lo mesmo que en su bagual") y convertir sus hazañas en canto jubilado. La querencia es el Estado, el palenque emocional, un punto en el catastro donde la servidumbre es huso horario a la espera de la muerte, cada uno, cada una separados con su correspondiente partenaire y la reproducción bendecida. El Fierro de Cabezón Cámara se hizo trans: tomó el nombre de "Kurusu" —nombre de cuño guaraní y homenaje al que la hizo hembra, significa, sí, Cruz— "y volvió a ser amigo de la China".

Esa runfla que sube Paraná arriba en el final del libro con sus cargas de animales y de hongos alucinógenos con gusto a lechuga o a membrillo, sus caballos sobados, sus libros y sus flores no es *querencia*, es *que(e) rencia*, y la *que(e)rencia* no vuelve, no fija, no separa: es fiesta que pasa y anexa. Como en las ferias populares sudamericanas, tiene un arte de la geometría que consiste en cargar lo máximo y poner en equilibrio sobre el suelo pasajero, como esas vacas y su pasto, sus *secretaires* y sus naciones pintadas en sus rukas y sus guampos. Es un falansterio a lo Charles Fourier, ese utopista del amor cuyo mayor problema teórico fue que los sádicos no querían vivir con masoquistas. Perdónenme, pero ¡qué peruca ese final con tantos diferentes embarcados y protegidos por la niebla! ¡Qué 17 de octubre! Es como si las patas en las fuentes hubieran sido tantas que, por el principio de Arquímedes y los callos nacidos al cruzar el Puente Avellaneda, se hubieran desbordado las fuentes hasta formar un río. Si la guerrera Kauka se me hace una Milagro Sala que no estuvo, pero por ahí... Si la gringa Elizabeth me recuerda a esa otra gringa, Isabel Ernst, la alemana que era novia de Domingo Mercante y fue juntando los trabajadores de a gremio y de pasión por el general preso. Y el gaucho Rosario, sobador de caballos y nodriza de bichos guachos, bien podría ser un Cipriano Reyes. Pero esta masa que pasa mete más miedo porque no para y la China dice en primera —escribe Cabezón Cámara—: "Hay que vernos, pero no nos van a ver". Como si dijera: "Hay que vernos —compañeras, compañeros, *subansé*—, pero *no nos van a ver* —ni Policía, ni Ejército, ni Iglesia—". Repito y me esfumo, dejando la resonancia como para que vayan corriendo a leer: "Hay que vernos, no nos van a ver".

2017

Literatura y coloque

Cuando empecé a leer *Crack Wars*, de Avital Ronell, no entendí nada. Y la angustia que me invadió se duplicó por la curiosidad que me había causado el anuncio de su aparición, cuando aún no se me había invitado a presentarlo. Después de todo, *Crack Wars. Literatura, adicción, manía* debería ser para mí un libro hermano: ¿acaso yo no había practicado recientemente una especie de adicción a leer en los grandes libros nacionales las tramas etílicas de sus tensiones narrativas? Llegando a afirmar "no por simple líquido, la ginebra es menos importante que la muerte de Beatriz Viterbo como condición de 'El Aleph'. Es el argumento químico del *disgraciarse* de Fierro, antes de lanzar la injuria que terminará con la muerte del Negro ('Va... ca... yendo gente al baile')". Y, luego, que si David Viñas dijo que la literatura nacional empieza con una violación, habría que corregirlo un poco diciendo que empieza con un *mamarán*, porque en la misma mesa donde se tortura al unitario, se juega a las cartas y se llenan las achuras, los mazorqueros se colocan y entonces no sería posible "El matadero" si fuera un relato *en seco*.

Esa angustia, un verdadero saque mudo de sufrimiento, no tenía nada que ver ¿o sí? con la que precisamente me generaba el no entender al Heidegger interpelado por Ronell. Y un analista se hubiera reído, de confesarle, dados mis excesos, que lo que menos entendía era lo que Mariano López Seoane, también autor del magnífico prólogo, traduce como "cuidado". Era una sensación como la que me describía un poeta amigo cuando leía a Mallarmé, solo que él retenía una imagen: la de estar en medio de un desierto y ver a lo lejos, en el horizonte, la figura borrosa de un tipo que le hacía señas en ameslan. Esa angustia que me llevó a la procrastinación y al insomnio parecía sugerir que mi no entender no era cuestión de no saber filosofía, de mi relativa capacidad para el pensamiento abstracto, aumentada por mi deformación profesional de cronista, siempre coaccionada por el fantasma del efecto de realidad. No entendí, hasta la aparición del capítulo dedicado al narcoanálisis y un tono de guerra de guerrillas en que la literatura y la droga, a través de la pluma de Avital Ronell, parecen unirse contra la del Estado que con realismo paranoico empieza por construir bajo el epígrafe de la advertencia la figura del indeseable que goza solo, y la completa convirtiéndolo en el otro criminal: el afroamericano de barrios bajos, el latino siempre puesto al borde de la frontera, para diseñar menos un modelo de ciudadano para la Nación en positivo que el que se va erigiendo debido al croquis en negativo de aquellos que expulsa. Y lo hace blandiendo la figura de una extranjera como portadora profética de nuestro modo de ser contemporáneo: madame Bovary. Podría haber fingido que entendía intentando una glosa y haciéndome la graciosa. Buscar entre mis cosas el siempre a mano sonajero del significante y empezar zapando sobre el extraño nombre de A-vital. Podría haberme explayado sobre las consecuencias de mi lectura, ya entrado el libro, ¿buscar un linaje entre el farmacéutico Monsieur Homais y el de *Los siete locos*, Ergueta? ¿Retomar la campaña del desierto como exterminio etílico a través de los barriles de aguardiente destinados a eliminar una civilización de goce, por eso inasimilable? Qué egocéntrico y descortés. Qué argentino. Entonces me dediqué a analizar mi no entender. Debía haber allí, en mi perpleja cabeza hueca, cabeza habitualmente imparable en la asociación libre, una soterrada manera de homenaje a la profunda perturbación que me produjo *Crack Wars*, el éxito aplastante de su subversión. Ninguna pérdida, por supuesto, sino todo lo contrario, el prolegómeno de algún movimiento en el pensar que necesitaba su tiempo, como el efecto de una droga que no afecta de inmediato, entonces hay que esperar estudiándose por adentro aunque, ya lo sabemos, la vida interior solo contiene tripas.

Inspiración a fondo blanco

Yo no hubiera hablado de lo que voy a hablar si Avital Ronell —cuando se me hizo la luz—, en medio de un texto erudito y glamoroso, provocador y recorrido por la solfa moderada de quien, leyendo con respeto pero también sin obediencia, se tutea con los maestros de la filosofía, no hubiera colocado la palabra "heladera".

Ya fuera porque mi procrastinación del día anterior me había dejado agotada y no podía posponer más la escritura de esta presentación, creí que un mueble en común —ella lo usa como cripta, caja fuerte o bodega, y la cripta es una imagen insistente en *Crack Wars,* ya sea como cripta efectiva (la de la primera Bovary, la de la madre y el hermano de Emma) o como metáfora del carruaje donde ella hace el amor y que expresaría el vínculo crucial entre el mercado abierto y el tráfico clandestino de la droga, o de su cuerpo siempre en el sentido de conservación, congelamiento del tiempo de lo que come por dentro—, la heladera, repito por si se perdieron, nos uniría, aunque más no fuera precariamente ya que mi heladera también encripta bajo forma de cubetera la prótesis hídrica de mis bebidas de cuarenta grados. Y si escribir no me salía, era tal vez, insisto, porque *Crack Wars. Literatura, adicción, manía* me llamaba casi personalmente, como un ataque sorpresa, que es la manera con que Avital Ronell describe la consumación de una pulsión como la adicción y porque me puso a maquinar anhelantemente sobre mi propia experiencia como adicta, aunque yo prefiero, si se va a dejar a los borrachos tan en segundo plano como en este libro, considerarme *afecta* o *amateur,* ya que en la afección al alcohol nunca se obtiene un diploma, siempre falta una copa más. La palabra "heladera" fue el abracadabra que me habilitó la primera persona como un saque del *Crack Wars* al *Crack up,* chiste que —imaginé— no se perdería tampoco Ariel Schettini.

En Alcohólicos Anónimos tampoco entendí nada. Con qué ingenuidad los escuché hablar de "la literatura". Pensé que el entremés de la tarea ciclópea de *dejarlo* consistía en una biblioteca rodante, una suerte de Club del Libro donde confraternizaban la abstinencia y la evasión. Me equivocaba: era la vacuna con que se combate el mal, inoculándoselo; ya no la literatura como ejercicio del alcohol sino con el tema exclusivo, martillante, del alcohol: sus vértigos, sus caídas, sus abismos.

Porque si madame Bovary fue tontamente reducida en lecturas que se limitan a ofrecer variantes de la neurosis de la ama de casa, la pena de amor no dominada, el "bovarismo" o incluso los hábitos de escritura frustrados, y fue salvada como precursora de la vida moderna por los documentos helados de Avital Ronell ("ella ha sido el claro, la máquina de traducción por medio de la cual una época se vuelve inteligible, si no es que se eleva por encima de sí"), yo defenderé la literatura y la filosofía de los A.A. de su fama de profesar un conductismo ramplón y ser una religión sustituta. Los doce pasos de A.A. son más difíciles de comprender que *Ser y tiempo*, aunque se los acompañe con el contraveneno de un café demasiado dulce y demasiado lavado como suerte de reemplazo negro de la leche materna para unos destetados de diferentes períodos, algunos con grado de veteranos, grados ilusorios, ya que quienes los portan afirman estar siempre al borde de levantar la copa y volver al principio como en el juego de la oca, al estado en que se está cuando se dejó de beber (los A.A. son contrarios al principio de Heráclito, uno siempre se baña en el mismo río).

Héctor Libertella decía que en el libro *Como lo ve Bill*, escrito por el fundador de A.A., había trazas de budismo zen, de estoicismo, de una bagatela de fuentes filosóficas, producto del pensamiento colectivo de todas las épocas de la Internacional de los borrachos. En las reuniones son igualmente interceptados los accesos de alegría como los de depresión, la idea que aprobaría la elite intelectual de afuera por su justicia o belleza retórica suele obtener graznidos de desaprobación, y si alguien se viniera con expresiones como las de Avital para definir la relación de su Emma con la hija como alguien que invade el espacio de la niña como un misil de toxicidad, una madre emética, artificial y peligrosa, darían la palabra al siguiente. Ni hablar de esta belleza en párrafo de *Crack Wars*: "Aparentemente Emma Bovary se automedicaba a lo grande. Como otras antes que ella, experimentó los peligros de una *belle âme*: arrebatos que la separaban de la realidad, plenitud alucinada y comunicación pura, una suerte de dependencia de la telepatía trascendental. Todo lo que probaba —la religión, la lectura, las ráfagas de amor, vestirse en la mañana— tenía sobre ella efectos alucinógenos, analgésicos, estimulantes o euforizantes. Sufría también choques tremendos. El clímax de las drogas, y el del amor, era para ella telepatía, una comunicación que atravesaba distancias". La habrían acusado de apología.

Los A.A. impiden conjeturar sobre la causa, explayarse en la novela de un Edipo Tóxico, repudian la autosatisfacción narrativa disfrazada de arrepentimiento y, como si conocieran la anécdota de Lacan en la que este amagó con darle un mamporro a un neurótico obsesivo acostado en su diván provocándole que cambiara su abrumante por repetido discurso, le responden a alguien que acaba de confesar una violación: "¡No te mandés la parte!". Solo se admite compartir con débil moraleja, no se perdona ni se castiga, *se comparte* y, si se ha empinado el codo, se hace volver atrás en la contabilidad de suma en lotes cronológicos de 24 horas. Cero *new age*, descreen de una política de la salud que se dirija hacia la felicidad, cambian el alcohol por su deificación, limpia de toda impureza. ¿Al contar esto no estoy cometiendo una traición? Sí, porque sigo siendo uno de ellos aunque esté *del otro lado de la puerta vaivén*; en su lengua, mi nombre es Recaída y yo no los olvido —a veces, los percibo como una platea de fútbol, sentados sobre mi vampiro interior, una mayoría masculina; a veces, cubiertos por las cicatrices del accidente fatal tras el que han sobrevivido, letal para algún ser querido, algunos cruzados—, son los amateurs de las drogas que a la pregunta ritual por sus 24 horas responden "Estoy limpio", provocando cierta tirria entre los exilados del puro alcohol: nos creemos inocentes en nuestro goce y consideramos repugnante el de otro. El cambiador de pañales pone cara de remilgo ante el que usa aros en las tetillas, como el cortador de trenzas del siglo XIX se horrorizaba ante el coleccionista de sobaqueras usadas y era capaz de denunciarlo ante la misma comisaría donde acababa de denunciarlo a él un fabricante de postizos. Digo que sigo siendo uno de ellos, aunque yo misma me considero una especie de inmigrante no documentado al revés, porque como ningún Donald Trump podría entrar allí sino como un miembro más, yo podría volver a entrar por la puerta vaivén hacia adentro. Dije *inmigrante no documentado*, aunque no perseguido sino bienvenido, aunque yo, de clase media populista, sea considerada por ellos, a causa de mi manera de hablar, una careta, aún más careta que las señoras *bien* que durante años, antes de atravesar la puerta de A.A., habían realizado la hazaña increíble de tomarse uno o dos gin-tonic en el circuito El Olmo, Dandy, Rond Point y no beber en su casa de la calle Aguado, o nombre parecido, ni una gota de alcohol, ni siquiera en las fiestas. ¿Traidora? La traición no hace más que delatar mi deseo de alinearme en la literatura argentina, línea Silvio Astier. Después de todo, la traición nos liga de por vida al acto de traición, mientras que el leal se distrae, se burocratiza, sería la lealtad de otra manera.

Estoy retrasando el momento de explicar mi no entender como un más allá de la ignorancia; es más, estoy creando suspenso sobre lo que explicaré de mi no entender, no como una falta sino como una divisa. Al suspenso me lo autorizo en la misma Avital, que se identifica con Sherlock Holmes, ese adicto a la coca que podía leer la culpa hasta en la ropa y en los modos de sostener un cigarrillo, y a veces escribe como una supuesta representante de una justiciera comisión investigadora que acaba de abrir un supuesto caso cerrado (Nuestro equipo se encuentra investigando en este momento la etiología de la auto-alucinación y el exceso de lectura).

Es cierto, el adicto es un no renunciador por excelencia, escribe Avital, y yo le comparto que también es un abstinente fanático. Al menos en el alcohol, se trata de no abandonar la lógica de la afección extrema, invirtiéndola en un "no puedo parar de no beber", lógica ajena a la voluntad y que también toma por asalto como un saque; por eso los A.A. dicen "no sos el capitán de tu barco" —y con vehemencia— ante el orgullo alcohólico de quien piensa que luego de un tiempo de abstinencia podría probar una sola copa sin repetir sin cesar. De esto habla Gregory Bateson en *La cibernética del "sí-mismo" (self): una teoría del alcoholismo*: "Es el riesgo de una sola copa lo que ahora se torna desafiante y suscita el fatal 'Yo puedo...'. Los A.A. insisten todo lo posible en que este cambio en la estructura contextual no debe permitirse nunca. Reestructuran la totalidad del contexto recalcando una y otra vez que *'Alcoholista una vez, alcoholista para siempre'*. Intentan conseguir que el alcoholista sitúe su alcoholismo dentro del sí-mismo, en gran medida como un analista junguiano se esfuerza por que su paciente descubra su 'tipo psicológico' y aprenda a vivir con las fortalezas y debilidades propias de ese tipo. Contrariamente, la estructura contextual del 'orgullo' del alcoholista coloca el alcoholismo *fuera* del sí-mismo: '*Yo* puedo resistir a la bebida'. El componente de desafío que hay en el 'orgullo' del alcoholista está vinculado con la *asunción de riesgo*". Yo prefiero recordar las palabras de un alcohólico que había dejado de beber, quien decía "se puede reemplazar el orgullo de beber por el orgullo de haberlo dejado". Debo decir que a algunos de los que bebemos no nos disgusta la pertenencia vitalicia a *un tipo* como si fuera a la manera junguiana, pero mejor a un linaje; tampoco nos disgusta la palabra "alcohólico", aun por fuera del reconocimiento que exige el primero de los doce pasos, incluso cuando se la utiliza como injuria, antes del orgullo gay existió el orgullo alcohólico. Y el exceso de que la abstinencia sea a fondo blanco, es decir, no probando ni una sola gota ni una sola copa, no es debido al riesgo de "recaer" sino por conservar la idea del *sin límites y sin parar*, entonces el desafío puede desplazarse, incluso invertirse. Quiero decir que el éxito de Alcohólicos Anónimos se debe a que conserva una economía del sin fin. Por eso a Avital tampoco le gusta el discurso sobre la regulación provechosa del alcohol. Dice: "Disciplina y adicción. Practiquen sus escalas. Repeticiones. Bach dándose con café. Berlioz con alucinógenos (pero también con café y cigarros). *El sabbat de las brujas*, un menjunje del *Fausto* y los sueños de opio que Berlioz lee en las *Confesiones de un opiómano inglés* de Thomas de Quincey. El vino de Mussorgsky. Los cigarrillos de Stravinsky".

Pero yo, como los A.A., soy una talibana de la gratuidad del colocarse y ya con esto voy revelando mi secreto de no entender. A todo esto, aclaro que tampoco entiendo mucho a Gregory Bateson; a nadie se le escapa que no entiendo lo que me atañe profundamente.

Crack Wars está dividido en secciones y el estilo se asimila al de las drogas. En la primera parte, parece el de las drogas duras, lúcido, frío, implacable; en la segunda, parece una ensoñación de opio; en la del final, el de una comunidad de borrachos en torno de una mesa, aunque tenga la forma de donde conversan animadamente sobre drogas Ernst Jünger, Martin Heidegger, Jacques Derrida, Sigmund Freud y siguen las firmas.

Debo decir que la Margarita de *Fausto* es el clásico miembro de Al-Anon. Aunque su sufrimiento y su amor sean genuinos, así como la liquidación de su vida en función de otro, no se nos escapa que, así como Avital dice que la literatura operaba sobre la medicina, Flaubert lo hace sobre Aquiles, Homais sobre Emma, Emma sobre Charles, Charles sobre el Pie de Caballo (Edipo), Charles sobre Emma, Emma sobre Flaubert, ella consume a Fausto que consume drogas. Solo Marguerite Duras, esa Diótima para enganchados, la trata con ironía. Y llegamos al punto: fue Duras quien dijo, al dejar de beber, que no había abandonado la razón de alcohol. ¿Pero cuál es esta razón? Es una razón tautológica. Avital afirma que la adicción es ella misma adicta, entonces podría ser que el alcoholismo mismo sea alcohólico y su razón desnuda es "bebo porque bebo y dejé de beber porque dejé de beber". Mi no entender es un manifiesto, no una discapacidad, para sostener esa razón. Y *Crack Wars*, a su vez, nos enfrenta con una genialidad desaforada en su propio panfleto, encriptado en alguna parte: "Una obra, sin que importe cuán recóndita, especializada o de anticuario sea, manifiesta una compulsión histórica. Por supuesto, ya no existimos de un modo que vuelva posible la manifestación: hemos perdido acceso a lo que se manifiesta e incluso a la propia manifestación. Hoy no hay nada que pueda manifestarse. Excepto, posiblemente, el hecho de que la humanidad todavía no es justa. La indecencia de un humanismo que sigue adelante como si no hubiera sucedido nada. La tarea de la escritura extremista es convocar a una justicia del futuro. En lo sucesivo, la Justicia ya no puede permitirse ser meramente retrospectiva o estar atada

en servidumbre a modelos escleróticos y a sus modi-
ficaciones (su 'futuro'). Una justicia del futuro debería demostrar su voluntad de ruptura".

2016

Adelaida

Hablar sobre Adelaida Gigli es traicionarla. Es una traición con menos capacidad de expandirse en relatos e interpretaciones, de esos relatos como la desobediencia de Max Brod a quemar la obra de Kafka, pero me animo a decir que es una traición a una decisión menos ambivalente que la que Kafka pretendía imponer con su orden. Porque Adelaida Gigli se había propuesto una desaparición radical, mimética, y no, de la de sus hijos desaparecidos por la dictadura militar, María Adelaida y Lorenzo Ismael. Pero ¿cómo dejar en la oscuridad su nombre en tiempos de este fénix del feminismo cuya proliferación de signos no es capturable por lecturas con pasado y tan de *acción en arte*, es decir, tan *Adelaida Gigli*? No puedo y, como soy atea y Adelaida también, no temo a la venganza de ningún fantasma vengador, aunque ella fuera el verdadero convidado de piedra de la intelectualidad machirula de los años sesenta en la Argentina. Dicen que solía arrojar frases como si fueran bombas.

Empezar por su muerte no es por busca de un efecto demagógico —hacer llorar antes de que ustedes tengan sus razones, aunque todo en torno a Adelaida parece tener algo risueño de una risa trágica—. Ya sé que el dato de la muerte suele dar a leer una cristalización de sentidos —Virginia Woolf ("lobo") se suicida tirándose al río con piedras en los bolsillos, así muere también el lobo en los cuentos, claro que no por mano propia—. Pero es que su propia muerte, en Adelaida, forma parte de su idea de duelo por sus hijos perdidos. Hay que desentrañar los alcances de esta frase: "Y recién todo sería muerte cuando ella muriese, cuando ella ya no fuera más mecanismo, cuando ella no pudiera más constatar lo que iba de sus muertos hacia los vivos, lo que ahora estaba en ella, presionando otra vez la faz de la tierra".

Adelaida Gigli murió el 14 de octubre de 2010. Un resumen injusto daría cuenta de que era aquella intelectual de *Contorno* a la que Beba Piglia llama "la mayor trágica de su época", en cuyo mal de Alzheimer final León Rozitchner leyó no la falta de memoria sino un ir al fondo último de sí misma, convertirse en *Todamemoria*. Basta hojear la recopilación de *Contorno* para comprobar las piezas maestras y escuetas de un estilo que se advertía como al sesgo del corazón apolíneo de la revista, aun antes de leer la firma.

Sobre Victoria Ocampo:

"De tanto leerla se halla placer, es la dama duende de esferas más altas, que espía a esos que jamás conoceremos, a los que jamás tenderemos la mano. Nos regala algún fragmento de diálogo muy cotidiano (ya no nos quiere ofrecer el mundo, alguna frase intrascendente, íntima, alguna ligera remembranza, para que sepamos que los grandes son humanos, equivocados y hermosos.

"Además, una persona que maneja cuatro idiomas o más (no sé) posee una certeza *distinta* de las cosas (no *clara*), ve aquello que va de la *silliness*, a le *bêtise*, a la *tontería*; conoce el acento peculiar de cada palabra, el espíritu asignado a cada cosa. No puede equivocarse. Y esta ubicación especial, al darle riqueza universal, paradójicamente, le vetará lo particular: no podrá tener *patria*, ya que solo se conoce lo que uno ha trabajado, y ella ha amado al mundo (todo el mundo) sin limitarse a una calle, ya que ha comprobado que toda la tierra tiene su tesoro incambiable".

Dicha por otros como la más radical o prueba encarnada del proyecto, como suele decirse de las excepciones femeninas de toda coalición viril, vivió y murió en Recanati, Italia, adonde recaló finalmente luego de la desaparición de sus hijos María Adelaida y Lorenzo Ismael durante el gobierno militar de 1976 a 1983. Allí, mientras custodiaba esas ausencias terribles, amasó, palpó, horneó —se hizo ceramista notable—, como si quisiera dar forma a *todo lo que no era ellos*: cántaros, rostros, animales.

Lo que se hubiera reído Adelaida Gigli de haber podido escuchar a los oradores de la presentación de su libro *Paralelas y solitarias*, en 2006; ella, que era apedreadora de apariencias, es decir, de las puestas en escena de la prestancia para cultivo del nombre propio, aunque en este caso fuera el suyo. Y sin embargo el gesto era generoso. Una conspiración amistosa permitió que el libro, en cuya presentación hablaron León Rozitchner y Tununa Mercado y se leyó una carta enviada por Ismael Viñas, se publicara luego de años en que el silencio de ella y sobre ella se adjudicara al devenir trágico de su vida, a una autoprogramada desaparición pública en la Argentina. Con prólogos de Noé Jitrik y Raúl Santana, *Paralelas y solitarias* lleva el subtítulo "Cuentos" y el dato temporal de que fueron escritos en el período 1976-1986. Ocho de esos cuentos fueron editados por Adelaida Gigli en Recanati, bajo el título *Locas sueltas en país ajeno.* La selección que aparece en *Paralelas y solitarias,* con edición de Adrián Bravi, su amigo y custodio que la acompañó sus últimos años en Recanati, registra como fechada en 1986.

Persona & personajes

Algunas mujeres escritoras han modelado sus personajes para atenuar sus avances en el campo cultural, fingiendo que solo se limitaban a generar y dirigir el escenario del parricidio, amenizarlo o favorecer el toma y daca de las transacciones que el mito romántico quiere oculto. Colette *se hace* la cosmetóloga y la bailarina de *music-hall*; Norah Lange, la oradora de banquete y la enfermera de un genio; Victoria Ocampo, la productora y traficante de autores y originales. Pero *hacer el personaje* era en estos casos una estrategia de integración redituable, aun en conflicto, por la propia obra. De Adelaida Gigli se dice que fue apresada por ser dueña de una casa donde se escondía el arsenal montonero, pero que no quedó pegada y se le permitió salir del país; que se exilió por Brasil, en cuya frontera tomó un taxi junto a una pareja ocasional y, con el fantástico argumento de estar huyendo de su familia —ya tenía más de cuarenta años— que

se oponía al romance, se ganó la complicidad del chofer, que era policía. Que cuando su radicalizada hija
María Adelaida le reprochó que no trabajara, ella se
agarró con violencia el pubis y le dijo: "con esta te
mantuve". El prontuario intelectual dice que Adelaida
Gigli fue la única mujer visible en el grupo Contorno,
pero la mayoría recuerda vagamente sus escritos y sí
el personaje. Ninguna de sus palabras, pero sí impresiones imborrables que llaman al encomio acrítico. En
esas impresiones, Adelaida les ha dicho a los machos
culturales cosas socarronas e implacables que los han
puesto en tela de juicio. Ninguno de ellos puede decir
cuáles, y el reconocimiento posterior de haber sido
vapuleados se transforma en un gesto de condescen-
dencia, casi en una puesta en escena de la propia grandeza. Ismael Viñas, por ejemplo, luego de leer *Paralelas
y solitarias* envió una carta-recuerdo para Adelaida a la
presentación: "La conocí de muchas maneras: como
la mujer de David, en la casa de sus padres, como una
muchacha bella, en los cafés cercanos a la entonces
Facultad de Filosofía y Letras, una muchacha que decía frases arriesgadas y te las decía en la cara, como
tirando bombas; como la única mujer que escribía en
el grupo Contorno, aunque hubo otra que después
escribió, Susana Fiorito, y muchas jóvenes estudiantes
que revoloteaban alrededor y escribían en otras revistas; como una artista, ya separada de David, que hacía
hermosa alfarería, y seguía diciendo-tirando bombas
verbales en la cara de sus interlocutores (también en
mi cara)". Al final de su carta, Ismael Viñas dice que al
leer ciertas frases de los cuentos que le han enviado de
Adelaida, le parece estar oyéndola. Es decir, la reenvía

a la palabra oral que excita, provoca la palabra de la parroquia.

Leer los cuentos de Adelaida Gigli puede generar el prejuicio de entenderlos solo en la clave de su tragedia personal. Pero Adelaida ya es Adelaida antes del horror, que no es la única huella en sus cuentos que trazan las fluctuaciones de una voz lúcida, como para sí, casi al borde de una experiencia incomunicable, pero con esa cadencia del italiano de las escritoras de posguerra, autoras de tramas pequeñas de honda poética material como Natalia Ginzburg o Dacia Maraini.

Fiestas y duelos

Adelaida Gigli organizaba fiestas. Es un decir: no eran ágapes pequeño burgueses donde la socialización del deseo se limitaba al intercambio de esposas a la hora de bailar los lentos, los excesos disculpados por el alcohol y la droga y avalados por los análisis antropológicos de Roger Caillois, las orgías obligatorias y antipsiquiátricas. En la década del sesenta, el disfraz se había liberado del carnaval y emitía una polifonía visual de signos políticos. En la calle de la vanguardia —Florida— la moda hacía audaces collages: la chaqueta a lo Sierra Maestra, la camisa a lo Nehru y la cartera hilada, un trabajo de tejedoras de Santiago del Estero, y el póster bajo el brazo con un diseño psicodélico de Apple. La guerrilla se reía antes de llorar utilizando en sus operativos pelucas y anteojos de sol (¿algún sobreviviente confesó alguna vez el goce paramilitante de vestir un uniforme policial?), cuando no el camuflaje de la familia tipo. Las fiestas de Adelaida eran verdaderas performances políticas, como las define Beba Eguía, entonces segunda esposa de David Viñas e íntima amiga de Adelaida: "Iban unos locos geniales, generalmente del margen. Recuerdo que una vez decidimos hacer un desfile de modelos y dar un premio al mejor. Sacamos los vestidos y los trapos que nos comprábamos y los ofrecimos. Y Falbo, el librero editor, empezó a disfrazar a todos. Adelaida lo vio venir y le dijo: '¡A mí no me tocás! Yo me disfrazo sola'. Estábamos todos afuera de su cuarto. De pronto apareció Adelaida desnuda por completo y con un gorro de lana. Ya era una mujer mayor con el culo y las tetas caídas, panza. No le importaba. Por supuesto, hubo un aplauso general y ganó el concurso. Entonces corrió hacia la ventana (vivía en una planta baja, al lado de la embajada norteamericana) y se tiró a la vereda. Salimos a mirar. Ella corría por la manzana entre los árboles, luego tocó el timbre y volvió".

La desnudez de Adelaida no debe haber sido la desnudez edénica de los hippies, sino esa con la que insiste en sus cuentos, aquella donde el disfraz —aquello con qué andar por el mundo— radica en el despojamiento extremo.

Sus fiestas eran también psicodramáticas —el desafío era mostrar la identidad con la invención de un personaje autobiográfico, la cosmética impuesta por un demiurgo ocasional y los baúles del pasado de otro—, doblemente clandestinas en sus cruces de disidentes eróticos organizados, artistas sin caballete y militantes de izquierda pretragedia.

Héctor Anabitarte, uno de los fundadores del FLH (Frente de Liberación Homosexual), que presta testimonio en el libro de Flavio Rapisardi y Alejandro Modarelli *Fiestas, baños y exilios*, recuerda una fiesta donde Adelaida también se desnudó, pero solo en parte, haciendo de esa parte un todo: "Un día organizó una fiesta de disfraces en la que, según decía, estaba disfrazada de teta. No había tenido tiempo de prepararse y solo se le ocurrió sacar un pecho afuera del vestido, y así andaba por todos lados. A eso de las doce llegó un grupo de montos amigos de los hijos, que también militaban en la organización. Después nos enteramos que venían de cometer un atentado, que habían dejado el coche estacionado en la puerta de casa, y estaban armados hasta los dientes. Ese tipo de episodio pasaba en la casa de Adelaida".

El día que fue velado Perón, Adelaida Gigli pierde tal vez todo enlace con el grupo Contorno a través de una performance donde parece acabar con la música del pasado al mismo tiempo que se declara a la multitud, pero no formando parte de ella, sino desde el balcón de su casa: sui géneris, versión de Evita, reparte entre grasitas honorarios, tapas de sus discos de vinilo con la frase "te quiero" de su puño y letra. "Servía té y mate a los manifestantes, y decía 'mañana nos moriremos todos'. Pues ella presentía que se venía el horror, que se iban a desatar todas las cóleras, el crimen, el acabose", se acuerda Anabitarte.

En una carta de Adrián Bravi a Beba Eguía, hay un retrato último de Adelaida Gigli donde la boca, ya ajena a las palabras y contra la decadencia biológica, todavía es un arma. "Ayer fui a ver a Adelaida. Como siempre, tenía una mirada perdida que no sabés qué cosa está viendo. A un cierto punto le dije que me habías llamado y que había hablado con vos y que habías preguntado por ella. Fue muy lindo, porque cuando pronuncié tu nombre me miró fijo a los ojos. En ese momento me di cuenta de que me estaba mirando, que le había tocado un punto neurálgico de sus recuerdos. Casi nunca mira con tal intensidad. No insistí más porque después se puso a gritar; lo hace siempre, no es un grito, se parece más a un lamento. Pobre Adelaida, quizá cuántas cosas hubiera querido decir o saber. Las chicas que la cuidan son muy dulces, la acarician siempre, y ella tiende siempre a morder. Es increíble. Arriba le queda solo un diente y abajo cuatro o cinco. El de arriba está todo arruinado, pero resiste".

Adelaida seguía sin aceptar el consuelo de los vivos porque alguna vez escribió: "No hay trueque. El futuro no responde". Por esa carne de su carne desaparecida, en el límite de su fuerza, se volvía antropófaga como si quisiera hacer desaparecer toda carne en el mundo.

Todamemoria

En dos cuentos de *Paralelas y solitarias*, "Una" y "Los que no tienen razón", a través de una exilada que se niega a ser consolada por las amigas a quienes se intuye como militantes de derechos humanos, y de otra que imagina su muerte próxima fuertemente entramada a su duelo, Adelaida Gigli produce algo quizá monstruoso: el testimonio que se desea a sí mismo hermético, alusivo o insinuante, que no se entrega ni a los compañeros que seguramente han huido ante esa que les enrostra, aun a través de un personaje: "Les digo que me dejen en paz, lo mío no es una manera de ser ni menos aún una revancha, ni menos aún una rectificación, ni menos aún un repliegue. Es un se me da la gana. Es un residuo. Soy un despojo consciente, lo que no hago lo hago sobre mí misma".

Adelaida ha buscado a sus hijos pero, para ella, palabras como "castigo a los culpables", "aparición con vida", lo sugiere León Rozitchner, son limitadas puesto que ella quiere una separación radical del mundo, de cualquiera de sus condiciones. Son testimonios pero que no se dan ante los tribunales, ni esperan ser escuchados puesto que ella se ha vuelto sobre sí para cobijar a sus muertos de la muerte, colocarlos más allá de cualquier reparación, justicia estatal y memoria edificante: "A Julia sus muertos no la perturbaban, cada uno de ellos seguía girando su vida y ella los seguía sosteniendo. Los llevaba a cuestas y sentía sus codazos [...] Las cosas dejadas por sus muertos (ombligos fosilizados) a los cuales había amado y por los cuales había sido amada, las llevaba encima, para nada encerradas en escapularios, las llevaba dentro de su cuerpo, entreveradas en su rodete, sostenidas en sus dobladillos [...] Julia conservaba intactas sus preferencias, sus puntos de vista, sus arrebatos y sus ternuras y sus lucideces. Conservaba de sus muertos sus deseos. Cada uno de ellos seguía siendo el que había sido [...] La muerte no los había espiritualizado ni universalizado, no los había alejado. Sus muertos gozaban de buena salud, ni se habían amalgamado. Cada uno seguía siendo sí mismo. Julia no había tragado sus consistencias; no se había obsesionado; seguía combatiendo. No los había perdonado".

Adelaida no dice "todos los desaparecidos son mis hijos", sino otras frases cinceladas al borde del aforismo si no fuera porque suenan a esas sentencias del *yo* trágico cuando se libera de todo deber ser hacia los otros. No es una versión individual de las Madres de Plaza de Mayo, sino que explora, sin hablar por las otras, lo que de la experiencia de estas no puede pasar al lenguaje. La ausencia de Lorenzo Ismael y María Adelaida hace astillas el símbolo, descree de la ley, no hay memoria que se transmita "de memoria" y de generación en generación, no se inscribe en la Historia sino que se lleva en la carne hasta el propio fin; como si Adelaida no quisiera nada de la lengua en que se dio la orden de secuestro, se administró la tortura, se renovó la injuria sobre los cuerpos supliciados y se planeó el "traslado" seguido de muerte.

En el final de "Una" hay una frase inquietante: "Ningún torturador tendrá mi boca". Y León Rozitchner (la leyó en la presentación del libro) tiene una intuición genial: "Leídos sus cuentos por nosotros, como si hubieran sido escritos para ser leídos por otros que no eran ella, nos va dando cuenta de las zozobras y los enfrentamientos, las desdichas y los desencuentros, la soledad en fin aun en el abrazo compartido de una mujer a través de los momentos fulgurantes o anodinos de sus relaciones, sus impulsos, etcétera. Todo se ha metamorfoseado, pero sigue siendo mujer-madre para expresar aun en esta ocasión la permanencia femenina de un cuerpo de mujer sintiente, que sigue verificando allí el sentido de lo que nunca será hollado: lo que el asesino se pierde. El asesino pierde a la mujer entera, nunca podrá ya ser amado por nadie, le dice Adelaida. Nunca podrá ser amado por una mujer entera, no tendrá nunca una boca como la suya. Y con ello, creo, expresa el más profundo desprecio, pero al mismo tiempo la más íntima degradación y fracaso del asesino. Es como si hubiera querido ir, a partir de ese instante en que su vida de mujer-madre se ha quebrado, a ponerse en juego nuevamente como mujer, y reconocer la metamorfosis que ese nuevo modo de ser ha producido en su vida. Y descubre que ya no habrá boca de ningún hombre que la suya pueda besar: las bocas de los hombres son para siempre bocas de torturadores".

Los jueces, los abogados, los compañeros, las exparejas, entonces, comparten el cuerpo con los torturadores. Si la lengua toda se transformó en la del exterminio de sus hijos —por eso había que irse de su territorio—, todos los hombres serán el asesino.

En su vida, Adelaida hace el amor encarnizadamente: su duelo no consiente en el renunciamiento ascético de cuño cristiano como si la sobrevivencia de los deseos de la carne formara parte de aquello que no pudo serle expropiado. En ella el sexo es experiencia de sí y del otro, pero sin las connotaciones profilácticas de los años sesenta, sino con una alegría dionisíaca de la que dan cuenta sus cuentos y sus cartas, aquello no alcanzable por el enemigo. Pero la frase enigmática ("Ningún torturador tendrá mi boca") deja resonancias definitivas. Se dice que las putas niegan la boca, que se reservan esa región de su carne para el amor, que aun públicas, no entregan. Adelaida copia esa reserva y la hace suya aunque su cuerpo lleve la carga de sus muertos.

En contraposición a esos ausentes vitalicios, las manos de Adelaida exploran cuerpos, los amasa para interrogarlos o trabaja la materia, le da color y calor hasta que esta logre sacarla de la pena: "Bebita: Desde que llegué, tuve la libido aplastada. Tu carta la encontré veinte días después, ya que no se me ocurrió abrir el buzón. Después de leerla me fui 'incomodando', es decir, me morí. Vino un tipo a comprarme una 'piastra' y a ofrecerme una muestra. Para esto, tuve que bajar al depósito donde guardo mis cerámicas pretéritas, y me gustaron", le escribe a Beba Eguía.

Ese hombre

El 10 de marzo de 2011 murió David Viñas, el padre de Lorenzo Ismael y María Adelaida. Cuántos que vivieron una pasión y se separan siguen vueltos a distancia hacia el otro, a través de una *telepatía de enfrentamiento* que sigue siendo *amor de otra manera* o de culposa veneración por más que rehúya la prueba del reencuentro y en donde la muerte de uno hace vencer la prórroga de la vida del otro. Quién sabe si David Viñas no comenzó a irse en ese octubre, cuando ya no existía en un lugar de este mundo la entraña de la que nacieron Lorenzo Ismael y María Adelaida. Si fue en ese mes cuando habrá comenzado a vencer su gran cansancio hasta hacerle doblar el cuerpo, ese que solía confundir en sus relatos con el de Patria hasta murmurar en su lecho de muerte "Caseros", como si en esa palabra se condensara una confesión personal.

Adelaida no relacionaba unívocamente escritura con publicación, como si escribiera para *ir sabiendo*. El exilio no fue para ella un territorio otro, sino una exclusión de sí que tenía la misión de explorar. Cuando se fue de la Argentina dejó no solo los beneficios de la coalición masculina, sino la lengua misma. Pero aceptaba, autoexcluida de su campo cultural de origen, la participación en concursos locales donde parecía querer consagrase en pequeñas dosis y por fuera del territorio del exterminio —allí donde no pisara sangre—.

Según Adrián Bravi, *Paralelas y solitarias* es una recopilación de cuentos que Adelaida Gigli hizo para mandar en 1986 al Premio Fundación Alfredo y Amalia Fortabat, categoría cuento (seudónimo: Recanati, número de inscripción: C-05). Este gesto, que puede ser interpretado como una distracción, pudo haber sido la gran performance de Adelaida: el retorno al campo cultural propio a través de un símbolo femenino de la reacción espantaizquierdas. Si Adelaida Gigli siempre abjuró de ser una protagonista de las políticas de la memoria, su desmemoria final tienta a una lectura más filosófica que paramédica y León Rozitchner la realiza en la presentación: "No creo que haya perdido la memoria, como los médicos dicen. Creo que Adelaida ha tocado fondo: ha ido hasta el fondo de sí misma, ese lugar íntimo e indescifrable al que estos cuentos la llevaban. Que no eran cuentos: eran experiencias inenarrables, porque solo ella podía entender lo que escribía; porque se lo decía para sí misma mientras imaginaba y describía los frustrados intentos de seguir viva. Pero no era posible, para ella al menos, por ser Adelaida. Había que tener su coraje extremo de abrir un camino solitario que ella sola sabía adónde la llevaba, pero era la verdad más cierta la que buscaba, encontraba y se decía. Como ahora, aunque ya no hable y no reconozca a los amigos, la memoria del cuerpo permanece muda, y nosotros decimos entonces que no tiene memoria. Pero ¿hemos acaso escuchado sus sollozos, sus gritos, hemos visto acaso sus lágrimas? Ese cuerpo intenso, intensivo, fue llevado al silencio como un escalón más de ese camino que desde estos cuentos se vislumbra: que la llevaba al silencio de estar sola, el más absoluto, en medio del mundo luego de haber alcanzado quizás una verdad en la que al fin la Adelaida que fue y la Adelaida que era terminó coincidiendo consigo misma: sin palabras, sin otros. Quizás desde ese mundo insoportable, sin palabras, solo quepa, imaginamos, el grito de la desesperanza última que la vida le dice que grite a los que la dejamos sola".

Entonces, Adelaida Gigli, aquella de la que se dice que delataba todas las imposturas, hasta la de decir "buenos días" para que la verdad también alcanzara lo nimio, lo dado por menor y cotidiano, la que su amiga Beba Eguía considera la gran trágica de su época y la más radical es, en realidad, *Todamemoria*. ¿Cómo seguir recordando, hablando, luego de haber escrito "Y recién todo sería muerte cuando ella muriese, cuando ella ya no fuera más mecanismo, cuando ella no pudiera más constatar lo que iba de sus muertos hacia los vivos, lo que ahora estaba en ella, presionando otra vez la faz de la tierra"?

El 24 de marzo, cuando los hijos de Adelaida Gigli ya no tengan su carne para presionar otra vez la faz de la tierra, la lengua que ella sentenció culpable dirá los nombres de Lorenzo Ismael y María Adelaida, la multitud llevará sus fotografías y, entonces, todos seremos culpables de que no todo sea muerte como ella decía querer en su dolor inconmensurable, pero tal vez la unión de los cuerpos, su comunión insurrecta, libere a esa *Todamemoria* de su duelo infinito. Y este homenaje sea un sacrilegio entre ateos.

2011

Lohana y Josefina

I

Esta es una historia de amor, la de dos que estaban destinadas a no encontrarse más que a través de un lazo profesional, en el que la tutela se sostendría siempre del mismo lado; historia jugada, en el mejor de los casos, al relámpago de un entendimiento que solo una de ellas pondría en palabras, pero el diablo —que siempre fue cuir— metió la cola y devino, justamente o con justicia, *amor sin nombre* aunque escapara a la ley, al inventarse a sí mismo en su novedad y subversión ¿Exagero? No: leo.

La Berkins. Una combatiente de frontera es un trabajo antropológico tanto como *Operación Masacre* es un policial: sin duda recoge, a través de una testiga privilegiada —la travestiarca o la Comandante Mariposa Lohana Berkins—, la vida de una comunidad sin comunidad en la versión de una antropóloga a partir de un *entre dos* que logra hacer conflictiva la propiedad intelectual. Sin duda, una pieza clave para un archivo trans como registro histórico para la memoria LGTTBI y monumento gráfico a las compañeras muertas y desaparecidas, al igual que esas travas que, en medio de la Panamericana, como si tuvieran un oído biónico y forradas en lamé, purpurina y otros brillos, saltaban a los árboles ante el sonido de un patrullero, hasta convertirlos en extemporáneos pinos de Navidad; todo el libro escapa, escapa, escapa... en este caso a toda definición alambrada.

Alguna vez me pareció que era necesario diferenciar al académico y al cronista compañero del *cafiolo de intensidades*. Me refiero a los cazadores oportunistas del relato "fuerte", "dramático", esos a quienes les basta prender el grabador y, sin correr ningún riesgo, ni siquiera el de pensar, logran obtener un texto que satisface la sed de sangre amarilla de la prensa o la de exotismo de la universidad; todos con sus agendas de personas trans, mujeres golpeadas, privados de libertad, sobrevivientes a enfermedades terminales, pobres "coloridos" y... (llenar los puntos suspensivos con los nombres de "especies" expropiadas por los textos sensacionalistas). Entonces, se me ocurrió: ¿qué sucedería si se pasara el grabador, es decir, si se socializara un procedimiento que va mucho más allá de la técnica? ¿Si se jaqueara el par experto-objeto y se hiciera rodar un casete entre pares fuera de esos espacios tutelados/privados de ciudadanía, gerenciados por la política partidaria o reciclados por la cultura progresista en productos de exotismo pop, y se dejara dominar el grabador a aquellos que, para la ciudad posmoderna, siguen siendo considerados "leídos" por otros y no "lectores", a pesar de sus múltiples saberes? Este libro, con sus cruces prolíficos y sus invenciones críticas, alienta esa subversión riquísima.

La Berkins. Una combatiente de frontera no es *Los hijos de Sánchez*, trabajo patrón sobre una familia de extracción popular mexicana, del que vivió académicamente y en plan *best seller* su autor, el antropólogo Oscar Lewis, mientras los Sánchez continuaban su vida precaria. Ni *Hasta no verte Jesús mío*, donde la bautizada "Jesusa Palancares" donó su voz a Elena Poniatowska sin aceptar ningún intercambio que atenúe la culpa ni desear intervenir en la escritura. Si "Jose" perdió el apellido en la trasmutación personal que significó hacer la bio de Lohana o lo recuperaba solo como un estigma cuando Lohana, durante las entrevistas, le señalaba sus prejuicios, escribió estas páginas con la utopía de instalarse en un espacio común para saberes académicos y no académicos —*tener calle* y *tener claustro* no están divorciados, porque en la calle hay libros no escritos y un claustro sin barro es una bóveda—, dejando que las voces trans se hicieran oír más allá del registro testimonial con que se las suele convocar en las investigaciones convencionales. El *cuéntame tu vida* no es mera anécdota para la ilustración de una tesis de escritorio, sino una fuerza corrosiva para hacer del conocimiento una interpelación al Estado y una herramienta que nadie puede incautar.

Es decir, *La Berkins. Una combatiente de frontera* funda una Ley Mariposa que hizo difuminar con el polvillo de sus alas la separación entre expertos/sujetos y cuerpos precarios/objetos de investigación. Y para mí esta es una experiencia de una radicalidad futura que prueba que, aun en tiempos sombríos, la revolución, supuestamente vencida o muerta, es capaz de levantarse como un zombi para hacer de la vida una revuelta sin jubilación.

II. Santa Lohana Cuir (un intervalo)

La iconografía popular tiene algo de santuario de ruta y feria americana. Nada de divisas copetudas, retratos ovales o joyas de cara pedrería. La iconografía de Lohana Berkins, líder pluscuamperfecta, no esconde en sus objetos lo menudo amoroso pero hecho con la laboriosa artesanía del pobre: "India, latina, trava", solía adjetivarse a sí misma con orgullo. Aquí trato de reinventarla en memoria de su vida brillante, breve, contagiosa de furia travesti y de energía política descamisada (Marlene Wayar sostiene que Lohana siempre fue peronista).

El nombre. Hizo de él una gesta hasta borrar al otro, el del documento. El "Lohana Berkins" —indocumentable para las listas del registro civil debido a su exceso de imaginación— significó un autobautismo sin pasado: "Yo siempre fui Lohana", declaraba la que así se nombró. Es que el nombre propio trans, como el nombre de guerra del militante clandestino, es una cifra más allá de su uso práctico; en cada uno de ellos está *la voz de aura* de un proyecto autobiográfico que descree del referente, un logo y una voluntad políticos.

La ojota. Paradójicamente, a medida que se fue haciendo militante y colocándose en el "arriba" legítimo de quien habla luego de escuchar a todos y para todos, Lohana fue perdiendo estatura. Es que se había bajado de los *stilettos* imprescindibles para el yire que prescribía la forma de guitarrón y el tamaño *large* que copara la parada. Su *bajarse* a las ojotas fue el equivalente a cuando Evita se ató el cabello en apretado rodete, cuando Fidel se dejó para siempre la barba selvática, cuando Perón se sacó saco y corbata y se mostró con gorrito de visera, que es el atributo del trabajo a la intemperie. Las ojotas vienen de las *usutas* ("ojotas") de los incas y tienen algo de esas botas abiertas, hechas con los codos de los potros que los antiguos gauchos usaban para estribar y se dominaban entre el dedo gordo y el que sigue. Las ojotas le servían a Lohana para no separar lo privado de lo público —el dormitorio de la plaza, el piso de tierra del de mármol—, movilizar desde un escenario, o sacárselas rápido para ganarle en velocidad al camión celular. La ojota hace a Lohana par de cholos y cholas, liviana en el entrecasa de la causa, usuaria de un elemento barato que se sitúa entre el pobre "en patas" y el urbano zapato.

La comida. Lohana comía mucho y con ganas. Jamás cultivó la anorexia de protocolo que dicta no vaciar el plato, el pequeño bocado pausa tras pausa de los ahítos (burgueses).

¿Qué hacía Lohana durante la dictadura? Cobraba y comía: "De día andaba por los bares, y siempre me enganchaba un viejo: comía como diez veces por noche. Siempre fui muy despatarrada para esas cosas. A mí siempre me gustó comer, pero se supone que cuando vas a un restaurante con un varón tenés que comer poco, y yo trago como una condenada y si me llaman 'salvaje' no me importa". En un restaurante Lohana solía untar con unción el contenido entero del paquetito de manteca sobre una tostada y comerlo de un solo bocado, como el pez grande se come al chico; con los deditos correctamente apoyados sobre los cubiertos, descuartizaba la milanesa a la napolitana y la devoraba con una velocidad de videoclip y hasta que el plato quedaba tan blanco que no hacía falta limpiarlo. Comía porque podría no comer mañana, comía porque el rechazar hacerlo es un insulto para los que pasan hambre. Entonces sus cumpleaños eran banquetes populares chorreantes de locro, empanadas, colaciones, todos platos de la olla cartonera de la cocina latinoamericana, nada de esas fiestas gorilas esnobeadas en pizzas finas como ostias y aperitivos de cuentagotas.

En *La Berkins. Una combatiente de frontera*, Lohana va dejando su legado teórico político mientras mastica ensaimadas, ristras de asado, medialunas, Saladix sabor *capresse* y, al final, esos duraznos que ya deberían formar parte de su mito como la manzana en el de Adán y Eva. Lohana comía contra el ascetismo de las izquierdas y para tomar una especie de comunión opípara y laica entre sus parientes, amigos y cumpas. Y seguramente la metáfora comunista del pan le haría ronronear de disgusto el estómago.

El micrófono. El micrófono en Lohana era, ante todo, visual. Cuando lo tomaba, transmitía que ella había tomado también la palabra y que, en breve, la iba a arrojar como quien despliega una bandera, a la multitud; que a través de sus cuerdas vocales la verdad saldría quebrada por la emoción, pero clara en su firmeza irrenunciable. La voz de Lohana era la inscripción en su cuerpo de su lucha. *Impresionante* como la de esos poetas en quienes la poesía *les ha tomado el cuerpo* y entonces solo ellos pueden interpretarla (un Ezra Pound, un Néstor Perlongher, una Alejandra Pizarnik).

Hay voces lúcidas y justas pero que en la plaza chocan contra un muro imaginario de vidrio blindado y *no se hacen oír*; hay otras que, acostumbradas al diálogo de escritorio ante el juez, el ministro o el puntero, solo pueden llegar a *uno por uno* a través de un pulseo argumentativo (para la plaza son flojonas y plomíferas).

Mientras el poder trama voces *enteras*, cuyo estilo consiste, más allá de su singularidad, sobre todo en *elevarse* (Perón, Castro, Chávez) y en la repetición hipnótica, la de Lohana era una voz *rota* pero no quebrada. Rota porque, siendo una voz de masas y de plazas, debía tener un alcance por sobre el instrumento técnico del micrófono, *simbólico*. Húmeda, como ahogada por la propia emoción; quizás porque la humedad está presente en los fluidos del placer, en el parto y en el cuerpo trabajador, se oponía al llanto.

Había que oír arengar a Lohana en las Plazas del Orgullo: ponía la piel de gallina, aunque ella fuera capaz de disolver su voz en una carcajada. Cierta vez, en plena Plaza de Mayo, Lohana llamaba la atención desde el camión de la CHA, con un método infalible: la orden de besarla: "—¡A ver, esa feminista que anda por ahí, Josefina Fernández, béseme! ¡Flavio Rapisardi, un piquito! ¡María Moreno, piedra libre detrás de la pirámide, venga para acá!". Y si no dijo "el que no besa es homofóbico" es porque todos obedecieron y le dieron un piquito a plaza llena, esa donde ella *no elevaba la voz,* como si no quisiera estar por encima de aquellos a quienes se dirigía.

La panza. Lo del sobrepeso es un detalle. La panza de Lohana era simbólica, una performance corporal. En una foto que le sacó Viviana D'Amelia parece haber una cita de *Santa Ana, la Virgen y el niño,* donde Paula Rodríguez hace de Santa Ana y el niño se supone en el vientre grandote de Lohana (María), aunque también podría no haber niño y, ese, ser el vientre del Buda de la alegría.

La estampita. El *fetiche* es metonímico e irrecíproco —el voyeur que goza de la visión de un portaligas negro o de una botita de veintidós botones no necesita de la reciprocidad de la mujer entera—; el *talismán* es metafórico y quien lo entrega lo hace como un enviado representante de su ser —quien lo recibe, lejos de exhibirlo a la mirada, lo oculta dentro de sus ropas—; la *prenda,* en cambio, es un voto que se comparte. Las estampitas que Lohana solía repartir de su virgen favorita eran prendas de amor devenidas colectivas, para llevar cerca del corazón en promesa secreta de perpetua lucha.

La Virgen de Urkupiña. No es María Inmaculada con su sayo celeste cielo, limpia y como intocada, sino una virgen que se ha aparecido entre algarrobales y cactus y no habla con el español de la Real Academia sino quechua. Lohana creía en un Dios terriblemente femenino ("No sé si será travesti o mujer"), un Dios de perdón ("Si me ha creado sabe mis debilidades y me ama") y esta virgen espumosa de puntillas, ofrendada en chiches de pobre, es coartada de reunión y resistencia, olorosa de chicha y harina de maíz, frutos de la Pachamama y de la mano más morocha.

La mariposa. La política de Lohana era de una insurgencia que no separaba la teoría aprendida, más por ósmosis y oído fino que por los libros, de la ruta o la calle; la fiesta-banquete latino, del reclamo en despachos estatales que ella dominaba con retórica irrefutable; la marcha de protesta plena de cantos "desaforidos", de las ponencias en congresos internacionales con paraninfo y credencial; la mediación astuta y provisoria, de la alianza que lima en acuerdo el variado "entre nosotros". Cuando decía que el firmamento cuir se parecía a la bandera de Estados Unidos (¡todas estrellas!) abogaba por buscar lo común más allá de los narcisismos separadores y la inversión de la más conocida consigna feminista de "lo personal es político" en "lo político es personal". Y para bendecir ese legado, santa laica como era, durante la primera marcha de la Colectiva Lohana Berkins largó sobre carteles y banderas una suelta de mariposas. Puede que Facundo Manes tenga una explicación científica pero no, ERA ELLA que hacía el milagro de un juego nemotécnico capaz de recordarnos el coraje para ser mariposas en un mundo de gusanos capitalista.

Un cuadro. Lohana era *un cuadro*, pero el hecho de que lo fuera jaquea el sentido de *cuadro* y lleva la condición de trans a un más allá del género. Y si, según la doxa revolucionaria, un cuadro es un individuo que ha alcanzado el suficiente desarrollo político como para poder interpretar las grandes directivas emanadas del poder central, hacerlas suyas y transmitirlas como orientación a la masa (p.d: *percibiendo además las manifestaciones que esta haga de sus deseos y sus motivaciones más íntimas*), esa escolástica con Lohana ha sido vencida ya que su política *desobedece* mezclando a Rosa Luxemburgo con la Difunta Correa, y oponiendo al verticalismo, la crítica y la invención.

Fotos. Un *cuadro* tiene la mano educada para el puño, no para la *selfie*. Cuando Lohana Berkins se volvió famosa, la fotógrafa Viviana D'Amelia le hizo una serie de fotografías que luego expuso. La gente le preguntaba dónde estaba el travestismo. Si se vio la muestra con la clave "vida de una travesti", se logró encarcelar la mirada hasta que no fue posible tener la fantasía —entre otras— de que se está viendo proyectada la vida de una madre con una familia numerosa, encima otra vez embarazada (por la panza) y militante barrial.

Porque, ¿qué sería *lo travesti* de una foto? ¿Lohana desnuda? A veces, ella le pidió a Viviana que le sacara una foto "en bolas", pero se trataba de un pedido ambiguo que no parecía en absoluto asociado a la serie a exponer, realizado más bien desde la espontánea fantasía que cualquiera podría expresar al tener familiaridad con un fotógrafo. Sin embargo, la desnudez de Lohana está presente en las fotos a través de una cita, la de *La maja desnuda* de Goya, donde ella está extendida en una *chaise longue*, solo que debe contraer un poco los pies de *madraza*, aumentativo que alude tanto a su predisposición generosa como a su condición de *demasiado* alta... ¿*Demasiado* respecto de qué? ¿Para ser una mujer? No, para esa *chaise longue*.

En la serie hay una foto de Lohana en su pieza de hotel. Está junto a la pila de ropa de un espacio sin placard, cercada por la heladera y la alacena y ante un mate. Parece estar posando para señalar la precariedad del espacio privado que el Estado le ofreció tanto tiempo a ella y sus compañeras

Otras imágenes. Contra un fondo de casa en obra, un Cristo femenino reparte panes entre apóstoles jovencísimos: es Lohana junto a sus sobrinos. La más triste: Valeria, una travesti enferma de sida, poco antes de morir y acostada en una cama de hospital, mira con alegría a esa sombra en movimiento que parece preceder a la aparición de un ángel: Lohana.

III. Libros, sí, ojotas también

Josefina Fernández (Jose) *era* antropóloga, y digo *era* porque es de esa clase de investigadoras a las que su tema de investigación le ha cambiado la vida y que, en este caso, no la ha perdido, al igual que otros investigadores radicales como Rodolfo Walsh o Néstor Perlongher, sino que la ha llenado de *Cumbia, copeteo y lágrimas*, título del libro que ayudó a editar a Lohana, luego del pionero *La gesta del nombre propio.*

Ella ha sido la cumpa más seguidora y pionera de la comunidad travesti-trans y no solo con los libros, sino con las búsquedas en las comisarías, las entrevistas al compás de empanadas y vino (más Coca-Cola en el caso de Lohana), los argumentos irrefutables ante los funcionarios de turno, las festicholas y las reuniones militantes; y hay una casita hermosa en la calle Tacuarí que debería tener en la puerta una placa conmemorativa que empiece con el calificativo de *La Gloriosa*, que solo en este caso no es la JP sino ese multihogar contra la calle policial, el ninguneo estatal, y la fiaca de la Justicia y la ley.

Pero también necia es la Jose, bien lo sabía Lohana, y durante mucho tiempo dudó ante la responsabilidad de ser la legataria de esa voz política mayor destra(v)ada. Y, de tomar la decisión, imaginaba no contar con las fintas literarias a la altura, menos por las exigencias austeras de su profesión que por sentirse de un palo restringido a un lugar de lectora. Pero la yunta que fue potente en vida de Lohana, lo fue más aún luego de su muerte: como si ella le hubiera transmitido su furia trava, la prosa de la Jose se fue desatando en recursos retóricos radiantes que ni que se hubiera hecho las tetas y montado en *stilettos*. Y *La Berkin. Una combatiente de frontera* tiene momentos de gran novela latinoamericana, como *Si me querés, quereme transa*, de Cristian Alarcón, aunque las dos sean obras calificadas de *no ficción*. Pero quizás la verdadera subversión radica en esa intimidad que destila el libro, tan poco "científica" y que tiene escenas sobrecogedoras.

Una noche, Lohana se quedó a dormir en lo de Jose, más precisamente en el cuarto de su hija Ire que, fiesta mediante, lo haría en casa de una amiga. Pero Ire regresa sin avisar y Jose rumia en su cama, con zozobra aunque autocríticamente, sus prejuicios pequeño burgueses —no los detalla aunque se pueden descontar—. Hasta que oye voces destempladas ("¡Correte, Berk, me estás tirando, corré el culo!", "¡Más respeto, chiquita! ¿Dónde querés que meta mi gruesa humanidad?"), y entonces se sumerge en el sueño. Y este es uno de los gestos de *pase de frontera* que registra el libro: acoger a la hija en su libertad de dormir junto a un cuerpo disidente en el abandono a una intimidad mayor que la del sexo, la del sueño que, en el caso de Lohana, es ruidoso, imperial, casi de ocupación. ¿Dije *de ocupación*?: cuando el marido de Jose fue echado de la casa por una infidelidad, Lohana no solo fue la confidente fiel en sus cuidados y una guerrillera contra la depresión, sino que instaló su oficina en el escritorio de quien llamaba "el finado". Convertido en la sede de la Asociación de Lucha por la Identidad Travesti-Transexual —ALITT— ("Bien travestito te va a quedar. Ni te vas a acordar del chongo"), el cuarto fue reformado con una decoración radical: las fotos de Carlos Jáuregui, de Audre Lorde y de Angela Davis, y dos pósteres, uno con la frase "Ignorance=Fear, Condomise and stay alive Stop racism" y otro con una de Nelson Mandela, escrita a mano por Josefina: "It always seems impossible until it's done".

Otra escena: cuando Gustavo, ese amor de Lohana que ella narraba como único, la abandona llevándose todas sus pertenencias, incluida la pava, a quien llama, desolada pero dispuesta a la reparación de una carne al horno, es a Jose. Pero, sobre todo, le entrega la responsabilidad de acompañarla a morir luego de esa frase trágica que está en la primera parte de *La Berkins*: "Vos, que sos antropóloga, explícame: ¿por qué me pasa esto justo ahora, que tengo un buen trabajo, vacaciones, obra social, cobro bien y hago lo que me gusta? ¿Por qué?".

Y si dije que esta era una historia de amor es por el tono airado de algunos diálogos que a menudo parecen proceder menos de la pasión política que del deseo de posesión que despiertan los celos mutuos en el amor romántico.

La Berkins. Una combatiente de frontera es pura teoría en situación: sobre la sororidad trava, los crímenes de odio, la novela trans, las diferencias de gestión *prostitucional* (término de Lohana) entre fiolos, rufianas y madres de calle, y hasta sobre las dietéticas del sufrimiento según la clase social (para Lohana, adelgazar durante una depresión es propio de la clase media blanca).

Cuando Lohana acepta el proyecto biográfico, o lo impone (no queda claro), no parece dirigida por el ego aun negociado en su voluntad militante, sino a *dar a existir* a las que no existieron para el Estado; a las que se fueron demasiado pronto para disfrutar de un reconocimiento irreversible como Nadia Echazú; a las etnólogas de sí como la Perica, que vive en Roma y organizó desde el palacio Valentino hasta la Embajada Argentina, a lo largo de la Via Cavour, una marcha por las muertas en la Panamericana; a las amigas que le brindaron su hospitalidad, como la Katiluz cuando era una travesti casi niña, la esteticista improvisada que le inyectó sus primeras siliconas. Además, ¿cómo, si no, inscribir el paso por la vida de seres tan olvidados como la Ojitos Prestados, la Cinco Pesos, la Rosa Encantada o Katy "la borracha", de las que ni se sabe dónde están sus tumbas, sino haciendo esa justicia? Porque Lohana nombra y Josefina Fernández registra esos nombres sin bautismo que ya son el fruto de una imaginación colectiva, graciosa y taimada de "autoras de la calle". Es que su ética se alimentaba de una lealtad al pasado que la dejaba sola. En *Principios de un pensamiento crítico*, Didier Eribon definió el mundo de quien sobrepasa su destino: "Cada uno de nosotros lleva en sí la marca del lugar donde nació, del 'lugar' que le corresponde o le correspondió anteriormente, pero que sigue siempre presente en todas las situaciones que puedan vivirse a continuación, a pesar de los cambios y las experiencias que se atraviesan. El tránsfuga es tal vez, de un modo u otro, alguien que ha huido, pero también alguien que no logra jamás escapar del todo, porque el mundo en que se encuentra le recuerda a cada instante que el mundo del que viene era diferente". Pero, como *tránsfuga*, si Eribon "regresó" a su origen volviéndolo historia e instrumento crítico de emancipación (*Regreso a Reims*), pero instalando el malestar en su familia que por poco lo consideró un desagradecido y un traidor, Lohana no lo hizo: nunca dejó de ir y venir entre dos mundos; y los retratos que traza a través de la escucha de Josefina Fernández, lejos de ser ideales, ya politizados e inscriptos en una interpretación, seguramente, no hubieran ofendido a las involucradas.

Lohana Berkins y Josefina Fernández no constituyen una comunión beatífica de pensamiento y su fuerza común no radica en el intercambio progre de lugares, como cuando la primera fue a hacer una mediación al hotel Gondolín donde las aguas servidas de los baños se topaban a la entrada de las habitaciones con trapos nunca relevados y Lohana viajaba a Harvard para plantarse en un congreso con la frase "Yo no soy Rigoberta Menchú, no vengo a dar testimonio, vengo a hacer teoría". Cuerpo a cuerpo, las dos se fueron reinventando para hacer este libro, a través de una suerte de *formación mutua* de vena anarca, hecha de peloteras con residuos pedagógicos para ambas, acuerdos tácitos y a regañadientes e infinidad de *poner el hombro* a la obtención de derechos, sin tregua y a lo largo de veinte años.

No se le escapa a Josefina Fernández que el proyecto no podía reducirse a restituir sin filtro la palabra de sus "actores", ya que la mera edición constituye una intervención ideológica en posición privilegiada. Y si bien Didier Eribon advierte en *Principios de un pensamiento crítico* sobre esos intelectuales populistas que hacen hablar a los obreros como filósofos, mientras recuerda una y otra vez la necesidad de situar los discursos en su contexto histórico, se olvida que se puede aprender teoría en los intersticios de la academia y de la militancia o como lo hacía Lohana. Tampoco Josefina Fernández imaginó nunca en su duradera relación con Lohana que cambiaba su identidad como lo hacen algunos "expertos" que, luego de sus investigaciones, se "autoperciben" como sus analizados, aunque sin la injuria originaria ni el estigma social. Solo que se podría llamar también a Fernández "combatiente de frontera", aquella que, con entusiasmo militante pero sin ninguna ilusión populista, aspiró con este libro y a través de una biografía política magistral a dejar su grano de arena (una metáfora obvia pero luminosa) para la emancipación. Claro que sin olvidar la singularidad de su amiga —tal vez Lohana no era una travesti, sino una Lohana, como Batato Barea era un Batato y la identidad travesti una autodefinición *en situación*— y entendiendo profundamente que tampoco se trataba de renunciar a la voluntad de disolver una identidad decidida, en la de "como usted y como yo", donde siempre se suele difuminar, amén de la desigualdad de derechos, la diferente cuadrícula diseñada por la sociedad para cada destino. Lohana solía decir: "Me pregunto cómo será ser hombre, porque nunca viví de esa manera. Ni siquiera me siento hombre. Como mujer, te diré que tampoco sé cómo se vive. Porque yo no soy mujer. Soy travesti. Esa es la palabra que me identifica. Mis tetas, mi pene, mi cuerpo entero. Y esta sonrisa que no podés ver".

2020

68, el culo te abrocho

No, no estoy iniciando esta performance oratoria tras el ataque de alguna variante del síndrome de Tourette sino que, citando un aforismo barrial, puedo bien dar cuenta de que, aunque local y murguesco, su riqueza de sentido nada tiene que envidiar a los grafitis revolucionarios del mayo más mentado. Porque entre los mitos de origen de la sucesión de acontecimientos que la primera puesta en escena de esta serie de charlas tituló "Utopía, furor y desencanto", el origen es erótico. Ya habían empezado las barricadas, el *look* de jeans desteñidos, melenas a la *sans façon* y de limpieza teórica cuando el ministro de Juventudes François Missoffe fue de visita a Nanterre, luego de que se hubiera implantado la prohibición de residencias universitarias mixtas generando encontronazos con la policía, que muy apresuradamente se leyeron como "revolución sexual", ante la perspectiva de dormitorios separados en un edificio de las afueras luego los años de *Viva la Pepa* del Barrio Latino —parte de la universidad no solo había sido trasladada sino moralizada—. En realidad, no había sido una prohibición sino un oídos sordos. Un petiso pelirrojo, ya con fama de líder carismático a pesar de compartir su gestalt con Woody Allen —entonces desconocido, es cierto—, realizó un ademán psicópata pero efectivo: pedirle fuego al ministro para encender un cigarrillo. El ministro lo hizo aun sospechando que dar fuego a un pelirrojo era metafóricamente iniciar un incendio. El joven habría dicho: "Señor ministro, he leído su informe sobre la juventud. En trescientas páginas no hay ni una sola palabra sobre cuestiones sexuales entre los jóvenes". Quizás estas palabras sean tan apócrifas como las que se le adjudicaron a León Trotsky, herido de muerte por Ramón Mercader: "Esta vez me han vencido, Natalia, pero la próxima triunfará la justicia y la revolución". El ministro fue rápido como, dice otro mito, son los hablantes de la lengua de Racine o a la historia la escriben los vencedores: "No me extraña, con una cara como la tuya, que tengas esa clase de problemas: te sugiero que te des un chapuzón en la piscina". El joven Cohn-Bendit no hubiera llegado tan lejos de no haber rematado la réplica: "Esa respuesta —contestó— es digna del ministro de las Juventudes Hitlerianas".

Poco después aceptó que se imprimiera un afiche con su cara y una leyenda "Indeseable". A mí me gustaría afirmar que la estrategia política de los disidentes sexuales de transformar la injuria en orgullo tuvo en esta acción un antecedente, pero el Comintern Central LGTTBI me lo ha prohibido.

Fuera de esta anécdota, el mayo francés fue falócrata, patotero, genitalista. "Los ángeles del mimeógrafo", llamaba una publicación a las chicas de *mayo 68*. El nombre de la publicación era *La liberación de la mujer. Año cero* (editada por Granica) y está extraviada en mi biblioteca. Sé por experiencia que, si la encontrara, lo único que me serviría hoy, aquí, sería esa frase que es la metáfora de una injusticia: la de que una insurrección no haya sido igual para el bautizado, con mordacidad femenina, "el segundo sexo".

Sé que hoy, en una versión *aggiornada* del cuadro de Delacroix *La Libertad guiando al pueblo*, los senos de la figura central serían de silicona y su identidad, trans; el caballero armado y burgués que la secunda, un exmilitante de *mayo 68* reconvertido en ministro de Macron; el descamisado que yace mendicante a sus pies, un ferroviario abatido por la nueva y protestada reforma laboral; y los cadáveres que constituyen el piso del cuadro, marroquíes ahogados al tirarse de las pateras en las fronteras de España. Pero por aquellos años el lenguaje simbólico exigía del género, el sexo "verdadero", aunque fuera cosmético: Caroline de Bendern —una modelo inglesa amiga de Andy Warhol y de Lou Reed—, considerada la nueva "Marianne", identidad francesa de la Libertad en el cuadro de Delacroix, y que posa para los fotógrafos a babucha de un *hombre de mayo* llamado Jean-Jacques Lebel marchando a la Bastilla y que salió en *Times* y *Life,* por lo que fue desheredada por su bisabuelo, el conde de Bendern, se parecía más a Paris Hilton que a Tania la guerrillera. Por otra parte, el *estar a babucha* la infantiliza, transmitiendo su inmadurez política, cuando no la exhibe como un trofeo como el que había conseguido, en nuestros avanzados setenta, el montonero Pino Solanas a través de Chunchuna Villafañe.

En los setenta carteles realizados por los *ateliers* populares de la época y recopilados en 1982 por la Biblioteca Nacional de Francia para la exposición "Los pósteres de mayo del 68 o la imaginación gráfica", hay mucho obrerismo, antigaullismo, surrealismo, situacionismo, anarquismo, aforismo. De feminismo, minga. Salvo, según Victoria Mateos de Manuel (*Mitos de un "mayo del 68" feminista*, revista *La Grieta*), en dos casos. Por un lado, un afiche donde una belleza estudiantil lanza un adoquín con el epígrafe "La beauté est dans la rue" (La belleza está en la calle); qué manera de hacer atrasar a Rimbaud, que a los veinte se atrevió a sentarla en sus rodillas y repudiarla. Por otro, "un cartel que lleva a cabo una provocativa sátira de la masculinidad, criticando la brutalidad policial e igualando a todos los varones bajo el temible espectro del *violador*: 'Les CRS sont aussi des hommes. La preuve? Ils violent les filles dans les commisariats' (Los antidisturbios son también hombres. ¿La evidencia? Ellos violan a las muchachas en las comisarías)".

De las más de cincuenta siglas que inyectan sus mayúsculas en los *archivos internacionales mayo 68* (CFDT, Confederación Francesa Democrática del Trabajo; CNJA, Centro Nacional de Jóvenes Agricultores; SDS, Liga de Estudiantes Alemanes Socialistas; SP, Comité de Redacción de Servir al Pueblo...) ni una admite *lo no mixto* y ni siquiera un salto al español es capaz de convertir a las del Frente Estudiantil Antifascista (FEA) en un chiste de doble sentido.

Según Florence Prudhomme (*El 22 de marzo de 1968, mayo del 68 y las mujeres*), antes del 68, la ley Neuwirth había autorizado la anticoncepción y la pastilla anticonceptiva que puso parcialmente fin a la ley de 1920 que prohibía todo control de la natalidad y que, bajo el régimen de Vichy, consideró el aborto como crimen de Estado y punible con pena de muerte. Si el franco-machirulo de barricada interpretó la libertad sexual ejercida con una compañera consumidora de la píldora como un derecho de pernada sobre ella, sin el riesgo de una paternidad indeseada o un aborto a cuyo pago desviar la dieta en buhardilla, tintorro y panfletos, ella seguramente obtendría sus orgasmos de acuerdo a su lugar en el mercado de los encantos: no creo que sea a raíz de la simple selección de los *paparazzi* de revueltas que las fotografiadas en las multitudes insurgentes de *mayo 68* parecieran contratables, como Caroline de Bendern, para posar en una tapa de *Vogue*. En buen cayetano, aunque con una retórica muy posterior y muy a la Luce Irigaray haciéndose expulsar por Lacan de la École Freudienne de Paris debido a sus críticas antifalócratas, lo explica Florence Prudhomme: "Evidentemente el sujeto del discurso era un sujeto masculino animado de una sexualidad masculina, gozando muy simplemente de una libido fálica y que no corría los riesgos de un embarazo no deseado y de un aborto clandestino, peligroso y a veces mortal".

Aunque mujeres y disidentes sexuales compartieron adoquines, asambleas y aerosoles, sus reivindicaciones quedaron *à la gauche*, es decir, en la agenda del mañana de la revolución. Pero como en el trauma es el segundo tiempo el significativo, había que empezar otra década para que surgiera el MLF (Movimiento de Liberación de las Mujeres) y el Frente Homosexual de Acción Revolucionaria (FHAR).

Mayo 68 fue su compost; el compost puede admitir tanto arena como adoquines para un futuro imparable. "Los hijos del compost" es parte de una serie de relatos de ciencia ficción feminista utópica narrados por la teórica y activista Donna Haraway, en los que alude a la fundación de sociedades experimentales de múltiples orígenes humanos y no humanos, raciales, religiosos, económicos y regionales en diversos puntos devastados del planeta, como acuíferos contaminados o destruidos por la minería de carbón practicada a cielo abierto, para sanarlos construyendo alianzas diversas, corredores ecológicos, redes, migraciones no expulsivas por la guerra, el hambre o el genocidio sino tramadas por la aventura y la curiosidad. Los niños del compost constituyen mímesis biológicas con animales en peligro de extinción, pueden adoptar mutaciones corporales por placer o por estética, elegir entre diversos géneros luego de superados los cuatro reconocidos en el pasado —femenino, masculino, transfemenino y transmasculino— o no elegir ninguno. De mayores, son expertos en estudios descolonizadores interespecies, viven en parentescos no reproductivos que pueden adquirir en cualquier período de la vida y practican el animismo en una ritualizada y muy narrativa comunidad con los muertos para una paz, al mismo tiempo duradera y en constante devenir de todes. Yo utilizo la noción de "compost" para aludir a elementos heterogéneos y hasta de apariencia irreconciliable, capaces de fermentar haciendo crecer una herencia y rompiendo, en palabras de Haraway, la tentación de imaginar un *empezar todo de nuevo* en lugar de aprender a heredar abiertamente tanto lo positivo como lo negativo; y, agrego yo, lo caduco, lo malogrado que, en este caso, negativizaría mayo del 68 entre la utopía y el desencanto.

68 en mí

En una habitación de departamento del barrio de Balvanera iluminada por una vela y cuyas paredes estaban cubiertas en toda su extensión por citas literarias al igual que una *cave* existencialista, yo solía posar de lectora. Y, cualquiera fuese la posición que adoptase ante el libro, siempre podía divisar la puerta donde un corazón dibujado con tiza encerraba los nombres de Jean-Paul Sartre y Simone de Beauvoir. Ese gesto digno de la historieta *Susy, secretos del corazón* no era una rareza. Es que antes de mayo del 68 nuestros vínculos —los de los que echábamos manotazos de ahogado para encontrar imágenes soberanas en las que templar nuestra adolescencia— estaban atravesados por el molde de ese par mesiánico. Los *ménages à trois* aderezados por confesiones laicas que se extendían hasta la madrugada, la pose del alcohol y de la boina, el gusto considerado antiburgués por la oscuridad y los locales sin ventanas nos hacían acceder a una filosofía a través de su parte más sencilla: la superficie. Y si *El segundo sexo* se fue convirtiendo poco a poco en algo así como el Libro Rojo de la nueva femineidad, las autobiografías de Simone de Beauvoir (*Memorias de una joven formal, La plenitud de la vida, La fuerza de las cosas* y *Final de cuentas*) nos permitían una lectura paradójica de la propia vida: al mismo tiempo como una elección y como una profecía. Para nosotras, las chicas, los insistentes viajes de aprendizaje que solíamos realizar, mochila al hombro y aire amenazante, estaban menos inspirados en las aventuras selváticas del doctor Guevara que en los viajes que Simone solía hacer sola por el mundo. Pero nuestra importación no era tan turística. No interesaba cuántas veces los imperativos de la moda nos llevaran al lecho del líder y a los delirios celotípicos: fundamentalistas, queríamos explorarlo todo, en nombre de una libertad que ignoraba cuánto tenía de un totalitarismo íntimo en el que el deseo era considerado una fuerza sin barreras, capaz de ignorar tanto la existencia del inconsciente como la de la delicadeza. Sin embargo, ninguno de esos matrimonios de exploradores duró menos que los monogámicos o tradicionalistas del cuerno. Hoy esa "nueva sinceridad" que lucha contra la propiedad privada de los cuerpos vive sus vicisitudes en los vínculos entre disidentes sexuales, mostrando que cuestionar el imperativo hetero no exige solo cambiar al otro sexo por el mismo, sino, como quería Foucault, "otro modo de vida". Pero me adelanto filosofando sobre lo que experimenté mucho más tarde.

No recuerdo nada de mayo del 68, salvo que ese año perdí la virginidad —la arrastraba como un lastre pasado de moda—, aunque no creo que haya sido bajo la ósmosis periodística de mayo del 68 ni de la Primavera de Praga, definitivamente no del Cordobazo, para el que faltaba. Qué ingenua era en pensar que en cada muchacho de izquierdas no había un asceta rojo y con la calificación de "puta" en la misma bo-caza curvada para decir: "El progreso social puede ser medido por la posición social del sexo femenino y el que me obtuvo en la tómbola de Eros no solo no me reprochó mi impericia sonrojada y sudorosa, sino que lloró de emoción ya que, en su corrida exaltada hacia la conciencia de clase, jamás se había topado con un himen".

Mi mayo era el de 1810, el de los paraguas de colores y donde el pueblo quería saber de qué se trataba. Cuba todavía era la utopía más fresca para una memoria revolucionaria latinoamericana, la imagen del Che muerto —sus ojos parecían proyectar proféticamente un futuro luminoso— era un logo más excitante que Sartre, tantas veces leído, que hablaba por un megáfono y de pie sobre un barril. El antiimperialismo, aun el sustentado en ninguna práctica, como una virtud cotidiana entre progresistas, impedía el internacionalismo de corazón sin que se lo rimara inmediatamente con esa otra palabra fetiche: alienación. Del Instituto Di Tella me llegaban las denuncias de fraude en premios de arte internacional y proclamas de apoyo a comités fabriles bajo nombres de agrupaciones como Coordinadora de la Imaginación Revolucionaria o Comisión de Acción Artística de la CGT. No los oía: me había hecho una artista psicodélica solitaria, anónima y, por lo tanto, sin público.

Si la articulación entre vanguardias artísticas y políticas tuvo momentos fecundos, fricciones insostenibles, separaciones irreconciliables, finales trágicos (muertos para la política por el arte, muertos para el arte por la política, artistas y/o políticos muertos), me sobrecogió leer en la lista de firmantes de la declaración con motivo de la destrucción de *Experiencia 68* los nombres de Rodolfo Walsh y Enrique Raab. Y, por supuesto que eran artistas, pero lo que sobrecogía era "pescarlos" en ese tiempo anterior en que "arte" se pronunciaba junto a "revolución" sin que se perdiera la vida. Pero no nos engañemos, a la lista la vi en la exposición *68, el culo te abrocho*, de Roberto Jacoby, autor del grafiti "Un guerrillero no muere para que se lo cuelgue en la pared".

Experiencia 68 fue una muestra en el Instituto Di Tella en la que el artista Roberto Plate expuso una obra llamada "El baño", que simulaba un baño público en cuyas paredes los espectadores escribieron grafitis. La obra fue secuestrada por la policía y el resto de los artistas se retiraron y, junto con otros, firmaron una solicitada de protesta. Moraleja: los grafitis exteriores pueden ser pintados, los interiores pueden ser levantados junto con las paredes.

Añares después concluí que el grafiti, hijo de la consigna con un plus de arte, unidad mínima de la proclama, la solicitada y otros géneros de la política, era prescriptivo, la firma de la pulsión de dominio; y que los grafitis de mayo del 68, fácilmente evocados como un deslizamiento de la política al arte, del deber al placer, no dejaban de ser imperativos, una coacción de brocha gorda. ¿Acaso "prohibido prohibir" no podía ser una invitación a la masacre "Yo decreto el estado de felicidad perpetua", una condena por tiempo indeterminado? Lejos del *acontecimiento*, cacareaba.

No tengo *ese* mayo del 68: tengo otros. En uno, Roberto Santucho llega a París para hacer contacto con dirigentes de la Cuarta Internacional. Mira las barricadas encendidas y el vuelo de los adoquines, asiste a las asambleas calientes de a viva voz —ignoro si conocía la lengua—, se entrevista con obreros alzados y luego de sus habituales y largos silencios dice: "Ustedes tienen un bajísimo nivel de violencia en las acciones de masas". Frase trágica, a la luz de los años posteriores en los que la dictadura exterminó a su grupo, interesante por lo que podía intuirse como un valor en la preservación de vidas opuesta a toda lógica sacrificial.

Otro es *hipoacúsico* y sucedió en el ex Instituto Columbia para Sordos y Ciegos de Washington convertido en la Universidad Gallaudet, donde, durante 1986, los estudiantes se levantaron para exigir la subida al poder de un rector sordo. Y lo lograron luego de largas sentadas a la luz de las velas, marchas al Capitolio y "oradores" como un tal Tim Rarus, que arengó a una multitud hablando por señas y subido a un árbol y, sin que se sintiera el vuelo de una mosca, "sonaba" tan encendido como "Dany el Rojo" en las barricadas de *mayo 68*.

Otro es *queer*, y el héroe no es el que arroja adoquines, sino el que huye como Copi, que se rateó de la toma del Pabellón Argentino, y el cuento que me hizo el escritor y artista Raúl Escari aún suena en mis oídos con sus agudos de gran loquesa: "Planteamos votar por que se tomara al día siguiente. Copi, que estaba reborracho y fascinado por el comandante no sé qué, un boludo, se acercó a mí y me dijo: 'Vamos y lo tomamos ahora'. Se decidió tomarlo al día siguiente. 'Quiero ver si mañana vos vas a estar', le dije a Copi. Y al otro día, cuando yo fui —éramos doce—, Copi no estaba. Después íbamos caminando con Severo

Sarduy por el Boulevard Saint-Germain. Pasó Copi y se acercó a saludarlo. Yo lo agarré y le dije *de todo*".

O quizás mi mayo del 68, como el feminismo francés, atrasó dos años y me tomó por asalto durante el ascenso del Chicho Allende. Fui a Santiago de Chile con Pichi y Carlos, dos muchachos que tenían un taller mecánico en Banfield y empezaban a interesarse por la política luego de haber sido reclutados en el fútbol por referentes barriales. Amigos de toda la vida, tiraban para lados distintos: Pichi era trotskista; Carlos, peronista. Era uno de esos momentos históricos que disuelven la intimidad, cuando cada uno cuenta con que el desconocido que se cruza es un compañero al que se puede confesar la propia vida. Hablábamos con obreros y estudiantes, esa consigna que, fuera de la movilización o la asamblea, es mero goce de contacto —nosotros no éramos ninguna cosa ni la otra, pero sumábamos entusiasmo—. Recuerdo las plazas llenas y las banderas rojas, el sobresalto por la voz de Fidel saliendo de un altoparlante —del otro lado de la cordillera, la serie *de facto* estaba a la altura del general Roberto Marcelo Levingston—. Compartimos el ritual de beber del pico aunque no tuviéramos sed. Era nuestra comunión con la masa contenta. Leíamos carteles que no nos incluían, pero capaces de arrastrarnos a una euforia común, una simpatía bonachona y primeriza. Durante un acto, yo espié al Chicho con mis anteojos de teatro. Pichi y Carlos fingieron no conocerme. Mis anteojos tenían adornos de nácar.

El feminismo o todavía quedan adoquines

¡Rápido!: un mito de origen. ¿Cuál prefiero? ¿La lectura del manifiesto de las *343 salopes* del 5 de abril de 1971 que declaraban "Yo aborté" y cuyo texto había sido redactado por Simone de Beauvoir?: "Un millón de mujeres abortan cada año en Francia. Ellas lo hacen en condiciones peligrosas debido a la clandestinidad a la que son condenadas cuando esta operación, practicada bajo control médico, es una de las más simples. Se sume en el silencio a estos millones de mujeres. Yo declaro que soy una de ellas. Declaro haber abortado. Al igual que reclamamos el libre acceso a los medios anticonceptivos, reclamamos el aborto libre". ¿O me gusta más la manifestación que se hizo en el Arco del Triunfo el 20 de agosto de 1970, que fue anunciada en *L'Aurore* y *Le Figaro* como el nacimiento del "movimiento de liberación de la mujer francesa"? Según Victoria Mateos de Manuel, *Paris Match* inauguró la posverdad recordándola un año después como sacudida por la protesta de mil mujeres. Una manifestante, la historiadora Christine Delphy, dijo que eran nueve: "La policía misma no sabía cuántas personas éramos; hizo traer tres camionetas, si bien hubiésemos entrado perfectamente en un cuarto de camioneta. Una vez la policía estuvo tranquila en cuanto al número de personas que éramos, al cabo de diez minutos de trayecto —pues para ser policía no hace falta ser un as de cálculo— dejaron de accionar la sirena de la camioneta. [...] De esta forma nos encontramos en la comisaría del barrio octavo, por orden alfabético: Cathy Bernheim, Monique Bourroux, Frédérique Daber, Christine Delphy, Emmanuèle de Lesseps, Christiane Rochefort, Janine Sert, Monique Wittig, Anne Zelensky" (testimonio recogido por Victoria Mateos de Manuel).

Mi *mayo 68* tal vez empiece ahí: no a la sombra de las muchachas en flor, sino a la sombra de unas muchachas a la sombra entre las que separo a Monique Wittig, la autora de *Borrador para un diccionario de las amantes*, y a Christiane Rochefort, la de *El reposo del guerrero*, esas pioneras del placer como política antipatriarcal que no abjura de Sade, aunque dudo. Es Paul Preciado quien me acerca una fecha más torta, menos límpidamente épica y, sobre todo, más graciosa: "No sé por qué continuamos tragándonos la versión de la historia que nos dice que la revolución homosexual la hicieron los gays. Rectifiquemos: la revolución homosexual la empezaron las lesbianas, las maricas afeminadas y las travestis".

Es que el 5 de marzo de 1971, Françoise d'Eaubonne y una banda de tortas, travas y maricas atacaron armadas con salchichones al profesor Lejeune, quien daba una conferencia contra el aborto en el teatro de la Mutualité de París y, poco más tarde, el programa de radio de Ménie Grégoire dedicado a "La homosexualidad, ese doloroso problema". Las armas del *Commando Saucisson*, hechas de picadillo y una funda natural de intestino grueso animal, evocan las formas medialuneras de la caca humana. Fue Françoise d'Eaubonne quien denominó al régimen genitopolítico "falocentrismo".

Aunque el archivo Preciado me abre también otro sobre. Pocos meses antes de la acción de los salchichones, el 26 de agosto de 1970 Christine Delphy y Monique Wittig habían apelado al teatro guerrilla haciendo un homenaje al soldado desconocido plantándose ante el ñoño monumento con un ramo de flores y una pancarta: "Hay alguien todavía más desconocido que el soldado desconocido: su mujer". Así como también me refregó que un profesor revolucionario como Félix Guattari no hace pedagogía escribiendo en la pizarra, sino enseñando a leer la gramática imaginativa de las calles: "*Mayo 68* nos ha enseñado a leer los muros y después hemos comenzado a descifrar los gráficos de las prisiones, los hospitales y los baños públicos. He ahí todo un nuevo espíritu científico que está por hacer". El objetivo ya no es "salvar a los prisioneros" o "dar voz a los habitantes de los barrios periféricos" hablando por ellos, sino "crear las condiciones de la enunciación" a través de las cuales "los prisioneros", "las asociaciones de vecinos" o "los homosexuales" puedan producir un saber sobre sí mismos, reapropiándose de las tecnologías de poder que los constituyen como abyectos".

Y ahora sí el sentido profundo de *68, el culo te abrocho*.

En una reciente publicación, la entonces Beatriz Preciado escribía un posfacio para el libro de Guy Hocquenghem *El deseo homosexual*. El autor era un joven activista del FHAR, a quien Preciado imagina por los años setenta leyendo a Freud mientras chupa pijas entre los militantes del Partido Comunista, y su tema es la denuncia de una civilización que él argumenta basada en la castración del ano. Ese melenudo sexy y con mucho levante, junto a otros homosexuales y lesbianas, llegó a confiscar las revistas del Partido Comunista francés *Tout! Ce que nous voulons* para tunear la portada con el agregado "Reclamamos la femineidad como las mujeres rechazan la suya, al mismo tiempo que afirmamos que estos roles no tienen significado".

El posfacio se titula *Terror anal* y comienza así: "Al nacer somos un entramado de líquidos, sólidos y geles recubiertos por un extraño órgano cuya extensión y peso supera la de cualquier otro [preparen los inhaladores, la cita es larga, pero tratándose de mayo del 68, ¿quién no está dispuesto a asumir una verdad incómoda?]: la piel. Es ese tegumento el que se encarga de que todo aquello siga contenido presentando una apariencia de unidad insulada a la que llamamos cuerpo. Enrollado en torno al tubo digestivo, la piel se abre en sus extremos dejando a la vista dos orificios musculares: la boca y el ano. No hay entonces diferencias, todos somos un jirón de piel que, respondiendo a las leyes de gravedad, comienza en la boca y acaba en el ano. Pero había demasiada simetría entre esos dos orificios, y los cuerpos, simples tubos dérmicos asustados de su potencialidad indefinida de gozar con todo (la tierra, las rocas, el agua, los animales, otros tubos dérmicos), buscaron formas de controlarse y controlar. El miedo a que toda la piel fuera un órgano sexual sin género les hizo redibujarse el cuerpo diseñando afueras y adentros, marcando zonas de privilegio, zonas de abyección. Fue necesario cerrar el ano para sublimar el deseo pansexual transformándolo en vínculo social, como fue necesario cercar las tierras comunes para señalar la propiedad privada". ¿Qué?, ¿no les gusta este mito? Sin embargo, no es menos delirante que el de Edipo, que el niño crea que la mamá bajo la faja victoriana tiene un pene, que el camino a la sexualidad normal para la niña —a Freud le gustaban las metáforas viajeras a menudo ferroviarias— es un penoso camino porque exige un cambio de objeto, que el falo no es el pene *e pur si muove*, bla, bla, bla.

Mayo en noviembre

El 25 de noviembre es el aniversario del asesinato de las hermanas Minerva, Patria y María Teresa Mirabal a manos de las fuerzas de dictador dominicano Rafael Leónidas Trujillo, declarado en 1981 Día Internacional contra la Violencia de Género. En las fotos, bellas y peinadas de peluquería, las hermanas transmiten el candor de las antiguas actrices o cantantes de la radio de la década del treinta que, con la boca pintada en forma de corazón y posando juntas, dejaban claro que eran *chicas de familia*. Pero eran mujeres nada ingenuas, valientes, solidarias y enemigas de un régimen que solo pudo acabar con ellas enviándoles un escuadrón que las mató a golpes y las metió en un jeep que fue hundido en un barranco de Salcedo para simular un accidente.

Si hay un mito del origen sexual de mayo del 68 con la exigencia de los dormitorios mixtos, liberados del riesgo de una reproducción indeseada mediante la píldora anticonceptiva, también en esta fecha el mito incluye la violencia del deseo patriarcal. Diez años antes de eliminar a las tres hermanas como opositoras, Trujillo habría organizado una fiesta para seducir a la más radical de ellas, Minerva, quien lo plantó en el medio de la pista de baile, lo abofeteó y le dijo en la cara que deploraba su gobierno.

Ese crimen fechado hoy tiene su teoría feminista en clave latinoamericana. Para Rita Segato, el cuerpo de las mujeres sería el lugar en donde firmar con sangre lo que no se ha firmado en la transparencia de los contratos democráticos, en las treguas, los acuerdos y los armisticios de las guerras del siglo XX, una prueba de poder sobre un enemigo al que se sabe más débil ante la humillación moral que en el campo de batalla, aunque sea en la distancia técnica de los misiles y las guerras químicas. *Gangs* bélicos de hombres tatuados como los maras, en cohesión por la prueba renovada de un acto criminal corporativo y sin mayor lealtad que al vencedor que lo reconozca, escuadrones de la muerte como jubilación informal de torturadores, transnacionales con brazos en el lavado de dinero y sostenidas por el trabajo industrial en cárceles, capitalistas electorales, tratantes, nuevas iglesias devenidas empresas mundiales a fuerza del peculio del dolor, socios por la "diversidad" entre poderes políticos, económicos y militares constituirían un segundo Estado. Estos crímenes serían rituales performáticos de las corporaciones mafiosas destinados a la retención, la manutención y la reproducción de poder: son expresivos, no utilitarios, aunque lo sea la función última.

El compost mayo del 68 es feminista, una militancia que, como bien señala Paul Preciado, se opone a la política como guerra, a la biopolítica y a la tanatopolítica, activando por una revolución hecha de palabras performances, uso de los placeres, el arte y la experimentación con drogas: son libidinales y antipunitivas y no asesinan a sus enemigos.

¿Qué queda de mayo del 68? ¿Dónde está su sombra proteica, más allá de la toma de poder y de los logros de una revolución?

Mayo 68 está en ese homenaje en acción que los colectivos feministas chilenos hicieron a mayo del 68, en mayo de este año, tomando más de veinte universidades y cuya imagen emblemática fue recogida en un ensayo por Nelly Richard: "Quedó grabada en la retina ciudadana la imagen de una estudiante encapuchada, a torso denudo y con el puño en alto, montada en la estatua del papa Juan Pablo que bendice desde la eternidad a la Pontificia Universidad Católica. La toma feminista de la Universidad Católica ocurrió en la misma semana en la que debió comparecer en Roma toda la Conferencia Episcopal chilena citada por el Papa con motivo de uno de los mayores escándalos de abusos sexuales. Se produjo así una colisión visual en el imaginario mediático entre las negras sotanas encubridoras de los obispos y el desnudamiento del cuerpo de las mujeres que la Iglesia Católica pretende seguir controlando".

Mayo 68 está en la plaza del *Ni una menos*, que no es utilitaria, aunque reclame al Estado, ni es reservorio en potencia para los partidos, no *rinde* según la lógica de lo inmediato, ni liquida sentido para tranquilizar a los columnistas. Es una sororidad en acción y simultaneidad, que cobija, alerta, llama a la organización; en sus canciones, cuyo ingenio bien puede venir de ese compost grafitero del 68 —¿qué es la tecnología?, el pasaje de los muros al muro—.

Mayo 68 está en el grafiti sin muro más corto del mundo como *Ele não*, traducido como "Él no", una consigna tan buena que no le bastará ensombrecer con su fecha de lanzamiento expandido, 29 de septiembre, la del 21 del día de la primavera, cuando los estudiantes ya han reemplazado en nuestra capital el pícnic de los besos por las denuncias de abuso institucional, incluido el sexual perpetrados en el colegio de *Juvenilia*: es irreversible. Ese "Él" que oculta un nombre propio opera como un tácito entre compañeras y no como el eufemismo golpista con que la Revolución Libertadora hablaba del "tirano prófugo" o la del Proceso de Reorganización Nacional imponía llamar a Montoneros, "la organización subversiva declarada ilegal en 1975". "Él" puede significar el Patriarcado, el Papa, el FMI, pero es también o sobre todo Dios, el enunciado por las religiones monoteístas que el nuevo feminismo latinoamericano califica como monopólicas: "Único dios, única verdad, única justicia, única riqueza, única belleza".

Mayo 68 está en esas movilizaciones del 29 de septiembre, una simbiosis entre *masas de prohibición o negativas* cuyo paradigma es la que cumple con una huelga general y *las de inversión*, aquellas donde según la expresión de Madame Jullien, durante la Revolución Francesa, "los corderos se comen a los lobos". Y para señalar que la inversión no es simple, señala que los corderos no son carnívoros, entonces la metáfora sería la de una subversión soberana. Para los feminismos actuales, la dimensión electoral es de coyuntura: están plantados sobre un pasado de largas discusiones a través de las décadas, nunca fijas en el número ni la variación de sus conversadores, micropolíticas que se hacen y se deshacen para reconvertirse en diferentes formas y espacios, textos caducos a los que se les encuentra una nueva vuelta, colectivos que se tocan a través de sus alianzas, intromisiones fecundas en los tribunales y legislaturas. El No puede dejar de ser literalmente lo contrario del Sí: negar, impedir, obstaculizar sin detenerse es un arma que, como las corderas que no son carnívoras, puede dar vuelta el mundo sin matar o al menos, y nada menos, poner en jaque al G20, al FMI, a la prohibición del aborto, al arrasamiento de un país que está en la enorme imagen del comunero mapuche Camilo Catrillanca —asesinado por la espalda por carabineros del Comando bautizado con desdicha semiológica Jungla— proyectada por el artista Octavio Gana sobre la pared de un edificio ubicado frente a la Plaza Italia de Santiago —la potente luz atravesaba el río Mapocho — bajo un verso del poeta Raúl Zurita. ¿El último grafiti *mayo 68* pero en el sur insurgente?: "Que tu rostro cubra el horizonte". No queremos ser colonizadas pero con la máquina del tiempo importamos adoquines. Los reservamos para el 8M y, como en los originales, debajo de ellos está la playa.

2018

CADÁVERES EXQUISITOS

Diario de duelo

"—¡No ha conocido usted el cuerpo de la Mujer!

—Conocí el cuerpo de mi madre enferma, luego moribunda".

Esta es la segunda entrada de *Diario de duelo, 26 de octubre de 1977-15 de septiembre de 1979,* de Roland Barthes. Menos por falta de imaginación que por ceder golosamente a los señuelos estilísticos del autor, las reseñas han insistido en la cita de esa defensa altiva de que hay un conocimiento más radical que el de la carne, que es el de la carne prohibida y, al mismo tiempo, de la carne en retirada.

Diario de duelo ha sido escrito en hojas divididas en cuatro, quizás un hábito de ahorro de quien fuera hijo de una viuda de guerra —su madre, Henriette Binger, se casó a los veinte años con Louis Barthes, quien resultó muerto durante un combate naval en el mar del Norte tres años después—; son notas fechadas y hechas con tinta o con lápiz y que juntas, según precisa Nathalie Léger en el prólogo, no forman un libro acabado, sino "una hipótesis de libro" que ella infiere deseado por el autor. François Wahl, editor de Seuil en los años noventa y a quien Barthes habría dejado a cargo de su obra póstuma, no estuvo de acuerdo con la publicación de esas notas demasiado íntimas y en donde alguien muerto, por un accidente de tránsito en 1980, no tuvo la oportunidad de corregirse. Michel Salzedo, hermanastro de Roland Barthes, hizo una declaración ritual: "Después de treinta años nadie puede erigirse en dueño de la obra de un autor". Pero, de hecho, él es el dueño. Y en el mismo *Diario de duelo* habría una indicación precisa: "Vivo sin ninguna preocupación por la posteridad, sin ningún deseo de ser leído más tarde (salvo financieramente por M [M es Michel Salzedo]), la perfecta aceptación de desaparecer completamente, ningún deseo de 'monumento' —pero no puedo soportar que sea así para mamá (tal vez porque ella no escribió y porque su recuerdo depende totalmente de mí)—".

En el mismo párrafo contrae una deuda de responsabilidad —con ese otro con el que comparte la sangre de ella— y con un libro que vendría a sacarla del olvido. Si en *Diario de duelo* Barthes anota "esta mañana, con gran pesadumbre, retomando las fotos, trastornado por una donde mamá niña pequeña, dulce, discreta junto a Philippe Binger (Jardín de invierno de Chennevières, 1898). Lloro. Ni siquiera deseos de suicidarse", en *La cámara lúcida* escribe: "Así iba yo mirando, solo en el departamento donde ella acababa de morir, bajo la lámpara, una a una, esas fotos de mi madre, volviendo atrás poco a poco en el tiempo con ella, buscando la verdad del rostro que yo había amado. Y la descubrí. La fotografía era muy antigua. Encartonada, las esquinas comidas, de un color sepia descolorido, en ella había apenas dos niños, de pie formando grupo junto a un pequeño puente de madera en un invernadero con techo de cristal. Mi madre tenía entonces cinco años (1898), su hermano tenía siete. Este apoyaba su espalda contra la balaustrada del puente, sobre la cual había extendido el brazo; ella, más lejos, más pequeña, estaba de frente; se podía adivinar que el fotógrafo le había dicho: 'avanza un poco, que se te vea', había juntado las manos, la una cogía la otra por un dedo, tal como acostumbran a hacer los niños, con un gesto torpe. El hermano y la hermana unidos entre sí, como yo sabía, por la desunión de sus padres, que a poco tiempo después se divorciarían, habían posado uno al lado de otro, solos, en la abertura del follaje y de palmas del invernadero (era la casa en que había nacido mi madre, en Chennevières-sur-Marne. Observé a la niña y reencontré por fin a mi madre".

La escena es la misma, pero no es una pasada en limpio ni una reescritura; en Barthes la nota no es nunca un borrador, sino una marca que fija lo que se repite o, todo lo contrario, lo irrepetible, pero también lo gratuito, lo que no se sabe por qué. En *Diario de duelo* la nota cae bajo una vigilancia triste pero firme: que no haga literatura, que no goce.

Demás deudos

La escritura no puede nada. Pero, ante una pérdida irrevocable, muchos insisten en escribirla, sabiendo que es imposible y que no hay consuelo, ni siquiera el de que, de no haberlo hecho, hubiera sido peor, puesto que, si se escribe, ¿cómo se sabe que, de no hacerlo, hubiera sido igual o peor de terrible?

En el matrimonio blanco con la madre, ella puede pretender sobreponerse a la fatalidad biológica y acompañar al hijo hasta el final de este: ese horror preferible a dejarlo solo. Leonor Acevedo lo intentó hasta que las fuerzas le faltaron e hizo público, ya sobre los noventa años, en infinitas protestas ese durar que ya no era vida. El mito dice que ella escuchaba, disentía, comentaba cada argumento del hijo con más inteligencia y razón que las que utilizaba en poner en fuga a sus rivales. Un vestido lila apoyado sobre su lecho de manera que evocara su forma viva se erigió en monumento blando a La Lectora, ante la que Jorge Luis Borges habría rumiado quién sabe qué oraciones de agnóstico. Claro que una esposa con la que se han llevado sesenta años en común también puede provocar la ilusión, como con la madre, de ser *uno con ella*, de "llevar una comunidad física y psíquica total" solo interrumpida por la muerte, como la de Sándor Márai con Ilona Matzner. Si Roland Barthes planeaba hacer de su notoriedad una prórroga de la memoria de Henriette Binger —"quizás un día la escriba, con el fin de que, impresa, su memoria dure por lo menos el tiempo de mi propia notoriedad", insistió en *La cámara lúcida*—, Márai vivió el duelo por su esposa Ilona, la experiencia casi opuesta. Cien agendas minuciosas, de ella que no escribía, le permitieron seguir oyéndola con los ojos: "Durante décadas lo anotó todo sin excepción, los acontecimientos cotidianos, ya fueran importantes o irrelevantes. Es su regalo desde el más allá. Como si todos los días recibiera una carta de ella"

(Sándor Márai, *Diarios, 1984-1989*). Horror o maravilla: que dos, uno de los cuales está muerto, puedan cotejar recuerdos.

Su Roland

El recuerdo más penoso —hay otros, pero este es el que se repite y parece punzar más profundo— que registra *Diario de duelo* es el de la madre gritando en las últimas "¡Mi Roland, mi Roland!". Quien en agonía pronuncia un posesivo sugiere querer arrastrarse fuera de la vida con las manos llenas, una vuelta a la nada pero rompiendo la soledad con un trofeo. A menos que ese nombre sea la última pertenencia, la fundamental antes de la separación, aquello que Henriette Binger se verá obligada a soltar para siempre cuando pronto no haya *yo*, para utilizar gramática alguna.

Si Roland Barthes no renegara a veces del psicoanálisis hasta el punto de preferir la "aflicción" al "duelo", si pudiera pensar esa exclamación en detalle como le gusta hacerlo con cualquier otra, tal vez advertiría en ella el mordisco del vampiro. ¡Oh, pero *maman* no era así! *No era así* es lo que Roland escribe de mil modos de su Henriette, aun cuando todavía no escribió definitivamente, si es que esto es posible: al creer una y otra vez en su inocencia soberana, "si se quiere tomar esta palabra según su etimología que es 'no sé hacer daño'", esa que reconoce en la foto del invernadero, la de la madre niña, el relato de cualquier cualidad tentativa, solo podría hacerse en negativo.

Pero si Henriette Binger muere declarando que *él es de ella*, su ausencia, en medio del dolor que produce, tiene una cualidad suplementaria: hace, por primera vez, ligero el peso de los muchachos: "Durante todo el tiempo del duelo, de la Aflicción (tan dura que: ya no puedo más, no me sorprenderé, etcétera), seguían funcionando imperturbablemente (como mal educadas) costumbres de *flirts*, de enamoriscamientos, todo un discurso del deseo, del *yo-te-amo* —que por lo demás caía muy rápido— y volvía a empezar sobre otro" (*Diario...*, 12 de junio de 1978).

Entonces, afligido en su máxima expresión, escribe que tiene mejor talante para el discípulo adorador de la frase —y Roland era un brujo de la retórica, ahí, a los sesenta era él el más bello—, pero atacado de un súbito déficit de atención si se lo invitaba a la cama, para el virgen sensato al que le molestaba la diferencia de edad, para el chongo inamovible en su sistema de toma y daca que jamás consiente en el "vuelto" de un abrazo, de un deshago fuera de tarifa (la enumeración corre por cuenta propia).

Pero a esa soltura, Roland la encuentra árida. "No solamente no abandono ninguno de mis egoísmos, de mis pequeños apegos, continúo sin cesar 'dándome preferencia', más aún, no llego a entregarme amorosamente a un ser, todos me son un poco indiferentes, incluso los más queridos. Pruebo —y es claro— la 'sequedad del corazón' —la acidia—", había escrito el 27 de abril.

En *Incidentes,* otro de sus libros póstumos, en una anotación posterior a la fecha en que escribe el diario, los muchachos han recuperado su peso aplastante: "Ayer, domingo, Oliver G. vino a comer; dediqué a la espera y al recibimiento el especial cuidado que revela, por lo general, que estoy enamorado. Pero, ya mientras comíamos, su timidez o su distanciamiento me intimidaron; ninguna euforia en la relación, ni de lejos. Le pedí que viniera a mi lado, a la cama, mientras dormía la siesta; acudió muy amablemente, se sentó en la orilla, leyó en un libro ilustrado; su cuerpo estaba demasiado lejos, cuando alargué mi brazo hacia él, no se movió, encerrado en sí mismo: ninguna complacencia; y acabó por marcharse a la otra habitación. Me invadió como una desesperación, tenía ganas de llorar. Me pareció evidente que iba a tener que renunciar a los chicos, porque no existe ningún deseo de ellos hacia mí, y porque yo soy demasiado escrupuloso, o demasiado torpe, para imponer el mío; creo que este es un hecho indiscutible, avalado por todas mis tentativas de *flirt*, que mi vida es triste, que, bien mirado, me aburro, y que es necesario que expulse este interés, o esta esperanza, de mi vida. (Si repaso mis amigos uno a uno —aparte de los que ya no son jóvenes— descubro un fracaso cada vez... ¿No me van a quedar más que los taxiboys? He tocado un poco el piano para O., a petición suya, a sabiendas de que acababa de renunciar a él para siempre; tiene bonitos ojos y una expresión dulce, suavizada por los cabellos largos: he aquí un ser delicado pero inaccesible y enigmático, tierno y distante a la vez. Luego le he dicho que se fuera, con la excusa del trabajo, y la convicción de que habíamos terminado, y de que, con él, algo más había terminado: el amor de un muchacho". ¿Será porque el duelo —dieciocho meses para la muerte de un padre, de una madre, según el Larousse, él lo sabe puesto que es una de las primeras anotaciones de su *Diario de duelo*— ha abandonado su parte aguda, esa que, según el mito popular, se pacifica cuando en el cuerpo del muerto ya no hay carne y, en correlato, el deudo pasa de un dolor en carne viva a un dolor esencial como el hueso? ¿Entonces la máxima aflicción ya no protege del mismo modo y empieza a dejar pasar los dolores de segundo orden?

Si Roger Peyrefitte hubiera podido leer la escena con Oliver G., se hubiera reído de Roland Barthes, como siempre lo había hecho de André Gide, al recordar que "nunca practicó, según sus propias palabras, más que 'el amor frente a frente' y tuvo este grito de indignación con uno de mis amigos que le confesó sodomizar a los pequeños árabes en Argelia '¡Cómo! ¡Usted los maltrata!'". Él hubiera leído en el acudir dulcemente, en el sentarse en la orilla de la cama y en leer un libro ilustrado de Oliver G., las artimañas de un pasivo que, sin correrse cuando lo acarician, demanda además que le toquen el piano.

Es probable que Barthes no se equivocara, que en esa escena pudiera leer el fin de un amor y, tras su cola, el de todos los otros. Pero ¿no había una cierta complacencia en ese decoro pequeño burgués con el que nunca se atrevía a romper el velo de ningún pudor en provecho propio, una obediencia al *qué dirán* que es fácil imaginar *muy Henriette Binger*? ¿Qué le faltó a ese triste? Un poco de avasallante chabacanería. Un buen *mal gusto*. Total, de todos modos, era un fracaso cada vez.

Raúl Escari es testigo de Barthes en un París desde donde se partía a Marruecos para visitar un prostíbulo en el que el patrón —un tal Manolo— solía enviar, a través de cualquier cliente, "¡saludo a los profesores!" (Barthes, Foucault): "Una vez decidió analizarse con Jacques Lacan. Estaba sufriendo mucho, seguramente por amor. Llamó por teléfono al consultorio de la calle de L'Ille y pidió hora para un *rendez vous*. El secretario de Lacan le dio cita para diecinueve días después. Fue puntual. Comenzó a hablar, Lacan lo cortó en seco: '¡Ah! ¡Viene a verme por un asunto personal! Hubiera debido pedir una consulta no una cita. Lo habría recibido de inmediato'. Barthes habló y habló. Lacan escuchaba en silencio. De pronto dijo: 'Aléjese enseguida de ese muchacho'. Barthes nos lo contó a un grupo de amigos más tarde. 'Fue raro que palabras tan triviales, tan chatas, hayan podido ejercer en mí un efecto tan inmediato, radical'. Terminó con el chico y se puso a escribir su *Fragmentos de un discurso amoroso*. Yo estaba presente cuando lo contó".

¿No habría en ese provinciano un regusto de contable: que hasta lo más insoportable fuera a parar al haber del *placer del texto*? Pero con su Roland, el de Henriette Binger, todas las preguntas psi, las insubordinaciones críticas, las conminaciones de afiliados "¡Vamos, deje de regodearse! Con semejante cabeza, ¿no podría haber luchado para ser más feliz?", se vuelven tautológicas, pero además feas: él ya lo calibró todo y lo escribió en bellas figuras.

Cerrados por duelo

El 23 de marzo de 1980 Roland Barthes venía de comer con Mitterrand y planeaba cruzar de un lado a otro la calle des Écoles cuando lo atropelló una camioneta de lavandería. Murió casi un mes más tarde. Entonces, el furor de la interpretación, a veces con la huella de su enseñanza, a veces no, comenzó a proliferar en versiones en donde ni el más ignorante comisario, el más pedestre equipo de emergencia, la más dura representante de las ciencias duras se conformaron con la idea de accidente. Una cosa es señalar la tiniebla oculta en la declaración "¡Mi Roland, mi Roland!" y otra pensar que Henriette Binger vino a llevarse su propiedad para transportarla allí donde todos sabemos, la muerte no los reunió. Hasta el cínico alegre de Philippe Sollers edipiza a más no poder. En su libro *Mujeres* cuenta esa agonía en la Salpêtrière en la que el herido, por obra del duelo, deja de luchar y cede, como si se hubiera suicidado. En internet hay quien se mete con el objeto "camioneta de lavandería" buscando un sentido al cual sacarle el jugo. Y hay quien especula groseramente sobre si en la caja viajaba la ropa ordenada y perfumada de las casas burguesas de entrega semanal, o si, por el contrario, viajaban las sábanas con semen, flujo y chocolate de los hoteles por hora adonde todavía no entraban los homo, los manteles de la francachela derramada y el pañal cagado de las familias que no tienen las buenas maneras de los Barthes Binger. Esa muerte absurda inició la serie amarilla y reaccionaria titulada "Paradojas de la razón cartesiana" que continuaría con Althusser asesino y Foucault sadomaso.

Roland Barthes tenía sesenta y cinco años y había escrito hasta por los codos —que imaginamos protegidos por remilgados pitucones—; sin embargo, se lo trataba como a una inversión perdida. La maldad radical del lenguaje hizo que el 23 de marzo de 1980 se recordara que en mayo del 68 había dicho "las estructuras no bajan a la calle", entonces los estudiantes le contestaron "Barthes tampoco" ahora, en la calle había sido herido de muerte. Encima, si en la red se busca "muerte de Barthes", lo primero que aparece no es la noticia del accidente, sino una noción: *la muerte del autor.*

¿No hubiera sido el mejor homenaje que los signos de asueto dejaran de producir? ¿Que todos los suyos —amigos, lectores, discípulos— se hubieran limitado a difundir un lacónico "Barthes murió en un accidente" en todas partes en donde se usaran palabras y luego de haberle creído simplemente que su pena provenía de "ser ella quien era y es por ser ella quien era por lo que viví con ella"?

Roland Barthes no escribió el libro definitivo sobre su madre, lo dejó en medio entre el *querer escribir* y el *poder escribir,* el *deseo de escribir* y el hecho de escribir sobre los que habló en sus cursos del Collège de France. No hizo más que rodearlo, por ejemplo, casi tipeando a la muerta en los objetos que la evocaban: su polvera de marfil, un frasco de vidrio biselado, una silla baja, almohadones (*La cámara lúcida*). Hasta su propia muerte, no hizo más que poner en todas partes, con una inusual fecundidad, algo de ella —*Lo Neutro, La cámara lúcida, La preparación de la novela*—. Con más detalle, en el segundo de estos libros, donde retoma las notas de *Diario de duelo*. Pero al *Libro de mi madre* lo dejó para después, como si lo atesorara, en eterna preparación, lo que fundiría profundamente a Henriette Binger, en idéntico brillar por su ausencia, con ese género fetiche: la Novela.

2009

John Berger

Cuando murió, el 2 de enero de 2017 —tenía más de noventa años—, yo estaba ofendida con él. Su último libro fue *Rondó para Beverly*, dedicado a su esposa; cuarenta páginas, escritas y dibujadas con su hijo Yves, escuetas, elegíacas, imágenes de la ausente —un óleo, cinco fotografías y diez retratos en lápiz—. Es decir, una Beverly *mirada*, hecha música —el *Rondó n.° 2 para piano, opus 51,* de Beethoven—. "Durante nueve minutos, al menos, cierro los ojos y veo tus repeticiones, tus estribillos...". Beverly es muda en el recuerdo, aunque repite y repite, hasta quedar hecha un trapo —el hijo dibujó su chaqueta y su falda vacía—. La otra imagen es la de Beverly regando las plantas, que para Berger equivale a una oración. Regar es como rezar. Se hace a un ritmo hipnótico, fascinado, la tierra bebe y vuelve a tener sed, y al día siguiente hay que recomenzar, repetir.

Beverly Bancroft es una música o la lluvia o lo que puede colgarse de una percha. Sin embargo, durante cuarenta años recogió, uno tras otro, los papeles de Berger, las novelas, los poemas, los dibujos —luego de catalogarlos— para formar el Archivo John Berger de la British Library. Muere en 2013.

Con el pretexto del rondó, Berger parece —él, que hacía a través de la mirada la denuncia de una condición— la materialidad de una vida. Menos mal que no se me ocurrió publicar estas murmuraciones sin matices cuando a Beverly, exeditora de Berger en Random House, y luego de entre casa, para toda la vida, tal vez practicara, por sobre la masculina ambición de realizar una obra propia, la omnipotente y femenina de construir un autor.

Hay un mito de novelistas que no solo subsiste luego del pasaje de la máquina de escribir a la computadora, de los archivos de papel a internet, del correo al email: para escribir, hay que retirarse del mundanal ruido, instalarse en alguna vieja edición de la naturaleza, un espacio imaginativo que una el confort con la rusticidad —por ejemplo, DirecTV y aljibe, jacuzzi y conejera—; ser laborioso y metódico en la escritura, pero en el espacio habitual de las vacaciones: casa cerca del mar que permita lotear el día entre caminar, nadar y escribir; chalet en las afueras de un pueblo que (uno imagina) está fuera del canibalismo de las agencias de viajes; chacrita en medio de un monte pequeño formato, rico en hierbas comestibles (el novelista que aspira a un escritorio rural adora *hacer de Caperucita* con su canasta, aunque escriba imitando a Sade). Pero hay apuestas más ambiciosas, la de los novelistas que desean otro modo de vida, casi un *pasarse al otro* sin sufrir sus desventajas: devenir campesino, proletario, lumpen y utilizar esa experiencia en su escritura. Quiroga peón, Bukowski matarife, Miller cartero. El jugar a *devenir campesino* de John Berger en el pueblo de los Alpes,

Quincy —en el que se instaló junto a Beverly—, es más radical y un desafío ético.

En "Una explicación", uno de los relatos de *Puerca tierra*, este intelectual en medio de miembros de una clase destinada a desaparecer reflexiona sobre lo común y lo diferente, el trabajo como destino y el trabajo como experimentación. ¿Es posible fundar una amistad sobre la base de una desigualdad fundamental? ¿Hacer equivalentes o intercambiables los saberes de la ciudad y los de la "puerca tierra"? Explicándose, narra lo que podría definirse como una escena en colaboración: un día, él está recogiendo heno en medio de un prado demasiado inclinado para meter un caballo y un carro, entonces debe subir por la pendiente a cargar cada vez la horca, cuidando de no resbalarse en los rastrojos, con el sudor metido en los ojos, maldiciendo el no haber llevado sombrero; el "padre" de familia ha ido a la casa para buscar el caballo y acercarlo al llano en donde se arroja el heno, la "madre" está rastrillando sobre lo alto. Es decir, aparentemente, trabaja de igual a igual con una pareja de campesinos. Pero no solo sega el heno, ayuda en el parto de la vaca, participa del chiste de dejar estiércol en las carretillas a la salida de la iglesia cuando todos están vestidos de domingo, corta la leña, arregla el alambrado: para todo eso se ha visto obligado a ser un discípulo de sus vecinos y no el sabio que, lejos, muy lejos del pueblo, se dice que es —esta distancia es menos geográfica que cultural—. Sus vecinos, que le han enseñado los trabajos del campo, los rituales de cada fiesta, a degollar rápido un cerdo, saben que él sabe de algo que está en otra parte, una parte a la que ellos no accederán nunca, puesto que están determinados por las necesidades de un solo lugar: el pueblo.

Berger escribe, aunque no sea preciso aclararlo, sino para abrir su reflexión. "Yo no soy campesino, soy escritor: la escritura es al mismo tiempo un vínculo y una barrera". Dice también que la escritura es una lucha para dar significado a la experiencia, aumentar su intimidad con ella. En esa tarea no se llega, como a ser campesino, a ser ducho, un veterano. Berger no es para sí mismo "el narrador", mientras que los campesinos serían "los narrados": observa cómo el pueblo es una gigantesca autobiografía hecha de chismes, de opiniones, de leyendas, de versiones de testigos oculares y de otros que saben algo por tradición familiar. A veces ellos han advertido que él es una especie de testigo y se han tirado lances de que tal o cual aparezca en alguno de sus cuentos, pero tampoco muestran un interés especial, es su manera de reconocer la singularidad de ese viejo que recibe visitas raras, pero que sabe trabajar duro. De todos, Berger evoca a un hombre en particular al que, en un tiempo, ayudaba a arrear las vacas. "Recordaba la fecha y el día de la semana en que ocurrieron todos los desastres. Recordaba el mes de todas las bodas y de todas tenía algo que contar. Podía remontarse en los lazos de parentesco de los protagonistas hasta los primos segundos de cada cónyuge". En ese campesino solía descubrir una mirada de complicidad cuyo sentido no comprendía. Hasta que un día entendió que debía ser porque los dos eran contadores de cuentos. El hombre lo miraba a su altura, porque sabía que él no era un simple lenguaraz, que su manera de enlazar y enhebrar las historias y contarlas eran únicas, que cada vez que tomaba café con el escritor dos archivos humanos se abrían y cotejaban y que él, más sedentario, sentía cierta satisfacción —por eso la mirada cómplice— de que algo de su invención se fuera de contrabando a ese otro lugar lejano que nunca conocería, no importaba que no figurara su nombre, después de todo, era difícil establecer que sus cuentos fueran suyos, o en todo caso no importaba tanto como que las vacas, aun las más díscolas, hubieran vuelto todas al establo. Dos hombres nacidos para no entenderse sino a base de equívocos y de silencios, o para que uno guíe al otro desde sus privilegios, pueden tener un instante de igualdad, un pacto tácito y risueño, ser amigos. Raramente, como en "Una explicación", una moraleja es tan justa sin pecar de ingenua.

2017

Fogwill

En el final de la novela *El día feliz de Charlie Feiling*, Sergio Bizzio y Daniel Guebel le hacen pronunciar al personaje que encarnaba al amigo muerto años atrás una enumeración de las distintas formas de muerte: el intento de trazar el retrato literario de un muerto, el olvido y, una última, en la que los interpela, "para un escritor saber que, cuando muera, cada una de sus frases va a ser suprimida, saber que cuando ustedes escriban esta historia toda palabra que me atribuyan no la habré escrito yo". En este réquiem ejemplar, me autorizo para no intentar aquí imaginar lo que Fogwill hubiera dicho de estas jornadas, de todos los que formamos parte de esta mesa, de mí misma, a la que llamó con diversos grados de simpatía bélica, policía, empleada, tortillera y lacaniana, designaciones que no son injuriosas en sí mismas. Pero, ¡ojo!, había en Fogwill una *pedagogía por el agravio*. Fogwill se oponía a la legalización del aborto, de las drogas y del matrimonio igualitario, pero no por simple golpe de efecto. En sus coqueteos fascistoides o en sus eslóganes reaccionarios había siempre *un punto de razón*, cuando no el síntoma de un duelo patológico por la revolución.

Un trotskista es para siempre. Sus mejores libelos fueron los del principio de la democracia, cuando les exigía a las buenas conciencias que se hicieran cargo de la complejidad de sus actos y de sus efectos, en lugar de autoembelesarse en el conformismo de hacer con ellos meros *ruidos de ciudadanía*. En los años posdictadura, la denegación de toda violencia alcanzó las zonas más banales y los dichos de Fogwill solían jaquear un campo cultural en donde primaban las buenas maneras y solo se agraviaba a quien no tenía el poder de poner una calificación en un examen, invitar a un congreso o elegir una promoción. Cuanto más timorato era el humillado, más parecía gozar del agravio, con risas que se adelantaban al guantazo, como si el guantazo de Fogwill, en lugar de interpelar, fuera el fruto de *un modo de ser Fogwill*. Orgasmos masoquistas por la certeza de que, en el atacante, el ataque era una forma de reconocimiento, y la mayoría de las veces no era así. Cuanto más Fogwill defenestrara un lugar, una persona, más posibilidades tenía de que el lugar le abriera sus puertas, de que la persona se sometiera a su servidumbre. Como publicista, él sabía que las razones eran varias, todas a su favor. Si el humillado devolvía mal por bien era, uno, para evitar un agravio mayor; dos, para dandear, fingiendo que no le importaba; tres, para hacer uso de la marca *Fogwill*.

Imágenes de Fogwill

Primera imagen. Me despierto aturdida, con la cabeza apoyada en algo blanco; deduzco que estoy en la cama. Veo a Fogwill a dos centímetros de mí, casi puedo sentir su aliento. Me mira con horror. No he salido del sueño, pero el despertar que se avecina me trae una alarma en dos décimas de segundo. ¿Me he acostado con Fogwill y eso a Fogwill le horroriza? Levanto la cabeza con estupefacción y bronca. Fogwill me muestra el reloj que tiene en la mano y me grita, pálido: "Epilepsia". Reconstrucción de los hechos: Fogwill y yo estamos sentados en una mesa del bar La Paz. Él me lee un artículo de *El País* que describe una ceremonia de infibulación en África. Aclaración: lo reproduzco porque recuperé el artículo en internet. "Sientan a la niña desnuda en un taburete bajo, inmovilizada al menos por tres mujeres. Una de ellas le rodea fuertemente el pecho con los brazos; las otras dos la obligan a mantener los muslos separados, para que la vulva quede completamente expuesta. Entonces, la anciana toma la navaja de afeitar y extirpa el clítoris". Imposto una sonrisa de indignación militante. "A continuación —dice Fogwill— viene la infibulación: la anciana practica un corte a lo largo del labio menor y luego elimina...". Me zumban los oídos, se me nubla la vista, oigo entrecortadamente "la carne del interior del labio mayor". No puedo hablar. Levanto la mano para que Fogwill se detenga, pero solo parezco estar haciendo el saludo nazi. Luego, la anciana "asegura la unión de los labios mayores mediante espinas de acacia, que perforan el labio y...". Apagón.

Fogwill me había tomado el tiempo de cinco minutos de desmayo, había apoyado su cara junto a la mía, volcada sobre el mantel.

Segunda imagen. Visito a Fogwill. Me muestra un bebé metido en la bañadera. Está sentado y se aferra con una mano al borde. Fogwill le dice: "Cuidado, feto, que si no te agarrás, voy y te ahogo". El bebé se mata de risa.

Tercera imagen. Mi empleada doméstica, correntina, trabaja en lo de Fogwill, que le canta y le regala grabaciones de polcas y chamamés, le pregunta sobre su vida, los dos comparten recetas de chipá, discuten sobre las ventajas o desventajas de vivir en Florencio Varela, lugar que él parece conocer como un vecino. Un día, preocupada por mis propias finanzas y quizás envidiosa, mientras le pago le pregunto cuánto le cobra a Fogwill. Me contesta: "Ah, no, a Quique no le cobro, él es un escritor".

Pedagogía por el agravio

En la primera escena, Fogwill demuestra a una feminista porteña la situación de la mujer del tercer mundo y, al mismo tiempo, le hace constatar su cobardía política al no soportar un relato acerca del sufrimiento de una mujer, y también, le hace probar, mediante el relato, una pizca de castración. En la segunda escena, le enseña al bebé lo que es una ficción, lo indica en su tono, el hecho de que el bebé sepa, como parece saberlo, que su padre, lejos de amenazarlo, lo está cuidando; además, buen nadador, le enseña una primera responsabilidad sobre el dominio del agua, su técnica: mantener la cabeza afuera, permanecer sentado, sostenido por la mano que aún no sabe bracear. En la tercera escena, la que parece una explotación, es un intercambio que se da fuera de las tareas domésticas, el reconocimiento de saberes que se pueden conversar en paridad con quien está en el lugar de superior jerárquico.

"Mujeres", dijo el penado alto

¿Era Fogwill misógino? ¿Y qué? En el misógino, el horror a la femineidad proviene de su idealización. Al despotricar contra las mujeres ignora cómo sus argumentos se convierten en una denuncia de su condición y, en última instancia, no cesa de escribir *por ellas* y *para ellas*, a modo de conjuro por el desolado reconocimiento de la permeabilidad de la diferencia. En una revista feminista llamada *Alfonsin*a, en polémica con su directora, bajo el seudónimo de "María de la Cruz Estévez", Fogwill ejercía argumentaciones mucho más estimulantes que cualquier verdad acerca de la anatomía de los contrincantes. A veces eran tan paradojales que no hacían más que ser pan comido para la retórica enemiga; por ejemplo, chillaba por escrito María de la Cruz: "Ya lo dijo Gil Wolf [Fogwill], el aborto no es una interrupción de la maternidad sino una interrupción de la paternidad. 'Fue un error' suelen decir algunas embarazadas, y en verdad fue un error, pero no un error de fechas, ni error de pastillas, ni un error mecánico al colocar el diafragma en el cervical. El error de la embarazada involuntaria se cometió al elegir por compañero de cópula a un hombre que no puede sostener la vida. Ese error es un breve capítulo de la historia larga de errores femeninos que comienza con la creencia en los valores de una sociedad de hombres que a los derechos de la vida antepone la vida, la fantasía que los mantiene pegados a un escritorio, a una tribuna o a una pantalla de televisión".

Su relato "La larga risa de todos estos años" es una teoría política del secreto (el caballo se llamaba Macri) que incluye un chasco sobre el género: *el chasco de que haya géneros*. En "Memoria de paso" escribe un *Orlando* criollo. En "Help a él", a una sexualidad atravesada por la medida del falo y sustentada en la física de los sólidos, opone la de un intercambio constante de fluidos, más allá de todo resultado, de todo fin y del fin de la vida. Machista tan paradójico como Chesterton, podía ser conservador y, si no fuera un oxímoron, podría decir que Fogwill era un *machista queer*.

Lectores y clientes

Todo el mundo lo ha advertido, hay en los textos de Fogwill una política de los nombres. Fogwill nombraba como quien lanza un producto; decía que cada nombrado arrastraría clientes, pero su sistema jamás era ponderatorio, al contrario, hacía combinatorias entre figuras conocidas del ambiente literario para escracharlas como personajes, ventilar calumnias sobre sus comercios sexuales o simplemente hacerlos compartir el marketing como un director publicitario que hace un spot y pasa propaganda subliminal del producto de otro cliente. A Fogwill, falso dañino, le gustaba generar autoridad para impartir reconocimientos.

Si es cierto que su insistencia en transmitir a quiénes leer y cómo de entre los jóvenes aseguraba su lugar en la memoria, también era un ademán precariamente utilitario, generoso. El sujeto de Fogwill que se repite en muchos de sus cuentos come en el Centro Naval, toma merca sobre un cuero de oveja, es miembro del Regatas, se coge a chicas atléticas musculadas por espacios más caros que el gimnasio, hijas o amantes empaladas por grandes vergas financieras y nacionales, y padece de una motorfilia que tachona la prosa de marcas de autos, de cigarrillos y de barcos. Y Fogwill mismo, de haber vivido, podría haberse transformado en un Hugh Hefner de apart hotel e hijos pequeños, en lugar de conejitas y palacios. Desde que Miguel Briante se fascinara en una nota periodística con la tela príncipe de Gales en el saco y los ademanes de Adolfo Bioy Casares, un modelo de buen gusto garca, sobrio, natural, salpicó las propuestas estéticas más diversas. Hace falta una historia crítica del buen gusto en la literatura argentina, de esa herencia a menudo indeseada de la generación del ochenta, que superponía a una política de la lengua que denostaba el cocoliche, un *fashion* antiplebeyo que dictaba el tedio en el Club del Progreso, agarrarse sífilis en París, fornicar pureza autóctona fecundando a una china virgen, y terminaba imponiendo una pedicuría sociológica: solo en París se podía ser *patón*, porque el príncipe de Gales lo era, y eso daba al pie un cambio de sentido: para alejarse del mono era preciso tener sangre azul, mientras que el pie plebeyo era motivo de una mofa y un sarcasmo sin disimulo, como el del criado Taniete de *Pot-pourri,* de Eugenio Cambaceres, definido como un cimiento de tres ladrillos. En las novelas de los ochenta y los noventa del siglo XX, no falta el personaje vecina en jogging o populista de lunfa verbal, al que no solo se le adjudica el *kitsch* indumentario y ambiental, sino que se lo reserva como museo de desechos hispanoparlantes, contrarios a la economía dictada por Borges y el grupo Sur que marcó aun a sus adversarios ideológicos y sometió a toda marca modernista o barroca a un secuestro exprés.

Pero el Fogwill de las buenas maneras de la lengua, de los fierros y de la droga a lo Thomas de Quincey vertida en sus obras, editó a Osvaldo Lamborghini, a Néstor Perlongher. Cuando leía no *fogwillizaba,* opinaba siguiendo la propia ley del texto y luego seguía las consecuencias. Reconocía a muchos y solo no perdonaba a los que habían cedido en el deseo de escribir. Creo que he cumplido con un sueño de Fogwill, nombrarlo muchas veces: Fogwill, Fogwill, Fogwill...

2016

Carlos Monsiváis

¿Por qué un hombre solo decide ser el archivo de su país desde los pasillos del poder en el Porfiriato hasta la última anécdota de María Félix, del escrache a Gustavo Díaz Ordaz a la enumeración de Juan Gabriel? Tal vez la historia de México pueda explicar en parte a Carlos Monsiváis, pero sobre su carácter de excepción siempre quedarán más preguntas que explicaciones. Porque, amén del valor literario, ¿cuántos saberes tenía Monsiváis? Innumerables. ¿Y cuáles de ellos iban directo a la política? Todos. ¿Y a alguna forma de acción? También. Los textos, aun en su parte anecdótica, no dejan de registrar ese asombro. Monsiváis sabía *de todo*. Tamaño proyecto exige empezar temprano (hizo radio en un programa llamado *Los niños catedráticos*) y acelerar lectura, escritura e intervención pública, hasta tener un himno antes de la muerte ("Oh, Monsiváis", de Liliana Felipe).

Su posición de izquierda era *todo terreno*, mientras que en la Argentina la izquierda aún balbucea ante el matrimonio igualitario —o se le nota lo que David Viñas llama *erudición reciente*— y, voraz importadora, no sabe nada de feminismo, ni de ecología, ni de diversidad sexual, mucho menos piensa en los derechos de los animales. De esta declaración puede quejarse más de uno pero, sometido a un testeo, se verá que a lo sumo es *calle de doble mano*. Claro que tuvimos un Néstor Perlongher que se prodigaba entre el barroco y la política sexual, el trotskismo y la ayahuasca, en un *todo radical*. Y no nos faltaron autores que *leonardeaban* pasándose de rama artística: Quiroga podía, amén de escribir, hacer una canoa perfecta o inventar el extracto de naranja. Bioy era buen fotógrafo. Masotta tocaba el piano.

Por su edad, Monsiváis, entre sus múltiples huellas, tuvo alguna del nuevo periodismo, pero, al revés de Tom Wolfe, en lugar de limitar la crítica de la izquierda a una fenomenología de la moda, lo hizo desde el agudo análisis político.

Todo objeto, antes excluido por minorizado, arrastra en su recuperación síntomas de su pasado en el margen. La crónica reivindicada por la academia, como gran *container* para la noticia narrada, el ensayo literario, la investigación peligrosa y hasta la autobiografía en clave ciudad, si no se la vigila mediante la letanía de declaraciones reparadoras, vuelve a ser considerada el *generito* de callejeros semiilustrados y adictos al color local. Entonces, y a pesar de que la insistente autoadscripción de Monsiváis como cronista, lejos de ser un acto de modestia afectada, es ejemplo de cómo la crónica incluye tanto la experiencia de antropólogo como la de paseante, la de teórico como la del reporter, el español de Cervantes como el de los vendedores de calaveritas de Tepito, para definirlo —y en estos días las necrológicas fueron un síntoma— se agrega siempre "intelectual", "ensayista", "crítico cultural". Pero, al sintetizarse como *cronista*, Monsiváis hacía toda una declaración contra la división de trabajo entre el que piensa y el que informa, el que cuenta y el que hace teoría, el que declara y el que actúa. Y si el cronista tiene la fama de saber para 24 horas, a diferencia del universitario, del experto que concluyó el desfiladero de los aprobados sucesivos, habría que recordar una sugerencia de César Aira en su libro sobre Copi: que a los exámenes se los tome, no enseguida de estudiar, sino diez años después y por sorpresa. El saber académico sería un residuo, con suerte activable por las preguntas del mundo. En cambio, el actual sistema de exámenes deja tanto prendido por alfileres como las urgencias del periódico. El saber o los saberes —para periodistas, académicos, laicos— se obtienen con el tiempo y la paciencia, sobre todo poniéndolos en la picota a cada rato, y sometiéndolos al presente, como hacía Monsiváis, Cronista.

A ustedes les consta. Antología de la crónica en México es una historia crítica del periodismo mexicano en donde Carlos Monsiváis no se priva de la erudición del historiador y del economista. Y el panfleto que lanza en el final, por una vez sin su ingeniosa sobreescritura de detalles y resonantes aforismos internos, proclama: "Una encomienda inaplazable de la crónica y reportaje: dar voz a los sectores tradicionalmente proscriptos y silenciados, las minorías y mayorías de toda índole que no encuentran cabida o representatividad en los medios masivos. Ya no se trata únicamente de darles voz a los grupos indígenas, a los indocumentados, desempleados, subempleados, organizadores de sindicatos independientes, jornaleros agrícolas, campesinos sin tierras, feministas, homosexuales, enfermos mentales, analfabetos. Se trata de darles voz a marginados y desposeídos, oponiéndose y destruyendo la idea de la noticia como mercancía, negándose a la asimilación y recuperación ideológica de la clase dominante, cuestionando los prejuicios y las limitaciones sectarias y machistas de la izquierda militante y la izquierda declarativa, precisando los elementos recuperables y combativos de la cultura popular, captando la tarea periodística como un todo, donde la grabadora solo juega un papel subordinado".

Más de uno cree que se le ha adelantado con su práctica, pero suele ser un estilista ciego a toda hipótesis, hacer etnografía de integración o sepultar el testimonio con el lecho de Procusto de una síntesis efectista que el editor se apresurará a poner en el título. Si no confunde la tradición liberal del cronista popular con la *deificación de la víctima*, cuando no se comporta como su proxeneta: que el glamoroso horror hable a través de ella (la víctima) en los términos más impactantes y extorsivos, para ofrecer como mercancía el espectáculo de cómo "por suerte nosotros no vivimos así".

Carlos Monsiváis no era populista. En su crónica "José Alfredo Jiménez. No vengo a pedir lectores (se repite el disco por mi puritita gana)", deconstruye la efusión sentimental de uno de los mayores de la canción y piensa el mito, sin saña crítica, pero también sin paciencia para el arquetipo. Las expresiones son afiladas: "La canción ranchera es el gran golpe de una metafísica para las masas"; "En la catarsis primaria, el pueblo se desquita de la imposibilidad económica y cultural de ir al analista, y de la imposibilidad física (no hay confesionarios abiertos a la medianoche) de acudir expiatoriamente a la iglesia"; y —la más dura— "El pueblo cree que así es el pueblo. ¿O de qué más viviría la industria del espectáculo y la industria del desconsuelo?".

Juan Villoro es el hijo y Fabrizio Mejía, el nieto, de este soltero capaz de armar descendencias putativas de grandes que son, sin embargo, sus pares. Al despedir a Carlos Monsiváis, aprovechándose quizá de que él ya no puede verlos y usar sus textos para empezar a destrozar su propio mito, se permiten, con justicia, algo de endiosamiento querendón.

2010

Juan Forn

Juan Forn encarnó la casi desaparecida forma de editar casi en autoría con los escritores, como lo hizo en la colección Biblioteca del Sur de Planeta levantando el duelo de la literatura en una lengua que hacía el duelo por los desaparecidos. Bastante más tarde escribí: "Nuevas relaciones entre ética y estética permitieron en los ochenta estilos imposibles de pensar en los años setenta, como el escritor *yachtman* a la Rodolfo Fogwill, el escritor *L'uomo Vogue* como Guillermo Saccomanno y Alan Pauls o el escritor rubio, bronceado y de ojos lacustres como Juan Forn, hecho a la medida del *Jovencitas y filósofos* de Fitzgerald. Sin embargo, lo que en los setenta se proponía como *fashion* (por supuesto, no se lo llamaba así ni se reconocía que se pensaba en él) de una ideología, al igual que quien porta un eslogan, hoy es una cita literaria que remite a un ideal de autonomización de la literatura. Y lo que trivialmente se lee como despolitización, no es más que la propuesta de que el sentido político corresponda al lector y no a las transparentes intenciones del autor".

Desenvuelto, medio por sus orígenes de clase con los que avivaba a conciencia los fantasmas de mediopelo y medio por esa osadía *cool* que le era propia, Juan Forn metía mano a los textos, de palabra —sugerencias de movimientos en los personajes y cambios en tramas enteras— o poniéndoles *directamente la mano encima* sin pasar por el protocolo del "control de cambios", con la familiaridad de un carpintero con la garlopa. Y si alguna vez Fogwill le hizo juicio a una editorial o lo amagó, él hubiera sido capaz de llegar más lejos y meterle un subtítulo a un cuento de Borges, considerándolo "gente como uno". Esa era, al menos, la fama, no sé si tan así o no quedan testigos que ahora quieran acordarse por estar llorando, o en todo caso, se puede apelar al hermoso testimonio de una agradecida Mariana Enríquez. Mientras las generaciones anteriores, afiliadas a las vanguardias sobre las que escupían desde sus ensayos, disociaban militantemente entre marketing y calidad literaria, él las juntaba con *glamour* lobista. Un catálogo, nos guste o no, puede plantar una bandera y, aun en sus productos variopintos, su editor, hacer que no se diferencie el acto de descubrir lo nuevo, de permitirle surgir a fuerza de hacérselo desear al autor. Se dio tan por enterado de eso que, a los cuarenta años, me sorprendía hablando de su pase por Planeta como "mi época".

Esa herencia creadora se encuentra tal vez hoy en Mansalva, de Francisco Garamona, como lo fue en el plano del arte el Rojas de Jorge Gumier Maier. Por eso no me sorprende que, en uno de nuestros últimos mails, Juan Forn se fijara en el reportaje a Jorge Álvarez con que yo apoyé desde el suplemento *Radar* una gran muestra dedicada al editor en la Biblioteca Nacional: se trataba de una admirada identificación.

Reacia a sus propuestas en Planeta, fue mi editor en *Radar*, sometiéndome a sus entresacados disciplinarios para lograr que la nota que acababa de entregar llegara a la medida de la pauta y para que, como diría el bueno de Miguel Briante, yo pusiera algunas comas donde bajar a tomar agua. A mí me importaba un pito y decía sí a la mayoría de las correcciones, tan persuadida del lugar común según el que, con el diario de ayer se envuelven los huevos de hoy, como de la ética de Eduardo Gutiérrez, quien, cuando los linotipistas le preguntaban por dónde podían cortar el folletín, contestaba sin tomarse el trabajo de revisarlo: "Por abajo, muchachos, por abajo".

El entusiasmo

Cuando lo conocí, abducida por lo que en los años setenta se llamaba "texto" y más allá de las grandes piezas del género, abjuraba del cuento al que asociaba la necesaria síntesis (abjuro siempre de la síntesis y no me importa que se note) y cierto resultadismo endeudado con la técnica, como si fuera la eyaculación precoz de la literatura y no la máxima destreza del incastrable Borges. Y Juan Forn había empezado por ahí. Cuando apareció como director de *Radar*, no pude creer que careciera de toda reflexión sobre el imperialismo cultural, que importara derecho viejo para encontrar el *target* "joven" en un diario marcado por la denuncia de los derechos humanos y cuyas plumas especulaban con vehemencia sobre los destinos de la revolución socialista. Me encontró en algún punto que le convenía al proyecto —alguien que leía los cuentos de Silvina Ocampo y las novelas de José Bianco y Manuel Mujica Láinez, mientras se agotaban *Las venas abiertas de América Latina*, de Eduardo Galeano—, engolosinándome con notas de tapa que iban de una crítica a la corrección política al entierro de la calavera del cacique ranquel Panguitruz Guor, pasando por el elogio de la master Betty Page. Siempre me sorprendió el entusiasmo y la euforia con que editaba, aun sabiendo que jamás un cultural suele cerrar con la urgencia de secciones como información general o política; una mística de *filo de la navaja* como si estuviera cubriendo una guerra y tuviera que apretar a Graham Greene para que envíe su cable. Formado en los talleres tempranos de Abelardo Castillo, hacía mucho hincapié en la técnica, el arte del desmalezado en los adjetivos, la perfección ascética de una trama. Si en César Aira lo que antiguamente se llamaba "ángel" sería producto de una soltura y una gracia que parecen provenir de la naturaleza, en los textos de Juan Forn, lo parece de un obrero manual en su arte de limar las rebarbas y convertir las costuras en zurcido invisible. Alguna vez me declaró que como editor se comportaba como un mecánico que, luego de oír un carraspeo en el motor, abre el capot y se dispone, munido de una pinza, a sacar una basura del carburador.

No leíamos las mismas cosas y, sobre todo, no las amábamos, pero en ese *entre nos* algo se transmitió misterioso, de abajo para arriba (en las edades), y creo que, cuando escribo sobre ciertos temas —por ejemplo, sobre el dandy Arturito Álvarez, quien solía comer sobre un telón de Picasso—, aún le coqueteo a Juan Forn.

Soy tolerante con mis sobrinos matones. Cuántas veces tuve que tolerar, en algún tramo del pasillo entre *Radar* y *Las 12*, la observación sobre lo que él veía como mis agachadas en la actualidad: "Forero, ¿está comiendo yogur o estoy alucinando?", "No lo puedo creer. La Forero está hablando por celular".

Escribir como nadar

La frase fue cita hasta el cansancio en su pretensión de consuelo: la muerte sería como nadar de noche, en una pileta inmensa, sin cansarse. Raro pensar la muerte asociada a la respiración cuando esta ha cesado, al ritmo regular y sostenido que constituye un estilo, a menos que ya se nade en la noche infinita de la escritura y en el sosiego eterno de los textos que ya no podrán cambiar. Fue una nadadora, María Inés Mato, quien se tentó con pensar la natación en los textos de Viel Temperley, de Fogwill, como un ritmo o una música que, aun contracorriente, acerca la orilla.

Muchos amigos y compañeros respiraron con Horacio González esta semana, en oración porque sus pulmones volvieran a encontrar el aliento de la vida que en su prosa solía expandirse entre corrientes encontradas, vientos en popa y zondas furiosos, hasta volverse anfibia en los tsunami de la lengua. Escribir y nadar, como quien respira siguiendo un ritmo, como si todo fuera poesía. Ahora nos quedan las partituras de esos vientos, esas velas que jamás se podrán izar. Rápido, rápido, un pase de comedia.

En algún arroyo del Tigre, entre dos islas sin albardón, del ancho de una pileta de club, suelo nadar de noche. Mi modo es ahogado, tosedor, arrítmico (no me boludeen diciendo que se me nota al escribir), hasta que logra normalizarse en el estilo pecho de las gordas que ocultan en la oscuridad su aspecto de raya gigantesca bajo el eufemismo de una malla deportiva. Estoy acostumbrada a que mis amigos me sigan cachando después de morir como la vez en que, durante un congreso, hice una defensa vehemente de Dipi Di Paola y más tarde, al prender el televisor, me encontré con un primer plano suyo diciendo "No sabía que te habías transformado en Perry Mason" (un abogado de serie televisiva): era un parlamento de la película *Gombrowicz, o la seducción*, de Alberto Fischerman. Cachadas como la de Juan, que siempre me obliga a hablar de él.

Cuando me preguntan si no tomo sol, si cuando hace calor en las islas me tiro al agua, me veo obligada a explicar: "No, suelo *nadar de noche*". Y los muy lectores, a menudo para mandarse la parte pero sin que falte, me suelen citar una y otra vez a Juan Forn.

2021

Germán García

Lo conocí mientras caminábamos por la calle Corrientes, que es lo mismo que decir que nos conocimos en casa. Esa noche, su conversación torrencial culminó con la entrega de un regalo: *Primavera negra*, de Henry Miller. Años después, desde España, me escribía "pienso más en Miller que en Miller". Parecía lo mismo, salvo que uno se pronunciaba en inglés y el otro en francés, la diferencia estaba en los nombres de pila, el del escritor (Henry) y el del psicoanalista (Alain): dos fuerzas que lo arrasaron, pero yo sospechaba ya desde su primer libro, *Nanina*, que la más definitiva fue la primera.

De ser más colonizada, diría que esa novela que Germán García publicó a los veinte años es nuestro *Demian* o nuestro *El gran Meaulnes*, pero prefiero considerarla un *Raucho* o una *Juvenilia* para atorrantes, aunque mucho más letrada puesto que fue escrita en una ciudad cuyos bares y librerías ofrecían más lecturas críticas que la universidad y más maestros que profesores.

Germán García nunca hizo literatura del *yo*, a menos que se acuse de lo mismo al coronel Mansilla y al general Sarmiento, en lugar de reconocer en todos una historia personal de sus lecturas y, en el caso de Germán, una ficción de origen: "¿De dónde viene", le preguntó Jacques Lacan durante su visita al estudio de la calle L'Ille. "De la literatura", respondió, y el otro hizo uno de esos enigmáticos gestos que fijaban como los de un chamán.

Es cierto que muchos lo encontraban agresivo en nombre del progresismo *light* y del psicoanálisis analgésico. Sin embargo, su agresividad consistía menos en los desplantes de un soberbio que en la impaciencia amarga del que no se da tregua y pocas veces encuentra a un otro de su alegría elocuente, en lugar de rencorosos hambrientos de reconocimiento.

Yo tenía veinte años y lo recuerdo leyéndome desde aproximadamente las diez de la noche hasta las nueve de la mañana su novela *Coche rojo*. Es que siempre fue medio Pepe Ingenieros, de amanecerse en un bar conspirando y seguirla en su departamento de la avenida Paseo Colón —quedaba en el edificio Marconetti, demolido poco antes de su muerte, a la manera de una herida en la ciudad que recordaría su partida— e ir haciendo al mismo tiempo unas obras completas capaces de llenar una biblioteca entera.

Bandera

Publiqué en *Literal*, la revista que Germán García había fundado con Luis Gusmán —más otros nombres que se alternaban por períodos— lo primero que escribí como ficción: era un texto llamado "La asunción". Lo firmaba "Cristina Forero". Me gustaba esa revista que hacía suyo el axioma de que en literatura la sangre solo sirve para hacer morcillas, alejándose del *almabellismo* de la literatura comprometida. Mientras tanto, hice un curso sobre Lacan con Germán García. Si mal no recuerdo, el primero que armó. Mi aplicación era intermitente. Cuando me distanciaba, él me mostraba en medio del café La Paz, delante de todos, una propaganda de la película *Kaspar Hauser*: en lugar de ponerme el bonete de burro, me identificaba con un hombre de los bosques, pre-alfabeto y que aún comía en cuatro patas.

Recuerdo su manera de enseñar concentrando todo en el mismo gesto: leer, pensar, enseñar, publicar. Cuando la sangre se derramó, cada vez con más fuerza, de las morcillas, para dejar de ser metáfora, llovieron sobre los lacanianos ciertas acusaciones: la de sustraer los cuerpos a la política para invertirlos en instituciones obedientes, colonizadas por el barroco e irresponsable buceo en el inconsciente, de interpretar la historia en términos burgueses (¿cómplices de los verdugos?) e inocuos del complejo de Edipo. Ojalá el lacanismo estudioso y analizante hubiera tenido la capacidad de sustraer cuerpos a la muerte para ponerlos a reflexionar sobre el goce.

Los grupos de estudio de las obras de Lacan que hizo Germán García, al principio, en unas oficinas de Fogwill, fueron de los tantos actos de resistencia civil durante la dictadura. Allí se podía interrogar lo que la política había puesto entre paréntesis —su vínculo con la subjetividad y el deseo—. Pasaron por ahí Eduardo Grüner, Omar Chabán, Emeterio Cerro, Eduardo

Fernández, destinos bifurcados con la memoria de esa voz siempre firme, aunque en las clases a veces se infiltraran policías.

Personal

En la edad de las rebeliones a repetición, yo solía llamarlo "máistro" por pudor de confesar que lo consideraba un maestro y no me habría atrevido a imaginar que él guardaba para mí el regalo de un legado, si su gesto hubiera sido menos "literal" (nada que ver con la revista): antes de irse a España me dejó una biblioteca de roble macizo que había restaurado él mismo, las obras completas de Sigmund Freud, un diván y un espejo. Sin embargo, no fui psicoanalista. Pasaron los años. No conservo esos objetos, pero los tomos de Freud, sí: aún leo en sus subrayados de birome, una pedagogía que no cesa.

Oscar Masotta cultivaba un dandismo irónico —no el de *El hermoso Brummel*, que se tomaba en serio la obligación de salir a la calle llevando en la mano un libro o un melón como dictado de la moda—, y en un texto llamado "Roberto Arlt, yo mismo" habla de su debilidad por la ropa inglesa clásica y evoca una fotografía suya en la que usa un traje de franela a rayas "que cruzaba mucho más de lo normal", comprado de segunda mano y perfección, obra de Anselmo Spinelli —entonces pretendía emular el *look* de Marcelo Sánchez Sorondo, un profesor del secundario—. Pero, en Barcelona, Masotta parecía haberse *aggiornado* y como si se tratara de una suerte de iniciación, cuando Germán llegó a España, le regaló unos dólares para que se comprara vaqueros en París. Pero Germán fue y se compró libros. Me lo contaba mientras me daba dólares para que yo también me fuera a París a comprarme ropa, "esos tapados livianos que usan las francesas". Parodia de un gesto que se desobedece, yo me compré una muñeca.

Alguna vez Germán me había mandado una carta en la que me contaba su encuentro con la hija del psiquiatra Gregorio Bermann, a quien había imaginado como una hija ("Las hijas andan por el mundo y alguna vez pensé que una amiga llamada Cristina era una hija, ¿hija de qué sueño, de qué insistencia?"). No me gustó, aunque reconocía uno de sus habituales procedimientos de seducción —que no ocultaba, más bien detallaba entre risotadas—: hacer una declaración sentimental pero poniendo adelante el nombre de otra mujer para hacer rabiar. Tal vez simplemente estaba eludiendo la palabra "discípula"; él, que multiplicaba los maestros, siempre para decir lo que quería.

Hace unos días, luego de su muerte, Susana Kesselman me contó que había conocido a Germán durante un congreso en Milán y que lo había acompañado a comprarse vaqueros. Me sorprendí, ¿serían los mismos pedidos por Masotta? Ese azar me parece una metáfora de la transmisión: algo se pasa pero cambia en el camino, se cumple torcido, en otro tiempo. No fui psicoanalista, pero Germán García me enseñó a pensar. Recuerdo el momento exacto, sus circunstancias. ¿Un mito? Cómo no. Fue mientras escribía una nota sobre el libro *Personas en la sala*, de Norah Lange, para una revista que tenía el jocoso nombre de *Pluma y Pincel*. Por primera vez abandoné las convenciones de la reseña, un método monográfico caprichoso que se tambaleaba entre el gusto y una cierta ideología de izquierda. Asocié una escena con otra, leí lo que no era evidente, tartamudeé una hipótesis, es decir, *pensé*.

Cuando escribí una especie de teoría del bar e hice la biografía de algunos nombres propios (*Black out*), no lo incluí, sin pensarlo en esa serie, aunque el bar fuera nuestro escenario común. Ya haría su retrato en otro momento, como si los dos tuviéramos tiempo...

Hay cosas que siempre se comprenden demasiado tarde: él decía que mi relato "El loro de Forero" bien podía ser una novela. Yo me enojaba, ¡cómo se enganchan los analistas cuando *a una le salta el padre*! Ahora veo que ese relato está entero en *Black out* y que *estiré un padre por casi quinientas páginas* para darle el gusto a Germán García, *que no figura en el libro.*

Últimamente, riéndonos de nuestros setenta años más que cumplidos, él insistía con un chiste: "Primero nos creíamos inmortales, después empezaron a matarnos, ahora nos morimos solos". Decía que le temía a la propia muerte; yo, que temía la muerte de los amigos. Ninguno de los dos sabía del todo lo que quería decir: ni él era tan egoísta ni yo tan generosa. Él visitó a Raúl Sciarretta en su lecho de muerte, cuando tantos lo habían olvidado, acompañó los últimos años de Ricardo Zelarayán, los de la enfermedad de Ricardo Piglia y con una locuacidad que podía generar el sueño de que el diálogo entre ambos poco había cambiado —para Germán *siempre era su turno*— y, cuando Piglia murió, su propio dolor lo dejó mudo, lo que era mucho decir. Mi temor no era generoso: que los amigos me sobrevivieran para protegerme, tal vez, cuando *ya no me saltara un padre*. El duelo de la amistad, menos aspaventoso que el del amor, amenaza con ser eterno. Sin apego y sin reciprocidad —la amistad no es una inversión—, entre nosotros cada certeza provisoria, cada intriga pactada, solía culminar con la risa, la risa de vivir sumergidos en las batallas de los géneros, en los argumentos alocados que el deseo suele escribir sin nosotros, hasta desternillarnos de risa; y eso siempre pesará más que el hecho de que, al pensar en la muerte, lo que se dice *en la muerte*, a los dos se nos había cumplido lo que más temíamos.

2019

Rodolfo Rabanal

Nunca fui junguiana. Si bien la *sincronicidad* me suele sorprender para bien, soy vaga para intentar descular su sentido y me falta la bolilla de "azar objetivo" de Breton, así que cuando Claudio Zeiger me dio la noticia con un "se nos fue Rodolfo" llena de sobrentendidos, solo atiné a disimular un llanto seco y breve, al que me acostumbró la pandemia. Acababa de leer la noche anterior la novela *El amigo*, de Sigrid Nunez. Me había emocionado y, como planeo tener un perro, aunque no un gran danés como el de la novela, me acordé de la ternura con la que Rodolfo Rabanal me había hablado del suyo y no podía encontrar la palabra con que, en el Uruguay, llamaban a los callejeros. Di vueltas en la cama, me obsesioné. La recordé más tarde. Era "terbal", de "terreno baldío", creo que se llamaba Lobo, para entonces Rodolfo Rabanal habría muerto. Si me estuviera psicoanalizando, se me recordaría que el título del libro que había estado leyendo era *El amigo*, y que trataba de un duelo, pero dejé el análisis hace un tiempo.

Ya no veía a Rabanal, pero estaba bien seguro en mi archivo de nuestros años felices. Ni llegué a tacharlo de mi lista blanca. Me explico: a mi edad se suele chacotear con la muerte y a cierta altura de la noche de copas, suelo reclamarle a un entrañable ejecutivo de *Página/12* lo que podría llamarse *el cupo fúnebre*. Exijo que a mi muerte me dediquen por lo menos la tapa del suplemento *Radar*. Le hago la lista negra, la de los que no quiero que escriban mi necrológica y otra blanca con los elegidos. Qué ironía para un pedido megalómano: ¡ambas listas se están quedando vacías!

En el 74 yo andaba cerca de la revista *Literal*, que hacían Germán García, Luis Gusmán, Osvaldo Lamborghini, Jorge Quiroga y Ricardo Zelarayán, no todos al mismo tiempo. Y leía sus obras. Me gustaba esa autofiguración radiante inspirada por la lectura de Henry Miller de *Nanina*, esa blasfemia contra el *pater familiae* donde el narrador se quería coger a la madre y los hijos eran clandestinos de *El frasquito*, el ataque masivo a la lengua de *El fiord* donde CGT eran las iniciales de un personaje llamada Carla Greta Terón. Pero cuando me encontré con la prosa afelpada de *El apartado*, me pasé un poco de ese lado, prefigurando mi irritación a la obediencia debida que a menudo exigen las vanguardias como la que me llevó, unos años más tarde, a rebelarme cuando Emeterio Cerro nos obligaba a asistir a una obra de teatro que pretendía estar escrita en franco lusitano, duraba dos horas y se representaba detrás de una columna. Cuando salió, me presenté ante la banda de *Literal* abrazada al libro. "Por fin uno que escribe bien", dije. Me llovió una *excomúnica* breve pero insistente, agravios entre el que figuraba el cantado de "histérica". Los soporté con mi peor cara de marimacho aguantador.

Le hice una entrevista a Rabanal para una revista literaria. No le gustó nada. Aún conservo mis fárragos gozosos; en esa época escribía mal *todos* los nombres propios y hubiera necesitado asistir a un reformatorio de gramática y ortografía, pero nos hicimos amigos aunque no leíamos los mismos libros. Nos unía La Paz a la hora del copetín. John Barth, Vladimir Nabokov, tal vez Ósip Mandelshtam. Yo solía llamarlo "muchacho" como elogio, sugiriendo, traidora, que los demás eran "chicos". Él se mofaba de mí, diciendo con cierta arrogancia que yo debía dejar de "literalizarme" para "rabanalizarme" un poco. Era inútil: yo solo me debía a Colette y al general Mansilla. Encontraba a Rodolfo Rabanal demasiado serio, un poco hermano mayor, en una época en la que yo le daba al reviente la denominación pomposa de "experiencia". Él desconfiaba de esta palabra. Como periodista, estuvo tres meses en San Francisco, para registrar el frente interno de la guerra de Vietnam; durante el 76, cubrió en Córdoba jornadas donde Benjamín Menéndez lideraba la represión para lograr el extermino del sindicalismo combativo cercano a Montoneros y, bajo las balas, llegó a refugiarse en un hotel donde se celebraba una boda judía en la que se disimuló con una copa de champagne en la mano. Pero él no renegaba de la experiencia, solo que la ponía del lado de la literatura: ante unos manifestantes antiglobalización que tocaban la guitarra en una *piazza* romana, se preguntó qué hubiera pensado Keats; guardaba en el interior de un libro la servilletita de un café, porque tenía el logo de las Tres Gracias; se paseaba por Via Veneto apostando cuál, de entre las mujeres que veía, se parecía a Francesca de Rímini.

Tenía un hermano que había sido preso político y se codeaba con Juan Gelman, con Miguel Ángel Bustos; no se olvidaba en las tertulias donde la sangre solo servía para hacer morcillas o corría, imaginariamente, a causa de ideas, que *se venía la noche.* Se divertía *con* pero pronto se distanciaba de Miguel Briante, Jorge Di Paola, Osvaldo Lamborghini, Germán García y, en un párrafo de *La vida escrita*, se escandaliza: "Este es un grupo salvaje, lleno de feroces rivalidades, alusiones demoledoras, intrigas cruzadas, bromas sangrientas y reconocimientos secretos aunque ácidamente irónicos. Y pese a todo, no se puede hablar de verdaderas canalladas. Ahora no vale la pena discutir ni enredarse en una paja interminable. Es inútil, todos están borrachos menos Dipi". Es que hay hombres *del amor* y hombres *del otro hombre.* Los del amor son menos comunes. Rabanal era uno de ellos, no de contiendas infinitas por mantener un lugar en la coalición masculina, ni asentado en enemistades duraderas, ni parricida sistemático; sí un amante trágico, incapaz de consolarse en patota mediante la degradación del objeto perdido o reacio. Echado, huido, enamorado, solía aparecerse en el bar arrastrando entre las mesas la valija de la expulsión. Hasta que recaló en su gran amor, Cristina Hernández, y se fue a vivir al barrio El Tesoro, de Maldonado, en el Uruguay.

Para la presentación de *Un día perfecto* (1978), todos los borrachos, y los no, estaban festejando en el Claridge. Estaban Héctor Libertella, Liliana Heker, Luisa Valenzuela, Odile Baron Supervielle —recuerdo que Germán García estaba enmascarado—. Del Claridge nos fuimos al baile de los pintores en *Unione e Bene-*

volenza. Muchos murieron después o desaparecieron. Durante esa presentación, Héctor dijo algo enigmático: "Los años vistos de través son travesaños". En la fiesta, Germán García llevó a Luisa Valenzuela a babucha. Ella tenía puesto alrededor del cuello un visillo de lino de esos que se usan sobre las ventanas. Fue lo último, cuando nosotros soñábamos, que era lo primero; editar en una editorial conocida.

Los diarios o carnets —los de Rabanal, durante años asentados en negras libretas de almaceneros que nunca dejó de extrañar ante el prestigio obvio de las Moleskine— son falsamente fácticos. Si en el presente de la escritura, ya la mera selección de un referente, de entre la inmensidad de los acontecimientos del día, sean los cotidianos o de pequeño formato o lo que podría denominarse *encuentros con hombres notables*, lo hace equivalente a una ficción. Lo sabía bien Rodolfo Walsh cuando soñaba con un tiempo en que el testimonio, seleccionado, montado y ordenado reemplazara como género pija a la novela. Y en *La vida escrita*, con la presencia de Héctor Libertella, Germán García, Jorge Di Paola, Tamara Kamenszain y Osvaldo Lamborghini, Rodolfo Rabanal parece armar una compañía literaria, más cerca del "grupo salvaje", un *nosotros* de no complacientes con el sistema, la armada brancaleone triunfante de una época; cuando la vida se escribe, él *depone* como fuera de la fraternidad jurada, apartado, en otra parte, como si por fin, ganándole de mano a la muerte, eligiera —editara— su lugar, ya no solitario en la serie de la literatura argentina.

2020

Jorge Gumier Maier

"¡Llegó una carta...! ¡Llegó una carta de lectores que...!", gritaba el director ejecutivo de la revista *Alfonsina*, que se anunciaba en los ochenta como "Primer periódico para mujeres". No podía terminar la frase.

"—¿De un facho?

"—¡Todo lo contrario!".

La semana anterior habíamos empapelado la ciudad con el afiche de la tapa del segundo número, cuyo título era "Amar a otra mujer", y los avisadores habían puesto el grito en el cielo, desde el centro y desde la izquierda. Entonces el director había publicado una suerte de defensa donde decía algo así como "somos mayormente heterosexuales, tenemos hijos, cocinamos...", lo que Rafael Cippolini llama la *rentrée au placard*.

Aquella carta nos acusaba de habernos vuelto caretas, de tener cola de paja en materia político-sexual. Me correspondía responder, yo era la directora de la revista. No contesté. Llamé directamente al número que el autor había dejado en la carta. Pareció estar esperando el llamado. Al día siguiente acudió a la cita con caireles de cristal colgando de las orejas y las uñas pintadas de verde. Era un tipo parecido a Helmut Berger y se llamaba Jorge Gumier Maier. Nos hicimos amigos. Muy amigos. Me presentó a Néstor Perlongher y nos hicimos amigos los tres. Nos dábamos dique plagiando al ideólogo Mario Mieli: "Mientras exista una mujer que rechace o tema la aproximación sexual por parte de otra mujer, mientras exista un hombre empeñado en asegurar y defender la virginidad de su culo, el reino de la libertad no será conquistado. Esta es la certidumbre con que el punto de vista homosexual ilumina el futuro". Era el delirio. Expresiones como "falocracia sexual", "estado hetero" o "gaya revolución" no despegaban la ingenuidad de nuestros labios que utilizaban la palabra "deseo" con la misma frecuencia que las comas. Gumier Maier estaba en sus vísperas.

¡Ah, tiempos!

Érase una vez un pasillo. ¡Ah, tiempos! Omar Chabán actuaba en bolas pasándose por el cuerpo un pedazo de bofe o una afeitadora que zumbaba como una picana eléctrica; un texto llamado *El cuis cuis*, de Emeterio Cerro, sonaba como "plúrimo bolo tose, pérgola colosose, pámpano cojo rose". Las Gambas al Ajillo, vestidas de bebé, meaban en la tarima de un sótano *diz* que teatro. Batato Barea, con solo mover una reposera, instalaba la metafísica; y *la* Maresca estaba viva, bien viva. ¿Y cómo describir la noche en que Roberto Jacoby organizó un concurso de *body art* bajo la consigna "Sea famoso en quince segundos" y el orfebre tucumano Rolly Bonbon intentó revolear el micrófono y fue sacado del escenario por un patovica? Y qué difícil era bajar a Gumier Maier del escenario cuando hacía de animador en un espectáculo llamado *El simposio,* en el que, con una enrulada peluca de papel maché fabricada por él mismo, emitía discursos castrenses vestido como el soldadito de plomo de Hans Christian Andersen, mientras la escritora Claudia Schvartz representaba a una conmovedora "papusa" que, con los ademanes de la Negra Bozán, descargaba sentencias de Nietzsche y luego sacaba un cepillo de dientes, se lavaba la boca y escupía en el escenario. Todo mezclado. Todo. Desde la primera fila se escuchaban mis carcajadas. Entonces sus obras eran planas, pero ya tenían esos característicos rulos que provocaban la felicidad.

Después, Gumier Maier se bajó por fin del escenario y pasó de artista a curador, y *Lo que el viento se llevó. La cochambre* fue la exposición con la que Liliana Maresca inauguró la galería del Centro Cultural Rojas en 1989: una especie de playa después de una tormenta, con ruinas de un verano inolvidable bajo la forma de reposeras rotas, detritus marinos y cadáveres de carpas. Un ademán *bright* hizo de cada material plebeyo, una fiesta; contra la cuchillería y la talla de acuerdo a la onda del tajo en la jeta, los bordados de clase de labores; y contra el cuero trabajado en los cintos de gaucho machorro, los macramés maricones y llenos de vueltas como la concha de un nautilus. La galería del Centro Cultural Rojas dio valor a lo que ya existía pero se le negaba *existir a viva voz* fuera de la etiqueta de artesanía o actividades prácticas: los saberes domésticos sin límites de invención como el decorado de tortas, la pintura con brillantina, el arte de la papirola y el tejido en mimbre, el cotillón escolar y las etiquetas intervenidas de productos de bajo costo. Pero ¡ojo!, estaba también "la pintura", solo que de otro tarro.

Memoria en tecnicolor

Los recortes de metal y chapa de la fábrica de su padre Gino, los colores pastel del interior de la peluquería de su tía Ester, los muebles artesanales que un tío abuelo decoraba con pájaros que primero pintaba con lápices de colores en hojas de papel canson, las combinaciones de las fórmicas de las mesitas, los almanaques y los azulejos de las pizzerías y heladerías que otros parientes hacían rendir para poder veranear en Mar del Plata, son los espacios de donde la retina de Gumier Maier recogió su estética copetinera de los años cincuenta.

Lo que la vulgata analítica llamaría *recuerdos encubridores*, en los de Gumier no tiene palabras que interpretar. Son pura forma. Salvo esa sílaba jugosa de saliva —"chi"— que todo niño goza antes de someterse a la ortopedia edípica que lo conmina a pronunciar "ma" y "pa". Dos calles de mano única para imponer el sentido obligado del deseo. ¡Qué *fort-da* para tener a la madre en la vuelta de un carretel!

Gumier encontró el "chi" más temprano de lo que él mismo reconoce, y antes de que se le hiciera agua la boca para decir "chongo", "concha", "pinchila". "Todo lo que me salía era con 'ch': chiches, chucherías, chafalonías. Me sentía un chichipío que hace cositas. Y también me acordaba mucho de Omar [Schiliro] porque nunca había hecho una muestra con tanto color y movimiento: cada obra se dispara para un mundo, no digo totalmente distinto y autónomo, pero cada una tiene su personalidad. 'Dejá esas rayas' era la máxima de Omar, que también era Chichi, Chichita. Entonces pensé: ¿Chiches? Me parecía que todos los nombres enfatizaban algo infantil que no me interesaba. Y no le quería poner Chi Chi porque era muy críptico. Entonces decidí consultar el I Ching, que siempre es la sabiduría. Y no con la idea de que me diera el título sino que me orientara. Me salió el hexagrama, que nunca me había salido. ¿Cómo se llamaba? Chi Chi".

Los chichi eran las obras del Gumier Maier escapadas a la tercera dimensión, también tenían rulos que despertaban la felicidad y llegaban a hacer reír.

La figuración como reserva

"No sé si tengo que ver tanto con el movimiento Madi, como me han señalado. El Madi y el arte concreto nacieron en contra del arte representativo ilusionista, que era considerado burgués. Me acuerdo que todo lo que vi de los Madi —yo debía tener quince años, estaba en Bellas Artes— para mí era puro paisaje e ilusión. Lozza dice que lo de él es solo forma y color, que su obra no remite a ninguna experiencia, ni imaginaria ni sensorial: es pura percepción. De ahí la palabra 'perceptismo'. Pero yo a los quince años veía en sus obras pájaros, montañas, caminos. En el arte concreto siempre encontré paisajes". Para Gumier Maier la pretendida figuración era estratégica, como una gran reserva ecológica, una cosa, un animal, cualquier ser no humano, al ser nombrados: "aquí hay un pajarito", "esto es una flor", "una señora", quedan automáticamente protegidos de la desaparición.

Último retrato

Cuando Gumier Maier se fue a vivir al Tigre, construyó tres cabañas que hacían juego con los muebles de Van Gogh. Me alquiló una, durante un tiempo. Ante mis reclamos por la vajilla esquilmada, me señalaba los tesoros de las paredes: los cuadritos de Benito Laren, un Avello ubicado donde los católicos suelen poner un crucifijo y, con mayor devoción, una piña amarilla apoyada en una vitrina roja, de hojas verdísimas, cuya oscura función podría ser la de guardar hielo pero también sangría helada. Me la mostraba con el entusiasmo contagioso de un *marchand*.

Dormía en la cama de una reina, cubierto por gatos que le bufaban cuando pretendía echarlos para acomodarse. Se parecía a aquella Bubulina de *Zorba, el griego*, soberbia entre cabezales repujados y mullidos almohadones.

Una imagen

Dijeron que Gumier Maier había muerto y ese día yo creí ver en una foto de su facebook algo que en realidad no sucedió: una materia blanca, hecha de minúsculos puntitos, arrojada entre las aguas del río Sarmiento —sus cenizas, pensé— en las primeras horas del día. Vi los colores del amanecer que cambiaban hasta completar su repertorio (blanco cala, amarillo patito, rosa Jackie, verde Nilo, naranja krishna). Entonces pensé "Ahora sí devendrás mito: Amancay, Piel de gato, Brunilda Bayer fluvial" y me acordé de un episodio del *Teatro patrio* donde, blandiendo un bombo legüero, cantaba: "Huesito, huesito, dónde está mi cuerpito". Pudo haber sido un buen lema para los derechos humanos, pero debió ser considerado demasiado atrevido, porque no prosperó.

El adiós

Diez de diciembre, su muerte. Pocos días antes lo llamé por whatsapp adonde estaba internado para contarle los avatares de mi propia internación, las bajas en mi cuerpo (parálisis en mi brazo derecho y semiparálisis en una pierna debido a un ACV). Me contestó: "Supercalifragilisticoespialidoso". Un epigrama más enigmático que "El comprar es más americano que pensar" de Warhol. Y agregó que le habían amputado el dedo pulgar de la mano derecha, y que ya no podría dibujar. Le propuse fundar la organización artística "Las manos de Perón". No contestó. Había llegado el momento de las cortesías adeudadas —"Sos bella e imprescindible", más por herencia prescriptiva que por juicio crítico, él, que siempre me había elogiado con los adjetivos más perversos—. ¿Haríamos

"Las manos de Perón"? En nuestra amistad no existía ni la igualdad ni la reciprocidad. Demasiada suerte fue que nuestras almas pop se encontraran un rato en el tiempo como esos que hoy se saludan por sobre el barbijo golpeándose los puños dos o tres veces como si pretendieran llamar a una puerta. "Ampliaremos", se despidió. No lo hizo. No quiso o no pudo. HLVS (Hasta la Victoria Siempre) puso al pie.

2022

Alberto Ure

Así como existe el androcentrismo, la primacía blanca y el poder capitalista, los saberes referentes de los intelectuales suelen poner sus acentos en la filosofía, la historia, la literatura y la política en diferentes grados de popurrí, jamás el teatro. La referencia de Ure era el teatro, desde ahí pensaba el mundo. ¿Sería ese un espacio demasiado acotado luego de los griegos y Shakespeare —aunque el teatro esté en todas partes y sea crucial a lo que importa: la política— para colocar a alguien a la altura de Horacio González o David Viñas? ¿O es la lógica mediática la que exige que se mantenga el cuerpo en salud para poder ocupar los *sets* televisivos o las tapas de los suplementos y seguir visible en los *hits* semanales de matoneadas culturales disfrazadas de polémicas? Porque durante estos años —diecinueve, en total, duró su supervivencia al ACV del 98— muchos pensaron que Ure estaba muerto. Mientras tanto, su legado se paseaba por los escenarios. El *factor Ure* está presente en *Meyerhold*, de Silvio Lang, a través del recurso audaz de poner en escena a las travestis estudiadas por el doctor Francisco de Veyga en el Depósito de Contraventores a principio del siglo XX; en las salidas televisivas de ciertos diálogos de *Spam*, de Rafael Spregelburd, y hasta en ciertas coreografías eróticas femeninas en las marchas del *Ni una menos*. Pero —oigo protestar— ¿si muchas de estas muchachas no tienen ni idea de quién fue Ure? Es que Ure pensaba que en los gestos y las palabras de cada uno yacen los de los padres, los de los abuelos mirados por estos, más los del teatro que cada uno vio a su tiempo.

Alberto Ure era amigo de Fogwill y de Germán García. La publicidad y los bares permitieron en ellos ósmosis semejantes, tramas de agravios en común pergeñados con la escuela de Ignacio B. Anzoátegui, aunque con la incorporación de la vena psicoanalítica y publicitaria. Es que el elogio tiene una escasa paleta retórica, en cambio el arte de injuriar tiene una riquísima. Y Ure, como los nombrados, era un maestro de ese arte y algunas de sus críticas teatrales fueron casi un ejercicio de glosa insultante, más una carnicería mazorquera que un estilete shakesperiano clavado en un pecho dinamarqués. Como la que hace del *Dorrego* de Viñas (*Poder, apogeo y escándalos del coronel Dorrego*, dirigido por Alejandra Boero). Le critica el recurso de uniformar soldados de época con las ropas contemporáneas de los muchachos del Proceso, suerte de titeo positivo o guiño para demócratas, traducción precipitada a la actualidad, en el que encuentra un ademán abstracto —en la obra abundan uniformes de distintas épocas y armas a tono con el rojo tan federal del Cervantes—. Que el autor deseche sus meritorios y reconocidos saberes sobre historia para elegir estereotipos y condensaciones en las que los nombres propios suenan como cachetazos destinados a despertar la anamnesis escolar. Que la elección de Rodolfo Bebán como protagonista haga imposible que el espectador, atraído por su prestigio, pueda ser capturado por la ilusión de estar viendo a Dorrego; un vitriolo delicioso: "El actor anticipa desde su aparición que en el recorrido de esa obra no pasará nada, y eso se logra inespecificando la actuación, no haciendo nada concreto, solo signos rápidos que indiquen qué es lo que debería estar haciendo —si escribe, garrapatea, si come, apenas prueba; no se sorprende de nada—, con lo que señala que lo importante será solo lo que diga y el rol que ocupe; el resto es la simpatía del actor y su personalidad difundida socialmente".

Quizás lo que Ure ilumina de manera temprana con intervenciones como esta, sea la ceguera de una clase de público que, como si se tratara de un ritual de pertenencia —tener la MasterCard—, asiste a ciertas obras ya fosilizadas en una aprobación acrítica, debido al brillo de determinados nombres propios, y entonces empieza a aplaudirse a sí mismo antes de sentarse en las butacas, por sentirse parte de una elite de entendidos y, si no se duerme en los bodrios, es porque ese goce que equivale al ascenso social le resulta superior a cualquier otro goce.

Yo no quería

Pocos textos pueden responder a la demanda periodística del damero necrológico sin caer en la tentación autorreferencial —y yo no me excluyo—, como si al escribir sobre alguien que acaba de morir todos nos estuviéramos palpando para comprobar que nosotros *en cambio* estamos vivos y hacer, en cambio, un retrato generoso y pormenorizado, situando con inteligencia la deuda con una obra tan sostenida por la reflexión teórica y su escritura. Es lo que hizo Vera Fogwill, de quien, por ser una de las entrañables de Ure, se hubiera esperado prejuiciosamente la efusión sentimental o el elogio acrítico. Se titula "Palabras para Alberto". Ella lo escribió en su facebook y luego *Infobae* lo publicó. Prueba de que aun en los rituales consabidos puede deslizarse una verdad más allá de la sinceridad.

Pero yo no quería escribir sobre Ure. Apenas nos conocíamos y ese "apenas" pertenecía a los últimos años antes de su enfermedad, precisamente los que había olvidado; claro que hay otras maneras de recordar, como la de recordar sin saber lo que se recuerda pero donde un ademán mínimo *recuerda en nuestro lugar.* Debía ser a principios de 2002, nos quedamos un momento solos en medio de un bar, mientras que los que lo acompañaban se habían ausentado, no viene al caso contar por qué. Me miró fijo —todavía se mantenía erguido en su silla de ruedas—, se hizo un silencio largo, estábamos incómodos —no importa si sabía quién era yo o a lo mejor porque no lo sabía—, lo cierto es que, de pronto, me dedicó un instante de atroz lucidez. Él, tan sofisticado y tan amorosamente atento al archivo popular de la lengua, me dijo una frase que lo decía todo y que podría formar parte de esas películas de la Argentina Sono Film que tanto le gustaban: "¿Viste qué cosas que tiene la vida?".

No quería escribir sobre él, no sé nada de teatro (a veces hasta lo detesto), el haber editado uno de sus libros (*Sacate la careta*) no me autorizaba a nada, pero tengo miedo a las represalias de la mafia. Me explico: poco después de su muerte, me llamó Cristina Banegas; no me pidió, sino que casi me exigió que escribiera, no podía (fantaseaba yo en ese pedido) romper el código de "la familia" que se había cimentado alrededor de un acto ¿ilegal? destinado a Alberto Ure allá por 2002. Me sigo explicando: se cumplía el plazo para la entrega de las solicitudes para la beca Guggenheim. Entonces, de puro lumpen, me erigí en una suerte de "Chicho Grande" berreta: tomé unas ajadas páginas autobiográficas de Alberto Ure, deseché los párrafos que se repetían, corté y pegué hasta obtener una suerte de bando lleno de feites —eran páginas brillantes, autoirónicas, feroces sobre el mundillo teatral de Buenos Aires, como siempre que su autor actuaba, chamullaba o dirigía—; escritas quién sabe cuándo, en qué circunstancia. Les agregué una introducción en primera persona, es decir, *hice de Ure*. Adopté un tono objetivo pero vago para describir "mi" estado de salud, lleno de una especie de dignidad despectiva como si les hiciera el favor a los señores Guggenheim de permitirles "darme" la beca y así aumentar su prestigio al "tenerme" en sus listas. Cristina Banegas complotó por teléfono, ni le hacía falta argumentar: desde México, Juan Gelman envió su carta de recomendación, Ricardo Piglia desde Estados Unidos. Hubo otras cartas, no sé si quienes las escribieron quieren confesar. ¿Confesar qué? Su generosidad y sentido de la justicia más allá de las reglas. Ure ganó la beca. Fue su última pieza de dramaturgia (¿comedia? ¿drama? ¿sátira?): un hombre que ha perdido la memoria gana una beca *presentando parte de su pasado como proyecto futuro.*

Informado y eufórico, Ure me gritó desde su silla de ruedas, haciendo un gesto muy gráfico con la mano que negaba —no necesariamente por su estado de confusión— los rituales burocráticos del cobro de la beca: "Dale, largá la tarasca".

Esta *mejicaneada* de amigos fue tal vez una performance antiimperialista, un acto de justicia a lo Emma Zunz. La historia era increíble, en efecto, pero se impuso a todos (los jurados de la Guggenheim), porque sustancialmente era cierta. Verdadero era el talento de Alberto Ure, verdadero el merecimiento, verdadero el acto de justicia. Verdadero también era el accidente que había padecido; solo eran falsas las circunstancias, la hora y uno o dos nombres propios.

2017

Horacio González

Nombrar Horacio González al Museo del Libro y de la Lengua emparenta al museo con *El museo de la novela de la Eterna*, el lugar de las cosas que perdimos en el fuego, el de las criaturas que duermen a nuestro lado y otras geografías de los libros; tal es el talante literario del nombrado.

Elegir su nombre es poner bajo su insuflo inventor todo lo que allí se muestre. Pero hay algo más. "La política de los nombres es aquí memoria de los que ya no están —escribe María Pía López en *Yo ya no*—. Como pensaba Lugones, y Horacio suele recordar, los muertos son el adobe de la patria. Nombrarlos se vincula a la idea de justicia, de hacer resonar, de impedir que se diluyan. Es posible que nunca dejemos de hablar con los muertos amados, que los objetos los nombren con su voz muda y los paisajes los soliciten como visitantes inesperados, y nosotros, incapaces de conjurar y de olvidar, deambulemos entre nuestros fantasmas. En el ensayista eso deviene política explícita y discusión no menos política. Si nombrar es hacer justicia, omitir es práctica injusta".

Bellas palabras que, con la ausencia del amigo, se vuelven urgentes. Es preciso recordar que la dictadura fue, ante todo, una política nefasta del nombre. Arte criminal del adjetivo "subversivo", "delincuente", "desaparecido". La denominación de "marcadores" desplazaba la culpa y el acto a los cautivos que sacaban de los campos para identificar en las fronteras a los compañeros que volvían al país. Arrancar nombres mediante la picana y el submarino, la venda y la capucha, fue su práctica. Hacerlo a menudo no era utilitario —ya que a menudo se conocía el nombre a arrancar— sino una prueba de sojuzgamiento; que la víctima "hablara" develaba la intención de volverlo abyecto para sus compañeros. La resistencia: tragarse nombres, dar nombres falsos, nombres de quienes ya estaban protegidos por un cambio de identidad, el de domicilio. Entonces el nombrar se transformó para nosotros en misión primera.

Otra cosa es *desnombrar*.

En 2010 Horacio González quitó de la hemeroteca de la Biblioteca Nacional el nombre de Gustavo Martínez Zuviría, alias Hugo Wast, anagrama de su nombre de pila en una grafía inventada pseudonórdica "Ghustawo" —un antisemita profesional—. Lo cambió por el de Ezequiel Martínez Estrada, el de *La cabeza de Goliat*, hermano de Quiroga, radiólogo de la pampa.

Pero González, en su *desnombrar*, hizo algo más: *bajar* el nombre del profesional abogado, político de derechas, seguramente opositor del uso marital del preservativo e ido en prole como gallina ponedora, autor del *best seller Alegre* (¿precursor de la revolución de la alegría?), y sustituirlo por el de un autodidacta, un "único-único" como diría Nicolás Rosa, jubilado en el Correo Central de Buenos Aires, porque jamás una biblioteca es acopio de expertos y eruditos, sino un collage abierto a los mil y un deseos; la de cada uno, como el ADN, es única.

Pienso que el *des-nombrar* de González para volver a nombrar es un gesto hermano del de Néstor Kirchner cuando ordenó bajar los retratos del general Videla y Roberto Bignone de la pared dedicada a la serie de mandatarios argentinos del Colegio Militar —no mezclo registros, ni confundo jerarquías, ni blasfemo; asocio—. Y asociar no podría ser nunca algo que González hubiera cuestionado.

Como nunca el nombrar será en exceso, proponemos, junto a la bendición laica del nombre de González, agregar otros nombres a los que nombran actualmente las salas del museo.

A la Leónidas Lamborghini: Osvaldo Lamborghini
A la Roberto Arlt: Rodolfo Walsh
A la Arturo Jaureche: María Elena Walsh
A la Julio Cortázar: Alejandra Pizarnik
A la David Viñas: Lohana Berkins
A la Boris Spivacow: Milagro Sala

Que el *renombrar no signifique deponer, sino decir más largo,* como siempre que se quiere reparar una injusticia.

Renombrar es proponer afinidades electivas, alentar tensiones conversables antes que intenten disolverse en un simple punto final, promover el ensayo sobre estas potencialidades despertadas por el nombre. ¿Acaso a Erdosain no le hubiera fascinado el Rodolfo Walsh criptógrafo? ¿No existe una afinidad entre *La pájara en el ojo ajeno* y los cronopios? ¿O no son tan complejas las claves de Tartabul como las del carrinche, lengua travesti de Lohana Berkins? ¿No es un justo deseo político poner a Milagro Sala *a cielo abierto?*

Somos animistas. En el nombre de Horacio González oímos su voz como en los nombres de las salas del museo la de ellos, en una suerte de "Coloquio de las Ánimas Socarronas", donde se discuten todas las ideas de este mundo y del otro.

Que cuando pasemos por el museo de noche, oigamos murmullos, risas. Que esa sea la leyenda, el mito que inquiete al barrio. Desde ahora.

2022

Ricardo Piglia

La evocación, aun en un periódico, no debería estar regulada por el calendario con su retintín de recordatorios de nacimientos y muertes ilustres, atención a novedades que suelen oscilar bárbaramente entre el crimen masivo y el estreno de un monólogo teatral a la gorra. Debería mantener, en cambio, su fuente de azar y de destiempo; hace poco me topé con un reportaje que le hizo Pablo Gianera a Ricardo Piglia cuando aún contaba su enfermedad, esclerosis lateral amiotrófica, en términos pudorosos y bien criollos: "Ahora ando embromado de salud". Pero la frase que me hizo detener fue otra: "A mí me interesa mucho más la vergüenza que la culpa, que está muy de moda. Culpa no siento, te digo francamente. Pero la vergüenza es un sentimiento más puro". Ahora que debería estar de moda la vergüenza como un sentimiento a analizar y no una palabra tan olvidada que parece no pertenecer al diccionario, me acordé de Piglia, de cuando le propuse que aprobara bautizar con su nombre al bar de la Biblioteca del Congreso, en el marco de un programa llamado "Palabra viva". No le gustó la idea, aunque no la desaprobó. Y yo, con esa euforia casi ofensiva con que a menudo solemos dirigirnos, por torpeza, a quienes están pasando por una experiencia límite, no debí ser explícita en el mail: sobre la fachada del bar estaban impresos los nombres de escritores cuyas obras cobija la biblioteca y todos estaban vivos. ¿Por qué no hacer un homenaje en vida o, mejor, cómo no llamar "Piglia" a un bar, si en sus diarios va nombrando uno tras otro como los lugares donde sus libros fueron escritos hasta casi merecer que sus títulos fueran los nombres de esos bares? No se convenció. Entre bromas amables y frases corteses sobre diferentes temas, deslizaba: "En cuanto al proyecto de la biblioteca, a veces siento que me tratan como si ya estuviera muerto. ¡Ojito! con eso". Desolada, acudí a la mediación de Beba, su mujer, más para que me ayudara a explicarme que para insistir. Pero no dejé de pensar en ese "ojito", una interjección de alerta, casi una amenaza cordial, pero también el nombre de aquello que conservaba vivo y con el que mediante un programa de software continuaba escribiendo.

Luego envió un mail —evidentemente la mediación fue eficaz— donde decía entender la intención del proyecto, y prometía mandar un texto. De paso se disculpaba con cierto humor negro: "La enfermedad me ha vuelto susceptible (nunca lo fui, no teníamos tiempo para ser sensibles)".

En la inauguración, él había muerto y yo seguía explicándome. Para Ricardo Piglia, los bares de las ciudades en que vivió fueron también escritorio abierto —allí escribió los borradores de sus novelas, tomó apuntes para las colecciones de libros que dirigió, bosquejó ensayos destinados a las revistas literarias de las que participó—, sala de encuentro con otros conspiradores de la trama cultural y política —David Viñas, José Sazbón, Roberto Jacoby, Héctor Schmucler...—, biblioteca personal —para leer desde Dostoievski hasta García Márquez o estudiar el fetichismo en *El capital* de Marx (confitería La Modelo de La Plata)— y refugio de activista como cuando, durante una manifestación de protesta contra la invasión de Estados Unidos a Santo Domingo, ante el ataque de los cosacos, corrió desde Congreso hasta La Ópera de Corrientes y Callao. Otro día de 1965, quedó en medio de un tiroteo entre miembros del grupo Tacuara y del Partido Comunista y las piernas lo llevaron a las puertas de El Molino. La primera entrada de *Los diarios de Emilio Renzi. Los años felices* se titula "En el bar" y comienza con el protagonista acodado en la barra de El Cervatillo.

Toda su obra parece el fruto de un deambular entre lugares como El Rayo, La Modelo, el Teutonia, Don Julio, La Paz, el Ramos, La Ópera, el Florida y otros bares que no nombra pero que se cruzan en sus desplazamientos entre La Plata y Buenos Aires. Y él lo sabía. En el primer tomo de los diarios declara: "Tengo una gran experiencia en la disposición de los cafés en los que he trabajado. Son para mí un anexo del lugar donde vivo, una mezcla de escritorio y de sala de recibo. Sé a qué hora los bares están vacíos y se pueden ocupar sin problemas, gozando de la tranquilidad de un lugar limpio y bien iluminado. Como siempre, en casos así, vengo con el libro que estoy leyendo y con un cuaderno de notas y eso me alcanza para pasar la tarde".

La cita de Hemingway de "un lugar limpio y bien iluminado" no es azarosa, evoca al bar como sociabilidad en el exilio de los escritores y artistas del París de principio de siglo XX, un lugar alternativo a las piezas de hotel y *ateliers* ni limpios ni bien iluminados.

Escribir en el bar es también una tradición existencialista. Simone de Beauvoir y Jean-Paul Sartre escribían en bares como el Café de Flore y el Les Deux Magots, y su actividad "marcaba" a estos bares y también mandaba un mensaje antiburgués: que la escritura se realizara en un espacio no doméstico, también común y democrático.

A los bares de la calle Corrientes llegaban por la noche Miguel Briante, Germán García y Dipi Di Paola, pero no para escribir. Me pregunto chacotonamente si la vastedad y calidad de la obra de Ricardo Piglia no se debe en parte a ese ganarle de mano en el territorio de los bares a todos los demás.

Piglia alcanzó a mandar un texto para la inauguración del Piglia. Ahí rendía homenaje a la Biblioteca del Congreso como espacio de investigación y lectura —en sus salas estudió la vida de Enrique Lafuente, miembro del Salón Literario, personaje en quien se basaría para crear el Enrique Ossorio de *Respiración artificial*—, pero también como guarida nocturna para disidentes políticos, autodidactas apasionados pero sin tiempo, pobres en busca de los mates cocidos servidos a la madrugada por empleados amables y eficaces, cuando la dictadura militar parecía detenerse ante ese espacio que contenía para ellos la seguramente intimidante palabra "congreso". "No sé por qué pensaba que los militares no iban a irrumpir en el recinto. Quizás, creía yo ilusionado y sin ningún fundamento, que los iba a intimidar el nombre del lugar", escribió. También contaba sobre la época en que desde la ventana de su departamento solía ver la entrada del Congreso: "Cada tanto los militares tiraban una alfombra en las escalinatas para recibir a los canallas que formaban la comisión consultiva integrada por sus aliados civiles. Pero nadie daba el menor signo de reconocimiento a esa ralea. La plaza seguía desierta y hasta los jubilados se retiraban del lugar. Esa ceremonia siniestra se realizaba en total soledad".

Ahora, cuando las palabras suelen proliferar de manera que una termine por matar a la otra y ninguna se oiga o se lea, en ese vértigo de las pantallas encendidas día y noche, bajo la presión de millones de dedos frenéticos, pienso en ese "ojito" hacendoso que más allá del límite impuesto por el inevitable final, de la economía impuesta por la enfermedad, calibraba las palabras ética y meticulosamente, trabajando sin parar hasta inventar una falsamente inmóvil forma del heroísmo.

2019